D1732265

Christine Krieb
Andreas Reidl

Senioren Marketing

So erreichen Sie
die Zielgruppe
der Zukunft

Ueberreuter

Die Deutsche Bibliothek – CIP-Einheitsaufnahme

Krieb, Christine:
Senioren-Marketing : so erreichen Sie die Zielgruppe der Zukunft /
Christine Krieb ; Andreas Reidl. – Wien : Ueberreuter, 1999
ISBN 3-7064-0521-0

M 0287   1 2 3 / 2001 2000 1999

Inhaltsverzeichnis

Vorwort | Herausforderung Seniorenmarkt

Wer auf die Darstellung von Senioren in den Medien achtet, erfährt zur Zeit noch wenig über diese Altersgruppe selbst. Was deutlich wird, sind häufig die in unserer Gesellschaft verbreiteten Vorstellungen vom Alter, in denen unsere eigene Angst vor dem „Älterwerden" ihren Ausdruck findet. Allerdings hat sich das Selbstverständnis der älteren Generation in den vergangenen Jahren stark gewandelt.

Die Anzahl der „Single-Haushalte" – die ältere Generation mit eingeschlossen – wächst stetig. Diese Entwicklung setzt Ängste frei, aber auch Chancen. Wer das Leben als Herausforderung sieht, geht im hohen Alter auf Reisen oder knüpft neue Kontakte zu Jüngeren.

Die älteren Menschen sind aktiver, selbstbewußter, fordernder und leben mehr denn je ihr eigenes Leben. Wo früher Selbstgenügsamkeit auf dem Programm stand, findet sich jetzt die Teilnahme an Kultur- und Erlebniswelten: von Theaterbesuchen über Sport und Reisen bis hin zu „schönerem Wohnen". Ästhetik und Wohlbefinden sind hierbei entscheidende Qualitäten. Und was früher eher verpönt war – etwa mit 70 Jahren noch einmal zu heiraten –, ist heutzutage durchaus keine Seltenheit.

Entsprechend dem neuen Selbstbewußtsein verändert sich zunehmend die Sprache. Begriffe wie die „jungen Alten"oder „Jungsenioren" wurden kreiert. Senioren lassen sich jedoch nicht mit einem Allround-Angebot umwerben. Die Wünsche der „neuen Alten"sind zu individuell und vielseitig, als daß man sie in einigen Produktgruppen oder Stilrichtungen auf einen Nenner bringen könnte. Und: Was ist unter „zunehmendem Alter" genau zu verstehen? Genau genommen ist es eine relative Größe. Während der eine sich bereits mit 25 Jahren für ergonomische Gestaltung interessiert, legt ein anderer möglicherweise erst mit 55 Jahren darauf bewußt Wert.

Alter wird mehr und mehr zum Thema gemacht, nicht zuletzt von den Senioren selbst. Unter dem Motto „Eine Gesellschaft für alle Lebensalter" haben die Vereinten Nationen 1999 als Internationales Jahr der Senioren ausgerufen. Eine Ansprache zu finden, die ihnen gerecht wird, stellt nicht zuletzt auch in diesem Zusammenhang eine Notwendigkeit dar. In dem vorliegenden Buch wird dieser Weg beschritten. Seine Lektüre wird Ihnen dabei helfen, die Herausforderungen der Zukunft gemeinsam zu meistern.

Markus Hütt
HEWI Marktmanager Barrierefreies Wohnen

Vorwort | Kompetenz durch menschengerechte Produkt- und Umweltgestaltung

Kompetenz ist zu einem wohlklingenden Modewort geworden, das leicht und oft sehr oberflächlich gebraucht wird. Man schmückt sich mit seiner Kompetenz, ohne sie zu konkretisieren, oder man verspricht Kompetenz, wenn Menschen nur ein bestimmtes Produkt oder eine Dienstleistung kaufen. Hinter einer unscharf herausgestellten Kompetenz tritt die Aussage darüber zurück, wie denn eine Person mit ihren individuellen Ressourcen und Potentialen mit dem besonderen Produkt zu einem effizienten Funktionieren kommen oder wie sie mit ihm eine bestimmte Form von Lebensqualität erlangen kann. Eine solche Aussage ist aber nötig und möglich. Kompetenz braucht eine zweifache Konkretisierung. In der Biologie spricht man beispielsweise von der Kompetenz einer embryonalen Zelle, wenn diese adäquat auf einen bestimmten Umweltreiz reagieren kann – ein Potential der Zelle macht im Zusammenwirken mit dem Umweltreiz erst deren Kompetenz aus. Ganz ähnlich in der Psychologie: Kompetenz ergibt sich aus dem Zusammenwirken zwischen Person und Umgebung, genauer: zwischen den Ressourcen oder Potentialen von Menschen und den (besser oder schlechter) darauf abgestimmten Bedingungen ihrer Umgebung. Natürlich ist es theoretisch und praktisch viel anspruchsvoller, ein Zusammenspiel von Person- und Situationsfaktoren zu beachten als nur Merkmale von Produkten. Aber die Beachtung des Zusammenwirkens ist unerläßlich, und sie ist hilfreich für die Praxis. Es gibt keine Fähigkeiten von Personen, die sich „gegenstandslos" manifestieren. Jede Sinnesfähigkeit ist doch ohne ein Objekt, das gesehen, gehört oder gefühlt werden kann, so gut wie inexistent. Alle motorischen Fähigkeiten werden erst faßbar, wenn sie sich an einem Gegenstand der Umwelt beweisen. Und genauso sind kognitive Fähigkeiten stets auf ein „Material" angewiesen, denn man kann ohne einen Inhalt nichts denken. Und so, wie menschliche Fähigkeiten ohne Umgebung eigentlich „leer" bleiben, so sind auch Produkte erst durch die Menschen, die sie wahrnehmen, die ihre Funktionen verstehen und die sie einsetzen und benutzen, umfassend bestimmbar. Das Zusammenwirken zwischen Menschen und ihrer Umgebung verdient Beachtung, und das Zusammenwirken beider macht Kompetenz aus.

Die Ergonomie hat das Zusammenwirken von Fähigkeiten und Fertigkeiten der Person und Merkmalen von Objekten und Produkten längst zu ihrem zentralen Anliegen gemacht. Ergonomie geht davon aus, daß ein Produkt so beschaffen sein sollte, daß es mit den Sinnen von Menschen gut wahrgenommen, mit den motorischen Fertigkeiten von Menschen gut gehandhabt und mit den kognitiven Möglichkeiten von Menschen (in seinen Funktionen) leicht verstanden werden kann. Ergonomie zielt in erster Linie darauf, Produkte an die sensorischen, die motorischen und die kognitiven Möglichkeiten von Menschen anzupassen. Das ist ein eleganter Weg zur Steigerung der Kompetenz. Menschengerechte Autos werden produziert, in denen Reisen möglich werden, die noch vor wenigen Jahrzehnten undenkbar waren. Das Cockpit eines Jagdflugzeuges ist ergonomisch so weit optimiert, daß Menschen diesen komplizierten Flugapparat benutzen können, hochtechnisierte Arbeitsplätze sind nach „anthropotechnischen" Gesichtspunkten gestaltet, und sowohl Arbeitgeber als auch Arbeitnehmer begrüßen Auswirkungen auf Leistung und Arbeitszufriedenheit. Auch in der Produktion von Alltagsgegenständen hält die Ergonomie Einzug – wenn auch zögerlich. Designer beachten schon relativ häufig, daß nicht allein aufregende Formen und Farben, sondern Funktionalität im Sinne einer guten Brauchbarkeit oder Benutzbarkeit zum Verkaufserfolg eines Produktes beitragen.

Üblicherweise werden Produkte so konstruiert, daß sie vom „Durchschnittsmenschen" genutzt werden können. Stühle und Tische sind auf mittelgroße Menschen zugeschnitten. Signale im Verkehr oder auf Anzeigen sind so ausgelegt, daß sie von Menschen mit einem mittleren Maß an Sinnestüchtigkeit erkannt werden können. Und kognitive Anforderungen, welche die Benutzung eine Produktes voraussetzt, gehen üblicherweise von einem Menschen mit durchschnittlicher Intelligenz aus. Bei vielen Produkten werden die sensorischen, motorischen und kognitiven Anforderungen an ihre Benutzer dann noch etwas gesenkt – etwa dann, wenn Kinder oder alte Menschen als Käufer in Frage kommen. Die Betonung des Menschen und die Anpassung des Produktes an ihn gilt als ein Fortschritt auf dem Wege zu einer menschengerechten Produkt- und Umweltgestaltung. Aber damit darf sich weder Ergonomie noch Produktion zufriedengeben. Denn bei einer solchen Orientierung fehlt eine soziale Dimension.

Menschengerechte Produkt- und Umweltgestaltung, die ergonomisch und sozial ausgerichtet ist, beachtet auch die hohe Varianz, die zwischen großen und kleinen Menschen besteht, zwischen jungen und alten, zwischen klügeren und weniger klugen, zwischen sinnestüchtigen und eingeschränkt sinnestüchtigen, zwischen kräftigeren und schwächeren. Ein einfacher Schritt, diesem Anliegen zu entsprechen, wird für alte Menschen oder für Menschen mit Behinderungen getan, indem man barrierefreie Produkte entwickelt, die nur ein sehr geringes Maß an sensorischen, motorischen und kognitiven Voraussetzungen verlangen. Das ist sozial, aber es ist eine schlichte Beachtung der sozialen Dimension, die gleichsam auf die schwächsten Mitglieder der Gruppe möglicher Nutzer abstellt. Natürlich kann man bejahen, daß ein Produkt, das von Menschen mit sehr gering ausgeprägten Fähigkeiten und Fertigkeiten genutzt werden kann, auch von Menschen mit höher ausgeprägten Fähigkeiten und Fertigkeiten zu nutzen ist. Aber das ist nicht ideale Optimierung des Zusammenwirkens von Menschen und Produkten. Es ist nicht der Weg, der ergonomisch und sozial Kompetenz für die unterschiedlichen Menschen gewährleistet.

Um diesen Weg zu gehen, muß die soziale Dimension differenzierter mit ergonomischen Prinzipien verbunden werden. Das ist möglich, wenn man Produkte entwickelt, die das Zusammenspiel zwischen menschlichen Fähigkeiten und Produkteigenschaften variieren, es nicht auf ein möglichst einfaches Niveau hinunterfahren. Ein Weg läuft beispielsweise darauf hinaus, Produkte zu entwickeln, die durch Variation von Anzeigen und Stellteilen variable Formen des Zusammenwirkens ermöglichen. Ein Produkt sollte für Menschen mit sensorischen Einschränkungen hellere, größere, kontrastreichere etc. Anzeigen bieten als für Menschen mit gut ausgeprägten sensorischen Fähigkeiten. Stellteile sollten bei Menschen mit geringeren motorischen Fertigkeiten mit geringerem Kraftaufwand, vielleicht mit größeren Bewegungen oder auch mit Hilfe einer anderen Form bewegbar sein als bei Menschen mit höheren motorischen Fertigkeiten. Solche Differenzierungen lassen sich durch Servoelemente, durch Auslegung der Stellteile oder durch zusätzliche Module durchaus realisieren. Im Automobilbau sind Variationen von Lenkkräften oder Erleichterungen des Kuppelns und Schaltens durchaus differenziert möglich. Genauso können hinter einer einfachen, für alle Benutzer weitgehend gleichen Benutzeroberfläche Differenzierungen von Anzeigen vorgenommen werden, die unterschiedlichen Menschen einen unterschiedlichen, und nicht unbedingt allen Menschen den gleichen einfachen Umgang mit dem Produkt ermöglichen. Heutige Computerprogramme erlauben Experten längst eine schnellere und ökonomischere Nutzung als Anfängern. Beide Gruppen, Experten und Anfänger, profitieren von dieser Differenzierung des Zusammenwirkens von Mensch und Maschine. Beide Gruppen entfalten so ihre jeweilige Kompetenz voll, und beide Gruppen entwickeln sie weiter.

Läßt man sich einmal darauf ein, Kompetenz durch Verbesserung des Zusammenwirkens von Ressourcen der Menschen mit den Anforderungen der Umgebung zu optimieren, dann bieten sich Prinzipien der Ergonomie geradezu an, um menschengerechte Produkte herzustellen – Produkte, die auf die sensorischen, die motorischen und die kognitiven Möglichkeiten von Menschen abgestimmt sind. Kompetenz von Personen kann durch verbesserte Produkt- und Umweltgestaltung erhöht werden. Trägt man zusätzlich der Differenzierung zwischen Menschen Rechnung, indem man Produkte am Interface von Mensch und Maschine – vor allem bei Anzeigen und Stellteilen – variiert, dann wird neben dem ergonomischen auch einem sozialen Anliegen Rechnung getragen, das Kompetenz durch sehr unterschiedliche Formen des Zusammenwirkens ermöglicht. Die Verbindung von ergonomischen und sozialen Prinzipien dient den Menschen und fördert sicher die Akzeptanz menschengerecht entwickelter Produkte.

Prof. Dr. Erhard Olbrich
Psychologisches Institut, Universität Erlangen

Senioren – der Zukunftsmarkt

Warum soll ich dieses Buch lesen, fragen Sie sich vielleicht. Lohnt sich das überhaupt für mich? Sind die Älteren als Zielgruppe wirklich interessant? Auch wir haben uns diese Fragen gestellt, bevor wir dieses Buch begonnen haben. Schließlich macht so ein Buch eine ganze Menge Arbeit. Wir haben uns die Frage schon vor ein paar Jahren gestellt, bevor wir uns entschlossen haben, uns die Senioren als Konsumenten einmal etwas genauer anzusehen. Und schon damals war uns klar: Ja, auch wenn wir jetzt noch Pioniere sind, wird uns die Entwicklung über kurz oder lang recht geben. Senioren werden die wichtigsten Käufer der Zukunft sein. Außerdem macht Pionierarbeit auch Spaß. Und wir wollten unbedingt von der ersten Stunde an dabeisein.

Inzwischen hat sich die Situation verändert. Senioren sind längst keine Randgruppe mehr. Sie rutschen immer mehr in den Brennpunkt des öffentlichen Interesses. In den Medien sind sie ein wichtiges Thema. Sabine Christiansen hat in ihrer Talkshow im Frühjahr 1998 am Sonntagabend Hanne Meyer-Hentschel eingeladen, die sich mit ihrem Mann zusammen bereits seit Jahren mit der Zielgruppe der Senioren beschäftigt, um über Senioren und Marketing zu diskutieren. Auch auf den 31. Tagen der Fernsehkritik in Mainz 1998 standen Jugendwahn und Altersängste im Mittelpunkt der Gespräche. Mit dabei die Programmchefs der Fernsehsender und Werbeleute. Alle lehnten die Fixierung auf die Gruppe der 14- bis 49jährigen ab.

Die führenden Marketing- und Werbezeitschriften widmen Senioren ganze Artikelserien, ebenso Wirtschaftszeitungen. Das *Handelsblatt* hat im Herbst 1997 eine Themenreihe lanciert, die sich mit Senioren von verschiedenen Perspektiven aus beschäftigt. Überregionale Tageszeitungen richten Specials über Senioren ein, in denen auch ein Beitrag zum Thema Marketing nicht fehlen darf. Vortragsreihen zum Seniorenmarketing entstehen. So fand im Herbst 1997 im Internet der erste Seniorenmarketing-Kongreß statt. Managementforen bieten Informationstage zur Zielgruppe „Senioren" an.

Marktforschungsstudien hören nicht mehr an der magischen Grenze von 50 Jahren auf – im Gegenteil: Senioren werden systematisch als Konsumenten erforscht. Dabei zeigt sich: Sie sind keine homogene Gruppe, sondern lassen sich wie alle anderen Konsumenten auch in weitere Zielgruppen unterteilen. Mit dem *best age report* und *Maria* liefern der Bauer Verlag und Gruner & Jahr wichtige Informationen dazu. Die renommierte Werbeagentur Springer & Jacoby hat im Frühjahr 1998 ihre Seniorenstudie präsentiert. Grey hat „Lust in reifer Schale" unter dem Titel „*Master Consumer* – die versteckte Kaufkraft" neu aufgelegt. Die Düsseldorfer Agentur BMZ!FCA haben die *Mid Ager* – 45 bis 60 Jahre alt – untersucht.

Einige Unternehmen haben die Zeichen der Zeit bereits erkannt – wie z. B. die *Hypo-Bank*. Ein Großteil ihrer Kunden hat die 50 bereits überschritten, und das Finanzdienstleistungs-Institut reagiert darauf mit einem konsequenten Marketing. Seit 1996 laden sie jeden Oktober Senioren zu einem Kongreß ein. Die Themen sind genau auf diese Zielgruppe zugeschnitten. Sie reichen von Gesundheit, Ernährung, Psychologie, Autosicherheitstests bis hin zu Finanzfragen und bieten so ein breites Spektrum. Der Erfolg gibt der *Hypo-Bank* recht. Die Nachfrage ist größer als die angebotenen Teilnehmerplätze.

Manche Unternehmen allerdings meinen, sie brauchen sich nur ein Mäntelchen mit der Aufschrift „Seniorenprodukte" umzuhängen, und schon springen Senioren auf das Produkt an. Doch da täuschen sie sich gewaltig. Denn keine Kunden sind so kritisch und so schwer zufriedenzustellen wie ältere Menschen. Im Laufe ihres Lebens haben sie eine Vielzahl von Erfahrungen gemacht und Qualität zu schätzen gelernt. Sie wissen genau, wann ein Produkt ihnen wirklich nützlich ist oder ob es nur als solches deklariert wird. Ältere Menschen sind Profis. Und das sollten Unternehmen niemals vergessen. Vielleicht wenden sie sich deshalb den jüngeren Konsumenten zu. Diese können oft die Spreu vom Weizen noch nicht trennen und sind dankbar für jeden neuen Gag, froh, bei einem neuen Trend mit dabeisein zu dürfen.

Wer also den Entschluß faßt, sich verstärkt im Seniorenmarkt zu engagieren, muß sich darüber im klaren sein, daß sein Produkt einen harten Test durchläuft. Wer es trotzdem wagt, sich auf diese Teststrecke begibt und im Umgang mit Senioren einige Regeln beachtet, dem winkt dann auch Erfolg. Einige Beispiele werden wir Ihnen im Buch vorstellen.

Bevor wir Ihnen aber die 14 goldenen Regeln fürs Seniorenmarketing verraten, werden wir erst folgende Frage beantworten: Warum sind Senioren für mich als Unternehmer oder Marketingtreibender interessant?

Wir nennen Ihnen neun gute Gründe, die eindeutig für ein Engagement in diesem Markt sprechen. Wenn Sie jetzt auch vielleicht noch zögern, ob dieses Buch sein Geld wert ist – auf den nächsten Seiten werden Sie es wissen.

Wir können Ihnen jetzt schon verraten: Es ist es!

Denn erstens: Senioren sind als Konsumenten hochinteressant – für Sie als Unternehmer. Und zweitens: Bücher zum Thema Seniorenmarketing gibt es kaum. Wenn Sie dieses Buch aufschlagen, werden Sie selbst zum Pionier. Und anderen eine Nasenlänge voraus zu sein, ist Goldes wert. Nicht umsonst sprechen amerikanische Unternehmen, die ihr Marketing auf Senioren ausgerichtet haben, vom *Golden Market*.

Doch lange Rede, kurzer Sinn. Hier die neun Gründe:

1. Die demographische Entwicklung spricht eindeutig für Senioren.

2. Heutige Alte sind deutlich jünger.

3. Senioren haben viel Freizeit – und damit Zeit, Geld auszugeben.

4. Senioren sind eine kaufkräftige Gruppe.

5. Sie sind bereit, Geld auszugeben.

6. Ältere wissen, was sie wollen – und schätzen Qualität.

7. Sie sind bereit zum Markenwechsel.

8. Ältere sind an Werbung interessiert.

9. Senioren sind noch voll dabei.

1. Teil | Neun Gründe, die für Senioren sprechen

Christine Krieb

1. Die demographische Entwicklung spricht für Senioren

Wer die demographische Entwicklung betrachtet, stellt fest: Die Oldies sind auf dem Vormarsch – in Deutschland, Europa, weltweit. Die BRD sichert sich dabei – so eine Studie der Kölner BBE-Unternehmensberatung – eine Spitzenposition im internationalen Vergleich. Die Zahl der älteren Menschen nimmt zu, und zwar relativ wie absolut gesehen.

Von der Pyramide zum Pilz

Alte Menschen gab es schon immer, aber noch nie war die Zahl der Älteren in einer Gesellschaft prozentual gesehen größer als die der Jungen. Um die Jahrhundertwende waren nur etwa 5 % der deutschen Bevölkerung über 60 Jahre alt, bis 1990 stieg der Anteil auf 20,4 %. Ums Jahr 2000 werden es dann ca. 24 % sein und im Jahr 2030 bereits 35 %.

Soviel machen die über 60jährigen unter der deutschen Bevölkerung aus

1990	20,4 %
2000	23,6 %
2030	34,9 %

Quelle: Statistisches Bundesamt

In absoluten Zahlen bedeutet das: 1990 hatten ungefähr 16 Millionen Menschen in Deutschland ein Alter von über 60 Jahren. (10 % der Gesamtbevölkerung war zwischen 60 und 70 Jahre alt; nicht ganz 7 % 70 bis 80 Jahre.) Bis ins Jahr 2030 wird die Zahl dann auf ca. 24,5 Millionen Menschen wachsen.

Während die Zahl der Alten zunimmt, ist die Tendenz bei den Jungen rückläufig. Die Zahl der Geburten nimmt ab. Das führt zu dem Effekt, daß der Bevölkerungsanteil der über 60jährigen im Jahr 2030 fast doppelt so hoch sein wird wie der der unter 20jährigen. Während die Zahl der Alten zunimmt, geht die deutsche Bevölkerung insgesamt zurück. Nach der Prognose des Statistischen Bundesamtes steigt die Bevölkerungszahl bis zum Jahr 2000 leicht an, um danach ständig zu fallen. Im Jahr 2030 wird die Be-

völkerung in der Bundesrepublik nur noch ca. 70 Millionen Menschen umfassen.
Im Moment gleicht die Altersstruktur noch einer Pyramide. Im Jahr 2030
wird sie einem Pilz gewichen sein.

Durchschnittliche Lebenserwartung steigt

Es gibt nicht nur immer mehr alte Menschen, auch die durchschnittliche
Lebenserwartung steigt. Menschen leben aufgrund verbesserter Umweltbedingungen immer länger. Im Moment beträgt die durchschnittliche Lebenserwartung 72,6 Jahre für Männer und 79,0 Jahre für Frauen. Tendenz steigend. Bis zum Jahr 2030 soll sie um zwei Jahre zunehmen.

Blick über die Grenzen: Auch in anderen Ländern steigt die Zahl der Älteren

Auch andere Länder sehen sich mit dieser Entwicklung konfrontiert – wie
z. B. die USA. Waren 1995 nur knapp 15 % der amerikanischen Bevölkerung über 65 Jahre alt, werden es im Jahre 2010 bereits 20 % sein. Betrachtet man die über 50jährigen, so sind es bereits jetzt 25 %. Sie erreichen ein
jährliches Einkommen von 800 Mrd. US-Dollar, stellen 41 % des Konsumentenpotentials und verfügen über 79 % des Nettovermögens.
Senioren haben in den USA allerdings ein positiveres Selbstverständnis. Allein im Seniorenverband „American Association of Retired Persons"
(AARP) sind etwa 30 Millionen Mitglieder registriert. In Amerika haben
Unternehmen Senioren längst als kaufkräftige Zielgruppe entdeckt. Dort
gibt es Rentnerdiscos, Oldie-TV, *McDonald's* hat einen speziellen Burger
für die etwas Älteren herausgebracht, den *Arch Deluxe*. Mit besonderen
Zutaten wie körnigem Dijon-Senf zielt er auf den bereits gereiften Geschmack ab. Aus dem Burger ist inzwischen sogar eine ganze De-Luxe-Li-
nie geworden. Senioren gelten als der „goldene Markt".
Aber auch japanische Firmen rüsten sich bereits. Denn das *Silver Business*
wird, so der Bestseller „Charting Japanese Industry", einer der wichtigsten
Geschäftsbereiche im nächsten Jahrtausend werden. Das umschließt Produkte für alle Altersgruppen unter den Senioren, die eher jüngeren und
noch rüstigen (bis ca. 75 Jahre) und die alten, hilfsbedürftigen. Die Breite
der Produkte reicht von der Altenpflege bis hin zum Reise- und Freizeit-

sektor, Gesundheit und Mode, Finanzdienstleistungen und Dienstleistungen aller Art. Das Marktvolumen wird mit ca. 900 Mrd. Mark jährlich veranschlagt. Das macht ca. 10 % des Bruttoinlandsprodukts aus.

Das japanische Wirtschaftsministerium wird innerhalb eines Fünfjahresplans das Japan Industrial Standard System grundlegend verändern. Einer der wichtigsten Punkte ist dabei, Standards für Produkte mit dem Ziel „Nutzerfreundlichkeit für Senioren" festzulegen.

Das Alter ist weiblich

Drei Viertel der über 75jährigen sind Frauen – aufgrund der Weltkriege. Dies wird sich in den nächsten vier Jahrzehnten ändern, und das demographische Gleichgewicht zwischen den Geschlechtern wird sich wieder einigermaßen angleichen. Doch in nächster Zukunft wird es mehr alte Frauen als Männer geben, allein schon deshalb, weil Frauen statistisch gesehen eine höhere Lebenserwartung haben.

Single-Haushalte nehmen zu

Dies erklärt auch zum Teil, warum es immer mehr Einzelhaushalte gibt, vor allem in den alten Bundesländern. Dort sind bereits ca. 40 % der Haushalte Single-Haushalte, in Großstädten sogar bereits über 50 %. Zwischen 1950 und 1990 hat sich die Zahl der Single-Haushalte verdreifacht.

Alleine zu wohnen ist kein Privileg der Jungen. Auch bei den Älteren nimmt dieser Trend zu: In Großstädten sind es heute bereits 40 % der über 60jährigen. Im Moment sind es vor allem Witwen und Witwer. So lebten 1991 47,6 % der über 60jährigen Frauen allein. Bei Männern belief sich die Zahl nur auf 14,5 %. Aber die Zahl wird noch weiter steigen – bedingt durch die hohen Scheidungsraten und den hohen Anteil der „Ich-möchte-gern-alleine-leben-Singles". Bis zum Jahr 2030 sollen es 55 % der über 60jährigen Frauen sein und 25 % der Männer. Dies wird Konsequenzen fürs Marketing haben, z. B. werden kleinere Verpackungseinheiten bei Verbrauchsgütern notwendig.

Die Mehr-Generationen-Familie ist out

Auch die Familienstruktur ändert sich. Die Zahl der Familienmitglieder nimmt ab. Neuesten Angaben des Statistischen Bundesamtes zufolge geht der Trend sowohl in den neuen wie in den alten Bundesländern zur Ein-Kind-Familie. Die Großfamilie hat sich zur Kleinfamilie entwickelt und viele Leute haben heute keine Kinder, Großeltern also keine Enkelkinder mehr. Auch lebt jede Generation für sich alleine und voneinander getrennt. Immer mehr ältere Menschen haben deswegen immer weniger Kontakt zu Jüngeren. Alte können sich immer weniger darauf verlassen, daß sie im Notfall von ihren Kindern, der Familie unterstützt bzw. gepflegt werden.

2. Heutige Alte sind deutlich jünger

„Die Alten sind nicht mehr das, was sie einmal waren." So Christa Höhns, die 55jährige Agenturchefin der Sen!or-Model-Agentur in München (*Welt,* 18. 7. 1996).

Noch nie waren alte Menschen körperlich und wirtschaftlich so unabhängig von ihren Kindern bzw. Familien wie heute. Im eigentlichen Sinne *alt* – was man sich früher und zum Teil auch heute noch so darunter vorstellt (unbeweglich, häuslich, zurückgezogen) – werden Menschen heutzutage erst spät: meist erst ab dem 80. Lebensjahr, und da auch nur eine Minderheit, höchstens 5 bis 10 %. Das Risiko für die 60 bis 70jährigen, ein Pflegefall zu werden, ist extrem gering: Nur 1,6 % dieser Altersgruppe benötigen Pflege.

Alt sein hat nicht mehr viel mit dem chronologischen Alter zu tun, sondern mit der Lebenssituation, der Vitalität, der Lebensfreude. Oder sind folgende Personen etwa alt und als Senioren zu bezeichnen? Clint Eastwood, Mick Jagger von den *Rolling Stones,* Jane Fonda, Sophia Loren, Armin Mueller-Stahl, Jack Nicholson, Mario Adorf, Franz Beckenbauer, David Bowie, Cathérine Deneuve, Tina Turner. Sie sind mittlerweile über 50, wenn nicht sogar 60 Jahre alt und sprühen immer noch vor Lebensenergie. Die *Citibank* setzt in ihrer Printkampagne Elton John ein. Sie will sich damit ein jugendliches Image geben. Die Anzeige präsentiert den Sänger im pinkfarbenen Anzug mit knallblauer Brille, rockend und in voller Aktion auf der Bühne. Er würde sich heftig dagegen wehren, als zum alten Eisen gehörend bezeichnet zu werden.

Wie sich jemand im Alter fühlt, hat vielmehr mit der Lebensqualität zu tun, hängt von Bildung, Einkommen, der Wohn- und Lebenssituation und den sozialen Kontakten ab. Alter ist somit keine einheitliche Klassifizierung mehr, sondern wird subjektiv empfunden. Außerdem halten sich immer mehr Menschen fit, um dadurch dem Alterungsprozeß vorzubeugen. Immer mehr über 50jährige schreiben sich in Fitneßstudios ein. Vor allem auch, seitdem die Medizin herausgefunden hat, daß Krafttraining Osteoporose vorbeugt. Schon jetzt ist die Generation der 60jährigen nicht mehr mit der der 60jährigen vor 20 Jahren zu vergleichen.

Bei den Amerikanern hat sich diese gesellschaftliche Tendenz – Menschen werden immer älter – schon viel früher abgezeichnet. Sie sind uns da wie immer einen Schritt voraus und auch schon eifrig dabei herauszufinden, was denn nun eigentlich jung hält. So haben Wissenschaftler der amerikanischen MacArthur Foundation im Rahmen eines zehnjährigen Forschungsprojekts herausgefunden, wie man in die Jahre kommen kann ohne zu altern. Der Mediziner John W. Rowe (53 Jahre alt) und der Sozialpsychologe Robert L. Kahn (80 Jahre alt) haben dazu mit einem Team von 16 Wissenschaftlern Tausende Männer und Frauen jenseits der 70, die noch in ihrer häuslichen Umgebung lebten, befragt und daraufhin das Buch „Successful Ageing" verfaßt (siehe Artikel im *Spiegel* 25/98). Dort räumen sie gründlich auf mit den gängigen Vorurteilen, daß Ältere schwächlich, behindert, macht- und geschlechtslos, passiv und einsam sind. Und sie behaupten auch, es sei Humbug, daß Altsein mit Krankheit einhergeht. „Nahezu 90 % der 65- bis 74jährigen berichteten von keinerlei Gesundheitsschäden, von den über 85jährigen fanden sich noch rund 40 % voll funktionstüchtig."

Nur 5,2 % der Alten sind auf Hilfe in Heimen angewiesen. Auch der geistige Verfall ist nur ein Mythos. Nicht mehr als 10 % der Menschen zwischen 65 und 100 Jahren leiden an Alzheimer. Das Erstaunlichste aber ist: Wir können direkt Einfluß aufs Altern nehmen. Denn nur ein Drittel aller Altersstörungen sind bereits ererbt. Das ergaben Studien – auch an 25.000 gleichgeschlechtlichen Zwillingspaaren. Gesundheit und Fitneß ist demnach also vor allem eine Sache des Lebensstils und des eigenen Willens. Die Natur ist dabei erstaunlich nachsichtig – selbst bei jahrelangen starken Rauchern ging das Infarktrisiko nach dem Verzicht auf die Zigarette drastisch zurück.

Alt sein hat also nicht mehr soviel mit den gelebten Jahren an sich zu tun, sondern ist oft Einstellungssache. Was alt sein heißt, machen viele – neben körperlichen Veränderungen – vor allem an Merkmalen wie den folgenden fest: häufig an den Tod denken, eigenbrötlerisch werden oder wenig Interesse haben, Neues kennenzulernen.

Die heutigen Alten jedoch sind überwiegend gesund und aktiv, positiv eingestellt, wollen jeden Tag genießen und sich endlich langgehegte Wünsche erfüllen. Sie sind mobil, unternehmungslustig und pflegen vielfältige soziale Kontakte. Das zeigen Studien. Bereits jeder vierte Bundesbürger im Westen zwischen 55 und 70 Jahren gehört diesem Typus an. Tendenz steigend. Werten der Jugend setzen sie die Privilegien des Alters entgegen.

Jugend und Alter

Jugend	Späte Jahre
Engagement	Souveränität
Jugendliches Ungestüm	Erfahrung
Durchorganisiertes Leben	Freizeit
Hektik	Muße
Zukunftsängste	Sorglosigkeit
Immer auf der Suche	Innerer Frieden
Ekstase	Beschauliche Momente
Ungesicherte Zukunft	Finanzielle Sicherheit

Sie sind gesund und fit

Galten früher die 60jährigen bereits als betagt, so sind die heute 60jährigen noch gesund. Denn seit Anfang dieses Jahrhunderts bis jetzt haben sich die Lebensbedingungen kontinuierlich verbessert. Durch die veränderten Umweltbedingungen, Medizin, finanzielle Absicherung, gehobener Lebensstandard sind heutige Alte noch rüstiger als frühere Generationen. Sie sind auch besser ausgebildet als die Generationen vor ihnen. Und sie gehen früher in Rente. In der Bundesrepublik liegt das durchschnittliche Berufsaustrittsalter zur Zeit bei 59 Jahren. Wer heute in Rente geht, hat deshalb noch gut ein Viertel seines Lebens vor sich.
Wer von Senioren spricht, muß allerdings unterscheiden zwischen den – wie es im Marketing heißt – jungen und alten Alten. Denn Senioren sind keine homogene Gruppe.

■ Junge Alte:

Als junge Alte gelten Menschen bis ca. 75 Jahre. Sie sind gesund, unternehmenslustig und mobil. Die Bayerische Rundfunkwerbung definiert diese Gruppe in einer Studie als aufgeschlossen, aktiv, flexibel und neugierig. Sie möchten nachholen, was sie in der Jugend versäumt haben – und dafür sind sie auch bereit, Geld auszugeben.

■ Alte Alte:

Zu dieser Gruppe zählen die ab 75jährigen. Erst ab diesem Alter bzw. 80 Jahren treten ernstere Altersbeschwerden auf. Die Folge: Sie leben zurückgezogen, verbringen viel Zeit zu Hause und sind nicht mehr so mobil. Verstärkt sind sie auch auf die Hilfe der Familie angewiesen. Insgesamt jedoch zeigt die Altersforschung: Alte Menschen verfügen über eine hohe Kompetenz.

Je nach Altersphase sind die Bedürfnisse unterschiedlich. Während die jungen Alten noch intensiv soziale Kontakte pflegen und viel außer Haus unternehmen, gerne verreisen, essen gehen, sich etwas gönnen, brauchen die alten Alten vor allem Produkte, die ihnen das Leben zu Hause erleichtern. Der Begriff Senior ist in der Literatur nicht einheitlich. Manche Studien rechnen Menschen bereits mit 50 Jahren zu dieser Gruppe, manche sogar schon mit 45 Jahren, andere setzen die Grenze bei 60 Jahren. Als wichtige Zäsur gilt bei den meisten jedoch der Eintritt in die Rente. Ab dann verändert sich eine ganze Menge: die Struktur des Tages, Zeit, Informationsverhalten, Abnahme der sozialen Kontakte usw. Die hier zusammengetragenen Ergebnisse beziehen sich in der Regel auf die jungen Alten.

Sie fühlen sich jünger als sie sind

Jeder ist so alt, wie er sich fühlt. Als Senioren fühlen sich die 60jährigen jedenfalls noch lange nicht. Erst mit 70 würden die meisten diesen Begriff für sich akzeptieren. Dabei ist interessant zu beobachten: Männer identifizieren sich früher damit als Frauen. Das erbrachte eine Befragung im Auftrag der Hamburg-Mannheimer-Stiftung für Informationsmedizin, bei der Männer und Frauen unter 65 Jahren befragt wurden. Während 56,6 % der Frauen meinten, daß jemand erst mit 70 Jahren alt ist, setzten Männer die Grenze niedriger an. 40 % votierten dafür, daß dies bereits mit 60 Jahren der Fall sei. 40 % gaben 70 Jahre als Altersgrenze an.
Dies hängt vielleicht damit zusammen, daß Frauen länger leben und noch eine längere Lebenszeit vor sich haben, vermutlich aber auch damit, daß Männer durch den Eintritt in die Rente einen starken Bruch in ihrem Le-

benslauf erfahren, der sie aus ihrer gewohnten Bahn wirft. Sie fallen aus ihrer alten Rolle heraus und müssen für sich erst eine neue definieren. Soziale Kontakte, die Männer vor allem über den Beruf aufgebaut haben, fallen nun weg und müssen erst wieder neu aufgebaut werden. Ein Gefühl der Hilf- und Nutzlosigkeit setzt ein. Frauen dagegen haben sich meist nicht ausschließlich über den Beruf definiert. Für sie geht das Leben mit nur leicht veränderten Vorzeichen weiter. Ein Gefühl der Sinnlosigkeit kommt bei ihnen seltener auf.

Fürs eigene Wohlbefinden ist somit nicht in erster Linie das chronologische Alter ausschlaggebend, sondern vor allem das subjektiv erlebte. Und das ist nicht nur von Geschlecht zu Geschlecht verschieden, sondern auch von Mensch zu Mensch. Insgesamt jedoch gilt: Ältere glauben, sie sehen jünger aus und haben jüngere Interessen als andere Mitglieder dieser Altersgruppe. So orientieren sich die 70jährigen an den 60jährigen und diese wiederum an den 50jährigen. Deshalb unterscheiden Experten bereits zwischen dem *chronological age* (dem tatsächlichen Alter), dem *feel-age* (wie sich jemand fühlt), dem *look-age* (wie alt jemand aussieht), dem *do-age* (wie stark jemand das tut, was seine Altersgruppe tut) und dem *interest-age* (wie ähnlich jemands Interessen denen seiner Altersgruppe sind).

Senioren – der überwiegende Teil – fühlen sich nun einmal deutlich jünger als es ihrem tatsächlichen Alter entspricht. In der Regel um ca. 13 bis 15 Jahre. Sie sind aktiv, genießen ihr Leben, und an Ruhestand denken sie noch lange nicht. Interessant ist in diesem Zusammenhang, daß der Unterschied zwischen dem tatsächlichen und dem subjektiv erlebten Alter bei Personen mit einem hohen Bildungsgrad besonders groß ist.

Sie sind aktiv

Wer in Rente geht, tritt nicht unbedingt in den Ruhestand. Junge Alte bleiben aktiv. Passivität bei den junggebliebenen Alten ist out, Aktivität in. Sie reisen, gehen ihren Hobbys nach, treffen sich mit Freunden. Entscheidend für das Wohlbefinden ist die Einstellung. Das Individuum entscheidet, wie es den Alterungsprozeß wahrnimmt. Die amerikanische Gerontologin Bernice Neugarten spricht hier von einem transaktionalen Modell. Und der größte Teil der heutigen Alten hat entschieden, das Leben zu genießen und noch voll mit dabei zu sein. Das Alter wird dabei eindeutig positiv belegt.

Die Lebenssituations-Studie von GfK aus dem Jahr 1992 stellt fest:

- 80 % der über 50jährigen verbinden mit dem Alter „Dinge tun zu können, die mir Spaß machen".

- 66 % geben an, „endlich über meine Zeit frei zu verfügen" und „mehr Zeit für andere zu haben".

War die Generation der jetzt über 60jährigen noch von Werten wie Arbeit und Familiensinn geprägt, schwört die junge Generation auf Lebensgenuß und Selbstverwirklichung. Doch sind auch die Älteren von diesem Wertewandel nicht unberührt geblieben. Sie warten nicht mehr passiv auf das Lebensende, sondern wollen noch jede Minute ihres Lebens auskosten. Zumindest der überwiegende Teil. Infratest teilt die Älteren in fünf Typen ein, wovon drei als junggeblieben und aktiv gelten.

Fünf Typen von Älteren

> Typ 1: Der selbstbewußte, kritische junge Alte
> Typ 2: Der aufgeschlossene, interessierte junge Alte
> Typ 3: Der aktive, flexible junge Alte
> Typ 4: Der passive, graue Alte
> Typ 5: Der abgeklärte, zufriedene Alte

Quelle: Infratest, 1992

Maßstab für die Zuordnung zu der einen oder anderen Gruppe ist dabei nicht das Alter, sondern vor allem die Vitalität, die Einstellungen und Verhaltensweisen.
Die Gesellschaft wird älter, von ihrer Mentalität her aber gleichzeitig in vieler Hinsicht jünger: Zu diesem Ergebnis kommt die 1998 veröffentlichte Burda-Studie zum Konsumverhalten der über 50jährigen („Generationswandel: Was macht die Elvis-Presley-Generation heute?").
Ihre Einstellung ist geprägt durch den Wunsch nach Lebensfreude und Genuß. Sie unterscheiden sich darin deutlich von den Generationen vor ihnen. Wichtigste Voraussetzung für Aktivität und Lebensgenuß ist die Gesundheit – sie wird zu einem entscheidenden Faktor. Gesundheit, Ernährung, Sport sind somit zentrale Themen bei den jungen Alten.
Sie fühlen sich körperlich und geistig junggeblieben und versuchen sich fit zu halten. Körperlich durch Sport, Gymnastik, Ausdauersportarten wie

Schwimmen, Radfahren, Wandern usw. Geistig durch das Erlernen von Fremdsprachen, die Mitarbeit in Vereinen sowie durch intensive Lektüre von Büchern, Zeitungen und Zeitschriften. Seelisch halten sie sich durch kulturelle Betätigung wie den Besuch von Konzerten, Ausstellungen, Theateraufführungen oder durch kreative Arbeiten wie Musizieren, Malen, Fotografieren im Gleichgewicht.

Ein Indiz für die Aktivität der über 60jährigen ist die Reiselust. Und diese hat beträchtlich zugenommen: Eine Reise von fünf oder mehr Tagen haben 1993 9,5 Millionen der über 60jährigen gemacht. 67,7 % waren dabei zwischen 60 und 69 Jahre alt, 51,8 % über 70 Jahre.

Sie sind selbstbewußt

Selbstbewußtsein war lange kein Wert, der Älteren zugeschrieben wurde. Bisher galten sie eher als zurückgezogen, passiv, wenig fordernd. Doch davon ist nicht mehr viel festzustellen. Dies hat mehrere Gründe:

1. Durch die heutige Arbeitsstruktur treten ältere Menschen viel früher in die Rente ein und sind damit noch rüstiger und aktiver. Wer im Vollbesitz seiner Kräfte ist, hält sich auch für selbstsicher.

2. Sie wollen nachholen, was sie bisher versäumt haben – und glauben ein Recht darauf zu haben. „Das steht mir zu, das habe ich verdient", ist öfters zu hören.

3. Das Selbstbewußtsein wächst vor allem mit steigendem Bildungsgrad. Hatten 1989 nur 9 % der 60- bis 69jährigen Abitur, werden es Anfang des nächsten Jahrtausends bereits mehr als 20 % sein.

4. Selbstbewußtsein hat viel mit sozialen Kontakten und Anerkennung zu tun. Wer in der Rente nicht in den Ruhestand tritt, sondern seinen Hobbys nachgeht, sich mit Freunden trifft, Reisen unternimmt, Kontakte knüpft, hat mehr vom Leben. Einsamkeit macht mürbe. Mittendrin sein, Anerkennung bekommen – das sind Lebenselixiere. Die heutige Gesellschaft bietet eine reiche Palette an Kontakt- und Entfaltungsmöglichkeiten.

Mit dem Akzeptieren des Alters ist es aber manchmal noch ein bißchen schwierig. Vor allem die Übergangsphase zwischen 50 und 60 ist schwierig, denn es ist die Zeit, in der die meisten Lebensbrüche stattfinden: Die Kinder gehen aus dem Haus, der Partner oder man selber tritt in den Ruhestand. Plötzlich hört vieles auf, und man wähnt sich schon am Ende ... Im Spiegel blickt einem ein Gesicht mit Falten und grauen Haaren entgegen. Alt sein ist immer noch mit Tabus belegt. Lieber wird auf etwas verzichtet, bevor man sich zu seinem Alter bekennt. Wie der 60jährige, der nach der Amerikareise berichtet: „Ich hätte mit der *Silvercard* Benzin billiger bekommen. Aber das wollte ich nicht. Das ist doch nur für Alte." Ein Indiz dafür, daß sich die über 50jährigen keineswegs alt fühlen, sich aber mit dem Akzeptieren des Alters schwertun.

Ganz anders gehen dagegen Amerikaner mit ihrem Alter um. Dort bekennen sich Senioren offen dazu. Sie wissen, daß sie eine kaufkräftige Gruppe sind, und sie fordern auch etwas dafür. So haben sie sich zu einer schlagkräftigen Gruppe zusammengeschlossen, zum Seniorenverband American Association of Retired Persons (AARP). Sie geben die Zeitschrift *Modern Maturity* heraus, die sich mittlerweile mit ca. 30 Millionen Abonnenten zum auflagenstärksten Blatt in den USA entwickelt hat. Die Zeitschrift ist nicht am Kiosk zu kaufen, sondern es erhält sie, wer dem AARP für ca. 14 DM pro Jahr beitritt. *Modern Maturity* ist jedoch kein Verbandsorgan, sondern ein Hochglanzmagazin und ein erfolgreicher Werbeträger. Inhalt: gesellschaftliche Themen, Reiseberichte, Unterhaltung, Erfolgsberichte, Interviews mit namhaften Personen wie der amerikanischen Schauspielerin Diane Keaton. Seit 1998 gibt es sogar zwei Ausgaben: eine für die 50- bis 60jährigen und eine für die Älteren.

Auch in Frankreich scheint das Selbstverständnis ein anderes zu sein. Wie sonst ist es zu erklären, daß eine Seniorenzeitschrift bereits seit 30 Jahren erfolgreich auf dem Markt ist? *Notre Temps* („Unsere Zeit" bzw. „Zeit für uns") gibt es seit 1968 und wendet sich an Menschen über 50. Heute ist sie die zweitgrößte Monatszeitschrift auf dem französischen Zeitschriftenmarkt überhaupt. Sie erscheint monatlich und wird von dem Verlag Bayard Presse herausgegeben. Ableger der Zeitschrift existieren bereits in vielen europäischen Ländern sowie in Amerika und Kanada. Was ist das Erfolgsrezept? Es ist ein Medium, das vor allem die positiven Seiten des Alters zeigt, Vorurteile abbaut und sich für die Rechte der Rentner einsetzt. Demgemäß nennt es sich auch „Das erste Magazin für den Ruhestand".

Wie sehr sich das Klima in den letzten Jahren jedoch auch in Deutschland verändert hat, zeigt die neue Grey-Studie, die 1998 veröffentlicht wurde. Im März 1998 wurden dafür 667 Personen über 50 Jahre befragt. Das Ergebnis: die über 50jährigen sind attraktiver als Zielgruppe denn je zuvor.

Drei Gruppen werden unterschieden:

- Die *Master Consumer*, in der Regel 50 bis 59 Jahre alt, sind die attraktivste Zielgruppe unter den Älteren. Sie sind besonders beweglich, aktiv, erlebnisorientiert und nehmen am öffentlichen Leben teil. Beruflich sind sie, wenn noch nicht in Rente, auf dem Höhepunkt ihrer Karriere. Sie verfügen über 46 % des Geldes der über 50jährigen. Ihr Anteil ist seit der letzten Studie 1993 („Die neue Lust in reifer Schale") von 35 auf 39 % gestiegen.

- Die *Maintainer*, die passiven Genießer, sind zwischen 60 und 69 Jahren alt und etwas konservativer in ihrem Rollenverhalten. Dennoch genießen sie ihr Leben und ihre Freizeit. An Neuem sind sie nicht so sehr interessiert. Ihr Anteil ist von 33 auf 32 % gesunken.

- Die *Simplifier*, über 70 Jahre alt, sind die echten Pensionäre. Sie leben zurückgezogen und weisen ein traditionelles Rollenverhalten auf. Auch diese Gruppe ist rückläufig. Ihre Zahl ist von 32 auf 29 % gesunken.

3. Rentenbeginn: Neue Chancen – auch für Unternehmen

Menschen gehen früher in Rente. Das durchschnittliche Rentenalter liegt bei Männern bei 58 Jahren, bei Frauen zwei Jahre höher. Das heißt, die heutige Generation der Rentner ist wesentlich jünger und hat noch eine lange Phase ohne Beruf vor sich. Etwa ein Viertel ihres Lebens.

Mit dem Aufgeben des Berufs tritt eine Zäsur im Leben ein. Die Kinder sind aus dem Haus. Die Verpflichtungen fallen weg. Es kommt zu einem Bruch im bisherigen Leben, der zu zahlreichen Veränderungen führt. Er kann als negativ oder positiv empfunden werden. Vor allem bei Männern, die sich bisher ausschließlich über den Beruf definiert haben. Der Eintritt in den Ruhestand wird deshalb oft mit dem Begriff „Pensionsschock" beschrieben. Wie stark er erlebt wird, hängt von jedem einzelnen selbst ab. Grundsätzlich treten jedoch folgende Veränderungen ein:

Neue soziale Kontakte werden geknüpft

Durch den Beruf sind wir alle in soziale Beziehungen eingebunden. Kontakte ergeben sich so fast automatisch. Beim Eintritt in die Rente fallen diese Kontakte – zu Berufskollegen, Geschäftspartnern etc. – erst einmal weg. Wer dabei bisher vornehmlich auf berufliche Kontakte gesetzt hat, steht jetzt vielleicht mit leeren Händen da. Der Kontakt innerhalb der Familie gewinnt dadurch meist an Bedeutung, und familiäre Bindungen treten an die erste Stelle. Die Beziehungen können dadurch enger werden. Aber auch die engsten Familienbande können den Kontakt zu anderen nicht ersetzen. Die Mehrzahl der Senioren schafft sich neue Kontakte – durch Vereine, Reisen, Hobbys. Wer Interessen hat, trifft auch auf Gleichgesinnte. Bei Hobbys zeigt sich, daß keine neuen Interessen gebildet, sondern die während der Berufstätigkeit ausgeübten im Ruhestand beibehalten werden. Wer keine Interessen neben seinem Beruf hatte, den trifft der Pensionsschock unvorbereitet. Gerade hier könnten Marketingmaßnahmen in bezug auf die Freizeitgestaltung ansetzen.

Neue Sinnfindung

Der Rentenbeginn kann für einige mit negativen Assoziationen verbunden sein: dem Bewußtsein, alt zu werden. Er kann Angst vor der Einsamkeit auslösen. Der früher aktive Abteilungsleiter fühlt sich auf einmal nutzlos. Genauso ist der Rentenbeginn aber auch eine große Chance. Er bedeutet mehr freie Zeit und damit Unabhängigkeit und Freiheit. Soziale Kontakte werden eben nicht mehr im Büro gepflegt, sondern man trifft sich mit Freunden und Bekannten. Geselligkeit tritt an Stelle der Kontakte zu Berufskollegen. Arbeiten können in Ruhe erledigt werden, entspannt und ohne Hektik. Und viele Senioren begreifen das als Chance. An die Stelle des Berufs wird etwas Neues treten (müssen). Jetzt geht es darum, sein Leben neu mit Sinn zu füllen und zu organisieren.
90 % der Senioren, so zeigt eine Umfrage, halten es für unverzichtbar, eine neue sinnvolle Aufgabe zu finden. Ungefähr zwei Drittel möchten im Alter noch neue Herausforderungen bewältigen.
Vor allem für Männer stellt der Ruhestand eine besondere Herausforderung dar. Die Generation der heutigen Rentner hat sich meist sehr stark über den Beruf definiert. Bei nachfolgenden Generationen werden auch die

Frauen stärker davon betroffen sein. Reisen, Hobbys, Veranstaltungen werden an Bedeutung gewinnen.

Die häusliche Situation verändert sich

Plötzlich sind beide Partner zu Hause. Es kommt zu einer großen Verunsicherung, sowohl was die eigene Rolle als auch was die partnerschaftliche Beziehung anbelangt.

Bei der jetzigen Rentnergeneration bestand überwiegend noch die klassische Rollenaufteilung: sie zu Hause, er geht arbeiten. Die Frau – nachdem die Kinder aus dem Haus sind – war es gewohnt, alleine zu Hause zu sein und hatte sich ihren Tag so gestaltet, wie es für sie am besten war. Gemeinsame Aktivitäten fanden in der freien Zeit, am Abend und am Wochenende statt. Jetzt ist auch der Partner, in der Regel der Mann, zu Hause. Gemeinsame Aktivitäten markieren jetzt nicht mehr Phasen der Freizeit, sondern werden Alltag. Beide verbringen nun den gesamten Tag miteinander, wodurch es zu Reibereien kommen kann. Der Mann, bisher gewohnt, im Beruf alles zu organisieren, fängt vielleicht plötzlich an, auch den Haushalt nach seinen Vorstellungen zu organisieren. Oft kann das dazu führen, daß Ehepaare getrennte Wege zu gehen beginnen. Jeder sucht sich seine eigenen Aktivitäten.

Neuer Tagesablauf: Freizeit im Überfluß

Endlich ist Zeit da, um sich all den Interessen zu widmen, die bisher zu kurz gekommen sind – wie Hobbys, Reisen, der Garten usw. Zeit gibt es im Überfluß, die finanzielle Situation ist gesichert – eigentlich die beste Voraussetzung, um seine Aktivitäten zu entfalten. Mehr Freizeit bedeutet mehr Bedarf an Freizeitgütern.

Wer in Rente geht, tritt nicht unbedingt in den Ruhestand. Rentner ziehen sich nicht aufs Altenteil zurück, auch nicht, wenn es ums Konsumieren geht. 57 % des Geldes wird von den über 50jährigen ausgegeben. Oft haben sie jahrelang gespart. Sind die Kinder aus dem Haus – Dr. Brigitte Kölzer hat hier den Begriff *Empty Nesters* geprägt –, steht mehr Geld zur Verfügung. Die *Empty Nesters* verfügen bereits über die notwendigen finanziellen Ressourcen, um in ein angenehmes, aktives und anspruchsvolles Leben zu investieren. Mit dem Beginn der Rente kommt noch die dafür notwendige Freizeit dazu.

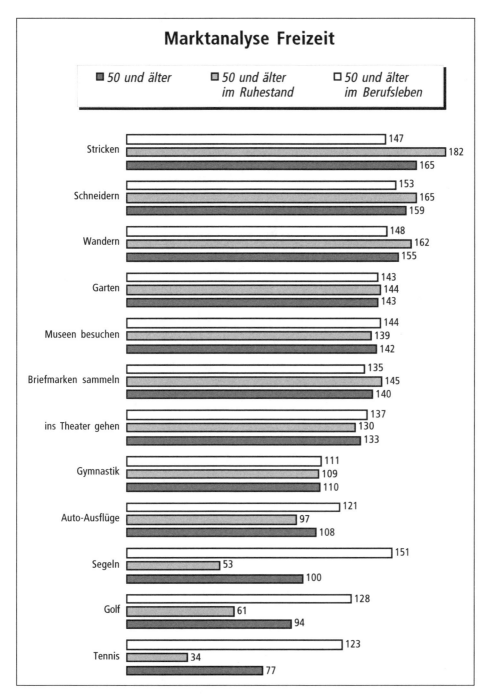

Quelle: TdW Intermedia 98/99, 50+ (durchschnittlich und überdurchschnittlich Motivierte); Index Gesamtbevölkerung = 100

Die Reisebranche beispielsweise profitiert sehr stark davon. Denn Stubenhocker sind sie auf gar keinen Fall, die über 50jährigen. Im Gegenteil: Reisen steht bei ihnen hoch im Kurs. Bei einer Befragung gaben 77 % an, daß Reisen als Freizeitbeschäftigung in der Rente bei ihnen ganz oben auf der Wunschliste steht. Auch wenn die Wirklichkeit etwas hinterherhinkt, so sind es doch immerhin 46 %, die ihren Traum auch verwirklichen. Die Studie des B.A.T. Freizeitforschungsinstituts zeigt deutlich, wie beliebt Reisen ist. Es steht bei der Freizeitbeschäftigung an dritter Stelle. 23 % sparen sogar extra dafür. Diese Reiselust füllt die Kassen der Reiseveranstalter jährlich mit ca. 15 Mrd. DM. Prognosen des European Travel Monitor zufolge wird die Reisetätigkeit von Senioren sogar noch zunehmen. Bis zum Jahre 2000 soll sie (an 1990 gemessen) um 80 % steigen.

Das sind handfeste Argumente. Doch immer noch neigen Veranstalter dazu, Senioren nicht extra zu berücksichtigen. Als Ausrede dafür gilt, daß 80 % der Senioren spezielle Seniorenreisen ablehnen. Aber das heißt doch nur: Senioren wollen nicht ins Altenghetto gesperrt werden.

Bei den alten Alten ab ca. 75 Jahren liegen die Interessen etwas anders. Erst ab diesem Alter setzen größere Beschwerden ein, die Menschen sind weniger mobil und die Aktivitäten verlagern sich etwas. Sie finden dann zunehmend im eigenen Haus statt. Zeitunglesen, Gartenarbeit, Hobbys im eigenen Keller treten an die Stelle von Reisen, Ausflügen usw. Ab dann werden auch speziell ausgewiesene Seniorenreisen eher angenommen.

Erste Reiseveranstalter, die die Bedürfnisse der älteren Zielgruppe ernst genommen haben, können beachtliche Umsatzsteigerungen verbuchen. 20 % waren es bei dem Reiseveranstalter *IKD-Reisen*, der Wellness-Programme anbietet. Voraussetzung dafür ist allerdings ein speziell auf die Zielgruppe zugeschnittenes Konzept.

Auch die gedankliche Auseinandersetzung mit dem Thema Freizeit ist wichtig. Reisen sind keine spontanen Entscheidungen, sondern werden intensiv vorbereitet. Prospekte werden studiert, Reisehandbücher und Artikel in Zeitschriften gelesen, Fernsehsendungen gesehen. Eine ganze Gedankenwelt wird um die eigentliche Aktivität gesponnen. Selbst wenn die Reise nicht ausgeführt wird, beschäftigt sie und beschäftigt man sich gern mit ihr.

Wer viel Freizeit hat, hat auch viel Zeit, sich ausgiebig zu informieren. Und das tun ältere Menschen intensiver als zuvor. Wurden früher über Arbeitskollegen Informationen eingeholt, werden jetzt Prospekte und Angebote eifrig studiert und miteinander verglichen, Familienangehörige befragt.

Auch der Einkauf gewinnt einen ganz anderen Stellenwert. Es steht mehr Zeit dafür zur Verfügung. Er wird zu einer wichtigen Möglichkeit, soziale Kontakte zu pflegen. Eingekauft wird nicht mehr unbedingt allein, sondern oft zu zweit. Der Einkauf wird zur Freizeitbeschäftigung, zum Erlebnis. Oft wird er mit einem Cafébesuch gekoppelt.

Einkäufe werden aber nicht nur für einen selbst bzw. den Partner erledigt, sondern auch für Kinder und Enkelkinder. Dadurch werden die Kinder, die vielleicht selbst gerade eine Familie gegründet haben, zeitlich und finanziell unterstützt. Oft besorgen Senioren die benötigten Produkte und stellen das Geld dafür zur Verfügung.

4. Senioren sind eine kaufkräftige Gruppe

Studien belegen: Ältere sind eine kaufkräftige Gruppe. Schätzungen zufolge verfügen die über 60jährigen monatlich über 10 bis 15 Mrd. DM Kaufkraft. Damit ist ihre Kaufkraft dreimal so hoch wie die der 14- bis 20jährigen.

Dagobert Hartmann von der Agentur Grey kommt nach den Ergebnissen der 1998 veröffentlichten Studie *Master Consumer* – die versteckte Kaufkraft" (eine Fortschreibung der Studie von 1993 „Neue Lust in reifer Schale") zu dem Fazit: „Wir haben es mit der reichsten Generation aller Zeiten zu tun. Sie sitzt auf ihrem Geld, gibt es aber nicht aus, weil entsprechende Angebote fehlen." Demnach sind 34 % der Bevölkerung über 50 Jahre alt, das sind 28,2 Millionen Menschen. Diese Gruppe verfügt mit 19,7 Mrd. DM über 48 % des frei verfügbaren monatlichen Einkommens (Quellen dafür sind das Statistische Bundesamt 1997 und die AWA '97). Das Gesamtbruttovermögen beträgt bei den 55- bis 65jährigen 472 Mrd. DM.

Dorothea Nowak von Sinus formuliert es auf den 31. Tagen der Fernsehkritik in Mainz 1998 so: „Das ‚Markenziel jung' ist Geldvernichtung in höchstem Maße."

Wie gesagt: 57 % des Geldes werden von den über 50jährigen ausgegeben – von den *Empty Nesters* und den jungen Alten. Mit dem Eintritt in den Ruhestand stehen Senioren zwar nur noch ca. 60 % des Nettoeinkommens zur Verfügung. Das wird jedoch ausgeglichen durch Lebensversicherungen, sonstige private Vorsorge, eine Betriebsrente. In der Regel ist auch das eigene Heim bis dahin abbezahlt, so daß die Kosten für Miete, Hypotheken usw. wegfallen.

Das Senioreneinkommen ist somit dem der jungen Haushalte vergleichbar. Außerdem verteilt sich das Haushaltseinkommen auf weniger Personen. Die Kinder sind dann in aller Regel bereits aus dem Haus.

Die Allensbacher Werbeträger-Analyse (AWA) von 1996 und Mediaanalyse (MA) aus dem gleichen Jahr zeigen, wie finanzstark die 50plus-Generation ist. Das frei verfügbare Haushaltseinkommen – also das, was nach Abzug der laufenden Kosten wie Miete, Kleidung, Essen übrigbleibt – der über 50jährigen betrug 1996 574 DM. Das der unter 50jährigen dagegen nur 511 DM.

Weiteres Indiz für die höhere Kaufkraft von Senioren gegenüber jüngeren Gruppen: Zwischen 1993 und 1996 konnten die über 50jährigen das frei verfügbare Einkommen außerdem um 8 % steigern. Die unter 50jährigen nur um schlappe 1,4 %.

Jeder vierte Seniorenhaushalt erreichte 1995 ein monatliches Nettoeinkommen von mindestens 4000 DM, ein weiteres Viertel kam auf 3000 bis 4000 DM. Auch die Infratest-Studie „Alterssicherung in Deutschland" (ASID) von 1995 bestätigt, wie gut es den Senioren geht. So stehen den meisten Einpersonen-Rentnerhaushalten monatlich netto zwischen 1400 und 3000 DM zur Verfügung.

Dazu kommen Geldvermögen, Grundbesitz und Erbschaften. Das Geldvermögen wächst. Lebensversicherungen im Gesamtwert von ca. 30 Mrd. DM werden jährlich ausbezahlt. Dazu kommen weitere Geldanlagen. Jedes Jahr fallen ca. 200 Mrd. DM an Erbschaften an. 25,72 Millionen Bundesbürger sind zur Zeit Erben. Durchschnittsalter der Erben: 53 Jahre. Senioren verfügen also über ausreichend Kapital. Tendenz steigend. Denn zukünftige Senioren sind vermutlich noch besser gestellt, da auch ihre jetzige Einkommenssituation günstiger ist als die früherer Generationen. Sie werden in der Marketingliteratur als *Whoopies* bezeichnet: *well-off older people*. Und sind die eigentlich interessante Zielgruppe im Seniorenmarketing.

25 % aller über 60jährigen Frauen stehen mehr als 500 DM pro Monat zur Verfügung, 18,5 % sogar mehr als 1000 DM. Keine andere Altersgruppe kann einen höheren Anteil vorweisen. Bei den 14- bis 29jährigen sind es nur 17 %, die monatlich mindestens 500 DM zur Verfügung haben. Bei den 40- bis 49jährigen verfügen nur 24,3 % über mehr als 1000 DM monatlich. Bei den 50- bis 59jährigen sind es 23 %.

Nach Erkenntnissen der BBE-Unternehmensberatung in Köln von 1996 halten 91 % der Senioren ihre Kaufkraft für zufriedenstellend, 62 % der

Senioren sogar für gut bis sehr gut. Armut betrifft ältere Menschen seltener als jüngere. Nur knapp 6 % der über 60jährigen, vor allem ältere alleinstehende Frauen, fallen unter die Armutsgrenze. Bei der Gesamtbevölkerung sind es dagegen 10 %.

Angaben des Statistischen Bundesamtes zufolge wird von den über 60jährigen vom Haushaltseinkommen für den privaten Verbrauch prozentual wesentlich mehr ausgegeben als von jüngeren Gruppen.

In den neuen Bundesländern sieht es allerdings anders aus: Dort ist das Einkommen um ca. 1000 DM geringer als in einem vergleichbaren Haushalt im Westen. Zudem verfügen Senioren dort über weniger angespartes Vermögen oder Grundbesitz. Die Folge: Das Preisbewußtsein ist ausgeprägter.

Thomas Koch, Inhaber der gleichnamigen und renommierten Mediaagentur, meinte dazu in einem Interview anläßlich des ersten Internet-Kongresses im Oktober 1997, der sich unter dem Motto „Abschied vom Jugendkult?" mit Älteren als Zielgruppe beschäftigte: „Wenn ich eine junge Zielgruppe mit geringem Einkommen nehme, die das Produkt einmal pro Woche verwendet, und diese mit einer 40jährigen Frau vergleiche, deren verfügbares Einkommen höher ist und die dieses Produkt mehrmals die Woche verwendet, kann ich berechnen, welche Umsatzbedeutungen die einzelnen Segmente haben. Ich habe noch keinen Kunden erlebt, der dann nicht erstaunt darüber war."

Und der Markenexperte Klaus Brandmeyer formulierte es in einem Artikel der Zeitschrift *Werben und Verkaufen* (w&v 22/98): Zwar würden Markenbilder schon in jungen Jahren geprägt. Richtig sei auch, daß ein 30jähriger noch mehr Kaufakte vor sich habe als ein 50jähriger. Dennoch dürften die *Best Ager* nicht vernachlässigt werden. „Richtig Geld für ein schönes neues Auto haben die Leute doch erst, wenn sie älter sind." Auch die Studie der Werbeagentur Grey machte es deutlich. Die *Master Consumer* haben einen erlebnisorientierten Lebensstil, sind aufgeschlossen für Neues und gesundheitlich ausgezeichnet in Form. Ihr Einkommen ist überdurchschnittlich hoch, ihr angehäuftes Vermögen gewaltig.

Doch ältere Kunden sind den werbetreibenden Unternehmen immer noch weniger wert als jüngere. Ein Beispiel aus den Printmedien macht dies deutlich. 80 % aller Frauenzeitschriften, so das Ergebnis einer Untersuchung des Bauer Verlages, werden von *Best Ager* gelesen. Während die *Neue Post* und *Das neue Blatt* mit einer jährlichen Auflage von 136 Millionen – überwiegend von Älteren gelesen – nur 38 Mio. Mark Werbeeinnahmen erzielen, sind es bei der Zeitschrift *Maxi* mit 4,2 Millionen Exemplaren 18,6 Mio. Mark Werbeeinnahmen. Eine *Maxi*-Käuferin ist der Werbewirtschaft, so Verlagsleiter Sven Schrader vom Bauer Verlag, 4,36 Mark wert, eine Leserin von *Neue Post* oder *Das neue Blatt* nur 28 Pfennig.

5. Senioren sind bereit, Geld auszugeben

Alte haben sowieso kaum Geld – und wenn, dann geben sie es nicht aus, sondern sparen es lieber. Dieses Vorurteil hält sich hartnäckig, und immer noch gelten ältere Menschen als Konsummuffel. Dabei hat nicht nur die Kaufkraft zugenommen, sondern sich auch die Einstellung zum Geld verändert.

Die Bereitschaft, Geld auszugeben, hat zugenommen. Die frühere Haltung „Unsere Kinder sollen es einmal besser haben", verbunden mit dem Rückzug aus dem aktiven Leben, gibt es so nicht mehr. Bereits die Untersuchung von Naegele 1986 erbrachte: Einkommensstarke Senioren neigen dazu, viel Geld auszugeben. Man gönnt sich gern einiges.

Stille Genießer – das geht aufs Konto der 50plus-Generation:

58 % aller Brot- und Buttereinkäufe
55 % der Gemüseeinkäufe
53 % der Frischfleisch- und Wursteinkäufe
40 % des Sektkonsums

Immer mehr Ältere gestalten ihren dritten Lebensabschnitt aktiv und weltoffen. Sie wollen das nachholen, was sie während der Kinder- und Jugendzeit im Krieg versäumt haben. Schon die jetzige Generation ist eher als noch die Generationen davor bereit, sich etwas zu gönnen. Und diese Tendenz wird steigen. Der Genuß im Alter als Ausgleich für eine Zeit der Entbehrungen in der Jugend, einer Zeit des Kriegs, der Unsicherheit und wirtschaftlichen Misere.

In Amerika haben die Alten längst ihr Selbstbewußtsein entdeckt. „Wir verprassen das Erbe unserer Kinder", so lautet die Parole, die als Aufkleber die Autoscheiben ziert. Und das nicht nur auf alten klapprigen Wagen, sondern auf Edelkarossen.

Ältere haben Geld – und sie geben es aus. Vielleicht anders als jüngere

Menschen. Ihre Einkäufe sind wohlüberlegt. Aber sie achten auch weniger auf den Preis als jüngere, wenn die Qualität stimmt.

Viele Ältere sagen auch: „Ich habe es mir verdient, auch einmal an mich zu denken und mein Geld für mich auszugeben." 49 % der 50- bis 54jährigen sind dieser Meinung. Bei den 70- bis 75jährigen sind es sogar 56 % (GfK Lebenssituation 1992).

Die Älteren wissen dabei gute Angebote zu schätzen. Doch werden sie von den Unternehmen noch zu wenig wahrgenommen. Die Potentiale für die Branchen sind dabei ungeahnt hoch.

„Werbung sollte sich in folgenden Bereichen mehr an Personen meines Alters richten:"

Reisen, Urlaubsziel	45 %	Körperpflege	30 %
Schuhe	45 %	freiverkäufliche Arzneimittel	30 %
Angebote der Banken	38 %	Gesichtspflege	30 %
Computer	37 %	Stereoanlagen, Radio	30 %
Tiefkühlkost	34 %	Videorecorder, Kameras	26 %
Mobilfunk, Handys	32 %	Fertiggerichte	25 %
Zahn-, Mundpflege	32 %	Versicherungen	24 %

Quelle: Grey Strategische Planung/Inra, März 1998

Gesundheit liegt bei den Senioren ganz vorne. Der Begriff ist dabei sehr weit gefaßt, auch Schönheit gehört dazu. So geben ältere Frauen viel Geld für Kosmetik aus. Und sie achten im Vergleich zu jüngeren weniger auf den Preis als auf die Qualität. Die über 70jährigen sind sogar überproportional häufig der Meinung, daß Markenartikel qualitativ besser sind als markenlose Ware.

19,7 Milliarden Liter Mineralwasser flossen 1997 durch deutsche Kehlen. Ein gut Teil davon bei den über 50jährigen. Sieger sind dabei die kohlensäurearmen Wasser. Der Anteil der *Best Ager* wird von Hans-Peter Dau, Geschäftsführer der *Fürst Bismarck Quelle*, für die Produkte seines Unternehmens dabei auf 80 % geschätzt.

Durchschnittlich geben alleinlebende Rentner/innen mindestens 82 % ihres verfügbaren Einkommens für den privaten Verbrauch aus. Der Rest wird für Versicherungs- und Mitgliedsbeiträge, für Zinsen von Baudarlehen, Spenden oder Geldanlagen verwendet. An erster Stelle der Ausgaben steht die Miete für die Wohnung, gefolgt von Nahrungs- und Genußmitteln.

Den Ergebnissen der Einkommens- und Verbrauchsstichprobe (EVS) zufolge, die alle fünf Jahre vom Statistischen Bundesamt durchgeführt wird, wurden 1993 in den Einpersonen-Rentnerhaushalten dafür monatlich 399 Mark im Westen und 341 Mark im Osten aufgewendet. Ältere Menschen sind eher bereit als jüngere Generationen Geld für hochwertige Nahrungsmittel auszugeben. So sollen – wie bereits gezeigt – ca. 40 % der Sekteinkäufe von älteren Menschen getätigt werden. Alleinstehende Männer geben für andere Dinge Geld aus als Frauen: Männer z. B. für Mahlzeiten außer Haus, Frauen dagegen eher für Kleidung und Körperpflege.

Auch Geldanlage ist ein Thema, wenn auch weniger gespart wird als in jüngeren Jahren. Etwa 7 % der Gesamtersparnisse aus Privathaushalten kommen von Senioren. 1995 machte das ca. 15 Mrd. Mark aus. Die letzte Einkommens- und Verbrauchsstichprobe von 1993 zeigte, daß dies im Westen ein durchschnittliches Pro-Kopf-Nettogeldvermögen von 33.600 DM bedeutet. Der Osten liegt mit nur 13.200 DM deutlich darunter.

Besonders für den Urlaub sind Senioren bereit, Geld auszugeben. Schon jetzt registriert der Zentralverband der Werbewirtschaft eine zunehmende Reiselust der 50- bis 65jährigen. Die Reisebranche verzeichnet einen Aufwärtstrend. Unternahmen 1972 nur 41 % der über 60jährigen einmal im Jahr eine mindestens fünftägige Reise, waren es 1990 schon 55 %. 1993 waren es 67,7 % der 60- bis 69jährigen und 51,8 % der über 70jährigen – insgesamt 9,5 Millionen Menschen. 1994 stieg der Anteil bereits auf 73 %.

Verreist wird dabei nicht nur in ferne Länder, sondern vor allem auch im Inland – wie Studien zeigen. Oft wird der Urlaub dazu genutzt, um etwas für die Gesundheit zu tun.

Senioren geben aber nicht nur Geld für sich selbst aus, sondern auch für Kinder und Enkel. Oft greifen sie deren neugegründeten Familien finanziell unter die Arme. Eine Befragung der GfK von 1996 zeigte: Senioren geben deutlich mehr für Ostergeschenke aus als andere Altersgruppen. Bei Personen der Gruppe 50plus waren dies ca. 25 Mark, während alle anderen Altersgruppen bei 17 Mark lagen. Geschenke kommen dabei zu allererst den Kindern zugute: Für Sohn oder Tochter hatten Senioren durchschnittlich 25 Mark übrig, für Enkelkinder dagegen nur noch 22 Mark.

Bei den Jungen dagegen sitzt das Geld nicht mehr so locker, wie die Studie „Jugend und Freizeit" des Freizeitinstituts der British American Tobacco (B.A.T.) von 1997 belegt. So ist seit 1993 bei der Konsumlust der 14- bis

30jährigen ein Einbruch festzustellen. Die 14- bis 30jährigen gaben zu, sie hätten in ihrer Freizeit „häufiger das Gefühl, zu viel Geld auszugeben".

6. Senioren wissen, was sie wollen – und schätzen Qualität

Ältere wissen, was sie wollen. Sie haben darin als Konsument ja auch langjährige Erfahrung. Sie wissen, daß Qualität mehr zählt als der Preis. Und sind deshalb bereit, auch mehr Geld dafür auszugeben. Ganz anders als junge Konsumenten achten sie in erster Linie nicht auf das Design, sondern auf die Funktion eines Produkts. Eine Investition soll sinnvoll sein, seinen Zweck erfüllen und sich langfristig gesehen bezahlt machen. Ästhetik spielt zwar auch eine Rolle, aber erst an zweiter Stelle. So sagten 65 % der befragten Senioren: Qualität ist uns wichtig.

Auch die Nielsen-Studie kommt zum gleichen Ergebnis: Ältere Menschen achten beim Einkauf weniger auf den Preis als auf die Markenqualität. Dies brachten 120 psychologische Einzelbefragungen zutage.

Senioren sind selbstbewußt und wissen, was sie wollen. Selbstbewußtsein war bisher kein Wert, der Älteren zugeschrieben wurde. Bislang galten sie eher als zurückgezogen, passiv, wenig fordernd. Bei den heutigen Alten ist nicht mehr viel von Passivität festzustellen. Das Selbstbewußtsein wächst und wird noch weiter wachsen. Die Gründe dafür wurden bereits weiter oben erläutert.

Die nachfolgende Generation wird mit noch besserer Bildung und höherem Einkommen aufwarten können. Die Düsseldorfer Agentur BMZ!FCA hat die *Mid Ager* – 45 bis 65 Jahre alt – 1998 in Tiefeninterviews genauer unter die Lupe genommen und festgestellt, daß die ehemaligen 68er sich gern so manches gönnen. Titel der Studie: *„Mid Ager* – The Lost Potential".

Hier einige Zitate aus den Interviews:

- „Ich lasse mich beraten und vergleiche. Denn ich kaufe ja nicht sinnlos. Wichtig ist die Qualität. Alles muß technisch einwandfrei und bedienungsfreundlich sein. Denn ich hasse Gebrauchsanweisungen."

- „Ich kaufe gern *Boss*-Anzüge … Es ist einfach die beste Paßform für mich. Ich bin beim Kauf nicht auf bestimmte Marken fixiert."

- „Ob etwas 50 oder 60 Mark mehr kostet, ist mir relativ Wurst …

- „Bevor ich zweitklassig fahre, bleibe ich lieber erstklassig zu Hause.“

Fazit der Studie: *Mid Ager* lieben Marken – und hier vor allem die exklusiveren, so Managing Director Oliver Hermes von BMZ!FCA. „Richtig böse werden sie über Äußerungen von Thoma und Kogel“, so sein Eindruck. Denn sie werden als Zielgruppe nicht gern für scheintot erklärt.

Senioren sind eine wichtige Konsummacht. Und sie werden immer selbstbewußter ihre Rechte fordern. Hier – wie auch in anderen Ländern.

In England ist Bernice Weston, die Gründerin der *Weight Watchers,* gerade dabei, *Age Power* zu formieren. Mit einer Gruppe Gleichgesinnter zieht sie durch England und versucht, ältere Menschen zu mobilisieren. In den kommenden Jahren werden dies Gesellschaft und Wirtschaft zu spüren bekommen. Denn ältere Menschen lassen sich dann nicht mehr mit billigen Argumenten abspeisen. Sie fordern Produkte, die auf ihre Bedürfnisse zugeschnitten sind, und eine Unternehmenspolitik, die sie ernst nimmt und ihnen in der Kommunikation Respekt zollt.

Die Werbeagentur Euro Advertising in Düsseldorf hat in einer Studie vier Altersstile entwickelt, wobei vor allem die beiden ersten als Zielgruppe interessant sind. Allein dem Typ des souverän Alternden sind über 50 % der Befragten zuzurechnen. (Siehe gegenüberliegende Seite.)

Egal, wie das Alter erlebt wird, ihnen allen ist gemein: Sie legen Wert auf Qualität.

Ältere Menschen haben mehr Erfahrung als jüngere, natürlich auch beim Einkauf und dem Umgang mit Produkten. Vielleicht ist das einer der Gründe, warum Unternehmen sich lieber an Jüngere wenden. Die sind weniger kritisch. Aber Älteren, Profis im Umgang mit Produkten, kann man es nur schwer recht machen.

Studien im Reisemarkt zeigen: Senioren stellen eine Reihe von Ansprüchen, die es zu berücksichtigen gilt. Sie wollen Neues – aber keine unangenehmen Überraschungen erleben. Sie sind an der Kultur interessiert und wollen mehr über Land und Leute erfahren. Mit an erster Stelle steht auch Komfort: angefangen beim Gepäcktransport über bequeme, geräumige Zimmer bis hin zu organisierten Veranstaltungen. Auch freundliches und speziell geschultes Personal honorieren sie. Wichtig ist ihnen auch Sicherheit. Einige Reiseveranstalter haben daraus die Konsequenz gezogen – wie die *50plus-Hotels* in Österreich. Mehr darüber weiter unten.

Typologie der Altersstile

Souverän Alternder

Er ist ausgeglichen, zufrieden, aktiv, kontaktfreudig und steht dem Alter positiv gegenüber. In seinem Konsumverhalten zeigt er eine hohe Probierbereitschaft, ist qualitätsorientiert und blickt auf eine lange Konsumerfahrung zurück, was dafür spricht, daß er Qualität schätzt.

Altersverweigerer

Er ist stark hedonistisch geprägt, zeigt demonstrativ, wie jugendlich er ist. Aus Prestigegründen demonstriert er Konsum und ist für junge Produkte aufgeschlossen.

Traditionell Alternder

Er wertet das Alter ab, die Einstellung zu seinem Körper ist negativ. Er ist eher preisbewußt, aber wenn es seine Gesundheit betrifft, ist er qualitäts- und markenorientiert.

Apathisch Alternder

Er ist seinem Schicksal ausgeliefert, hat kapituliert, ist passiv. Er zeigt nur geringes Selbstbewußtsein. Qualität und Marke helfen jedoch, Unsicherheit zu reduzieren.

Quelle: Euro Advertising, Düsseldorf

7. Senioren sind probierfreudig und bereit zum Markenwechsel

Alte gelten als festgelegt, unbeweglich. Geschmack wird in jungen Jahren geprägt. Und dann wird daran bis ins hohe Alter festgehalten. Die Bereitschaft zum Markenwechsel ist also sehr gering. So sehen Marketingentscheider die Alten. Und dies ist auch mit ein Grund, warum so wenig unternommen wird, Ältere für ein neues Produkt zu gewinnen.

Dabei ist die Bereitschaft zum Markenwechsel bei Älteren besonders ausgeprägt. Die Agentur Herrwerth in München hat in Befragungen herausgefunden, daß Senioren neben den 14- bis 29jährigen die größte Bereitschaft zum Markenwechsel haben (*FAZ* 16. 8. 1996).

Die *Ageing-Stability*-These besagt: Mit zunehmendem Alter stabilisiert sich die Einstellung. Heißt das, Senioren sind in ihrem Einkaufsverhalten festgefahren und von daher als Zielgruppe uninteressant? Nein. Ältere sind weniger Einflüssen ausgesetzt als Jüngere und brauchen deshalb mehr Anstöße, bis sich die Einstellung ändert.

Inzwischen hat sich herausgestellt, daß die Markentreue bei Älteren nicht so ausgeprägt ist, wie immer angenommen wird. Doch immer noch hält sich hartnäckig das Vorurteil: Ältere sind auf eine bestimmte Marke festgelegt und können nicht zu einem Wechsel bewegt werden. Die Nielsen-Studie im Auftrag des Hamburger Springer Verlages kommt allerdings zu einem anderen Ergebnis: Sie belegt, daß Ältere fast ebenso häufig die Marken wechseln wie Jüngere, bei manchen Produkten sind sie sogar noch probierfreudiger. Wenn es stimmt, daß vor allem gute Argumente zu einem Markenwechsel veranlassen, dann haben Unternehmen bei Älteren die besten Chancen. Denn sie orientieren sich weniger an Moden, sondern vertrauen vielmehr auf die eigene Erfahrung. Werden ihre Bedürfnisse befriedigt, steht einem Wechsel nichts im Wege. Doch vielleicht sind Hersteller noch zu wenig darauf bedacht, die Ansprüche der Älteren auch zu berücksichtigen.

Die Trierer Seniorenstudie zu Markentreue und Probierfreude (1992) hat noch folgende Ergebnisse gebracht, die auch von der GfK-Seniorenstudie (1992) bestätigt werden:

- Ältere Menschen sind erfahren was Geschäfte, Service, Sortiment angeht und wissen, wo sie was bekommen können. Sie neigen deshalb dazu, im selben Geschäft einzukaufen.
  Dies wird als Einkaufsstättentreue interpretiert. Dabei besagt dieses Verhalten doch nur: Wo jemand zufrieden ist, dorthin geht er auch wieder einkaufen. Das ist auch bei jungen Menschen nicht anders.

- Ältere Menschen zeigen ein eher habituelles Kaufverhalten was Konsumgüter anbelangt. Jahrelange Erfahrung läßt sie instinktiv zu einem bestimmten Produkt greifen.
  Dies wird als mangelnde Bereitschaft zum Markenwechsel interpretiert. Fakt ist jedoch: Der, den die Qualität überzeugt hat, wird ein Produkt auch weiterhin kaufen. Keiner kauft ein Produkt, mit dem er unzufrieden war, ein zweites Mal. Weder alt noch jung.

Was bisher kaum von Werbetreibenden berücksichtigt wurde: Mit dem

Eintritt in den Ruhestand übernimmt der Mann oftmals Arbeiten im Haushalt. Oft geht dabei der Einkauf von der Frau auf den Mann über. Doch Männer haben noch keine Erfahrung auf diesem Gebiet. Sie informieren sich deshalb ausführlich.

Die Frau war vielleicht bisher gewohnt, im Supermarkt A zu kaufen, hat bestimmte Vorlieben und ein gewohnheitsmäßiges Kaufverhalten entwickelt. Er dagegen findet nun Supermarkt B besser oder fährt in der ganzen Stadt herum, nachdem er ausgiebig die Prospekte und Sonderangebote studiert hat, und greift zu ganz anderen Produkten als sie. Es kommt zu einem Bruch mit alten Kaufgewohnheiten. Die Einkaufsstättenwahl findet neu statt, ebenso die Entscheidung für bestimmte Produkte. Schriftliche Informationen gewinnen große Bedeutung. Vor allem für die Männer.

Der Heinrich Bauer Verlag definiert die *Best Ager* als Konsumenten, die die jahrzentelang aufgebauten Markenwelten zwar kennen, aber sie kritisch hinterfragen. Markentreue gilt deshalb in diesem Alter nur noch bedingt.

Eine Studie der Grey-Marktforschungstochter Market Horizons in Düsseldorf belegt, daß Senioren überdurchschnittlich stark bereit sind, neue Produkte auszuprobieren. 60 % der Älteren sind bei einem Preisvorteil zum Markenwechsel bereit. Allerdings geht Qualität vor Preis. Edward Appleton, Geschäftsführer bei Grey in Düsseldorf, meint dazu: „Wir müssen uns davon lösen, daß sich ältere Menschen ewig an ein bestimmtes Produkt gebunden fühlen."

Eine wichtige Rolle, um Neues zu probieren, spielen Sonderangebote. Ältere nutzen sie – und wenn das Preis-Leistungs-Verhältnis stimmt, wird gewechselt. Dies gilt sowohl für Männer als auch für Frauen. 49 % der 60- bis 70jährigen halten sich für probierfreudig. Frauen sind in aller Regel probierfreudiger. Das hängt vielleicht damit zusammen, daß Frauen spontaner auf ein Angebot reagieren, zumindest im Konsumgüterbereich.

Auch die Bayerische Rundfunkwerbung fand bereits 1993 heraus: 52 % der über 50jährigen geben zu, daß sie „gerne häufiger mal die Marke wechseln". Bei den 40- bis 49jährigen waren es 50 %. Bei den 14- bis 29jährigen 55 %. Die Oldies waren also offener als die 40- bis 49jährigen.

Ursula Griese von Emnid in Hamburg warnt davor, sich der Älteren als treue Verbraucher zu sicher zu sein. Sie sind bei weitem nicht so markentreu, wie ihnen immer unterstellt wird.

Auch die Studie von BMZ!FCA über die *Mid Ager* bestätigt: Sie schätzen zwar Qualität, aber sind nicht unbedingt markentreu. Die Studie entlarvt den Einwand, ältere Konsumenten seien weder neugierig noch bereit, Marken zu wechseln, schlichtweg als Klischee. „Markenwechsel kennt kein Alter. Auch *Mid Ager* sind multioptional", so Managing Director Oliver Hermes. 61 % der Befragten haben erklärt, daß sie beim täglichen Einkauf auch gern mal etwas Neues ausprobieren. Nur 28 % sagten: „Wenn ich mit einer Marke zufrieden bin, dann bleibe ich auch dabei." Fazit: Es lohnt sich, die Generation 50plus zu umwerben.

Dies ist auch noch aus einem anderen Grund wichtig. Denn gerade die *Mid Ager* sind als konsumerfahrenste Zielgruppe oft auch Opinion-Leader. Das Problem: Sie sind nicht so leicht zu überzeugen, gerade, weil sie so viel Erfahrung haben.

„Niemand macht den *Mid Agern* etwas vor. Man muß sie überzeugen – nicht überreden, ihnen Klasse statt Masse empfehlen." So der strategische Planer Ulrich Sass von BMZ!FCA. Und Oliver Hermes meint dazu: „*Mid Ager* erreiche ich nicht automatisch. Ich muß vielmehr wie bei jüngeren Zielgruppen Interesse für neue Produkte wecken."

8. Ältere sind an Werbung interessiert

Senioren sind Konsummuffel, in ihren Einkaufsgewohnheiten festgefahren und für Werbung interessieren sie sich schon gar nicht. So lauten die am häufigsten anzutreffenden Vorurteile. Wenn es um Senioren geht, finden die Klischees kein Ende mehr. Und dann wird noch hinzugefügt: Jüngere dagegen sind aufgeschlossen und können leicht durch Werbung erreicht werden. – Doch die Realität sieht anders aus.

Ältere Menschen schätzen Werbung, und zwar mehr als jüngere. Das geht eindeutig aus der Sonderauswertung des Zentralverbandes der deutschen Werbewirtschaft (ZAW) aus der Verbraucheranalyse des Heinrich Bauer und des Axel Springer Verlages hervor.

Ältere Menschen schätzen Werbung

	Senioren	14- bis 59jährige
Stufen Werbung als hilfreich für den Verbraucher ein	48 %	35 %
Sind der Auffassung, daß Werbung manchmal recht nützliche Informationen liefert	54 %	48 %
Sagen: Werbung im Fernsehen halte ich für recht informativ	47 %	41 %
Halten Anzeigen in Zeitschriften für informativ	56 %	54 %

Quelle: Sonderauswertung des Zentralverbandes der deutschen Werbewirtschaft (ZAW) aus der Verbraucheranalyse des Heinrich Bauer und des Axel Springer Verlages

Senioren haben Zeit und informieren sich ausführlich. Sie sind ausgesprochene Medienkonsumenten. Sie sehen intensiv fern und lesen Zeitung.

Die Verbraucheranalyse '92 zeigt folgende Plätze:

- 87 % sehen fern,

- 85 % lesen Tageszeitungen,

- 65 % lesen Zeitschriften.

Die tägliche Fernsehdauer liegt bei über 200 Minuten. Damit liegen die Senioren an der Spitze aller Altersgruppen, wie eine Studie des Bayerischen Rundfunks (1992) zeigt. Die GfK-Fernsehforschung bestätigt dies und stellt fest: 1995 waren es im Schnitt 225 Minuten. Das bedeutet: Sie sehen jeden Tag 51 Minuten länger fern als jüngere Gruppen. Ungefähr 78 % der 50plus-Generation werden von Fernsehprogrammen erreicht. Bevorzugt sehen sie ab 15 Uhr fern. Beliebteste Fernsehzeit der jungen Alten (50 bis 64 Jahre laut GfK) ist zwischen 20 und 21 Uhr. 55 % werden während dieser Zeit erreicht. Danach fällt das Interesse am Fernsehen steil ab. Am schlechtesten ist es zwischen 0 Uhr und 1 Uhr nachts mit nur noch 9 % Sehbeteiligung. Samstag und Sonntag abend verhält es sich etwas anders. Noch mehr Leute sehen zu, und sie bleiben am Samstag abends auch länger auf. Der Sonntag weicht davon allerdings ab. Vor allem am Nachmittag sitzen die über 50jährigen bereits wieder vor dem Fernseher.
Bevorzugt gesehen werden dabei ARD, ZDF und Sat 1. Der letztgenannte

Sender sieht sich ganz klar als Anbieter von Familienprogrammen. Spitzenreiter ist das ZDF mit 20,5 % Marktanteil 1995. Dann folgt die ARD (18,6 %). Sat 1 und RTL teilen sich den dritten Platz (15,3 %). Auch die dritten Programme sind sehr beliebt (12,4 %). Alle anderen Programme liegen weit abgeschlagen.

Vor allem Sat 1 hat in den letzten Jahren ältere Zuschauer dazugewonnen. Was aber Fred Kogel, den Programmchef, seinen Äußerungen nach nicht gerade zufrieden stimmt. Er will die Sendungen, die von Älteren besonders gern gesehen werden, aus dem Programm nehmen – und hat dadurch heftige Kritik heraufbeschworen. Als Grund hat er die werbetreibenden Unternehmen genannt, die vor allem an jungen Zielgruppen interessiert sind. Auf den 31. Tagen der Fernsehkritik in Mainz allerdings haben Werbeleute und Unternehmen diese Fixierung auf die bis 49jährigen entschieden zurückgewiesen. Inzwischen, heißt es, will Fred Kogel, die Altersgrenze bei seinem Sender von 49 Jahren auf 55 oder 64 Jahre anheben.

Printmedien werden besonders ausgiebig genutzt: Zeitungen, Zeitschriften, Prospekte usw. Woche für Woche werden allein bei Frauenzeitschriften an die 15 Millionen Exemplare von dieser Altersgruppe gekauft. Viele verbringen ihre freie Zeit mit Lesen. Das zeigt sich auch an den Reichweiten. Die 60- bis 69jährigen Tageszeitungsleser erzielten eine Reichweite von 87,5 % laut der Mediaanalyse I/96. Damit liegt diese Altersgruppe weit vor allen anderen.

Auch die Studie „Ältere Menschen und neue Medien", im Auftrag der Hamburgischen Landesmedienanstalt (HAM) von Professor Hans-Dieter Kübler an der Fachhochschule Hamburg in Zusammenarbeit mit infas, Bonn, erstellt, brachte die gleichen Ergebnisse:

- 90 % aller Befragten über 60 Jahre sehen täglich fern,

- 71 % davon länger als zwei Stunden,

- 80 % lesen täglich Tageszeitung,

- 75 % hören täglich Hörfunk.

Durch den Eintritt in die Rente hat sich das Informationsverhalten verändert. Früher wurden Empfehlungen über Arbeitskollegen eingeholt. Jetzt fällt diese Informationsquelle weg. An ihre Stelle sind Familienangehörige getreten – und vor allem Prospekte, Handzettel, die ausgiebig studiert werden.

Fazit: Beste Chancen also für Werbetreibende – Unternehmen, Händler –, ihre Zielgruppe auch zu erreichen. Denn Senioren interessieren sich für Werbung. Mehr als jüngere Zielgruppen.

Doch nutzen Werbetreibende ihre Chance? Bisher kaum. Wie sonst ist es zu erklären, daß Ältere immer wieder beklagen, daß sie sich nicht in der Werbung wiederfinden? Manche Unternehmen scheinen der Meinung zu sein, daß sie mit Massenwerbung, die sich an die 29- bis 49jährigen richtet, auch die Älteren erreichen. Das ist ein Irrtum, mit dem sie gewinnbringende Chancen vergeben.

Werbung ist nicht auf Ältere zugeschnitten

Ältere sind an Werbung interessiert, aber nicht an der Werbung, wie sie im Moment besteht. In einer Umfrage von Grey Advertising in Düsseldorf 1993 äußerten die reiferen Konsumenten ihren Unmut.

Das sagen Ältere auf die Frage: Wie finden Sie die gegenwärtige Werbung?

90 % sagten:	Das ist Jugendwerbung, die interessiert mich nicht.
78 % sagten:	Die sollen mehr Leute zeigen wie mich. Wer bin ich denn?
60 % sagten:	Die reden nicht mit Leuten wie mir, die sprechen mich überhaupt nicht an.
70 % sagten:	Die erklären überhaupt nicht, welche Vorteile die Produkte für mich haben.

Quelle: Grey Advertising, Düsseldorf 1993

Jugendwerbung bedeutet sowohl Werbung, die nur Jüngere zeigt, als auch Werbung, die auf Jüngere zugeschnitten ist. Werbung, die laut und hektisch ist und in einer unverständlichen Sprache kommuniziert. Auch in der neu präsentierten Studie „Master Consumer – die versteckte Kaufkraft" bestätigt sich dies aufs neue.

Generation 50plus und Werbung

63 % sagten:	In der Werbung werden fast nur junge Leute gezeigt.
61 % sagten:	In der Werbung sollten jung und alt gemeinsam auftreten.
51 % sagten:	Ältere Menschen werden in der Werbung nie so gezeigt, wie sie wirklich sind.
46 % sagten:	Die Werbung zeigt zu wenig ältere Menschen.
31 % sagten:	Ältere Menschen werden von der Werbung nicht ernstgenommen und abwertend dargestellt.

Quelle: Grey-Studie: Master Consumer – die versteckte Kaufkraft, 1998

Wenn ältere Menschen in der Werbung dargestellt werden, dann meist falsch. „Gezeigt werden entweder alte Frauen im Pflegeheim oder aber Super-Senioren, die auf die Fidschi-Inseln reisen und sexuell so aktiv sind, daß mancher 25jährige neidisch wird", so die Altersforscherin Ursula Lehr. Werbung der Extreme also, die die Zielgruppe so nicht erreicht.
Senioren fühlen sich selbst nicht alt. „Ich bin 62 und fühle mich nicht als Senior, deshalb ärgert mich die Werbung." Zitat einer Teilnehmerin bei einer Podiumsdiskussion der Frankfurter Lebensmittelzeitung.
Die Studie von Grey empfiehlt deshalb: Das Marketing sollte sich nicht am Alter, sondern am „mentalen Set" orientieren. Denn im Kopf ist die Zielgruppe oftmals sehr jung.

9. Ältere sind noch voll dabei

Ältere Menschen kommen sowieso nicht aus ihren vier Wänden heraus. So das Pauschalurteil. Weit gefehlt. Ältere Menschen wollen mit dabei sein. Und sie wollen das nachholen, was sie in der Jugend, in der Zeit von Entbehrungen und Chaos, versäumt haben. Freizeit und Vergnügen steht deshalb ganz oben auf der Prioritätenliste von älteren Menschen, vor allem natürlich bei den jungen Alten.
War früher das Alter mit Vorstellungen wie Zurückgezogenheit, Passivität verbunden, so hat sich dieses Bild stark verändert. Die Burda Medienfor-

schung hat zusammen mit dem Institut für Demoskopie in Allensbach einen Index entwickelt, mit dem Lebensfreude, Aktivität und Dynamik aufgezeigt werden kann. (1996). Entwickelt wurde er auf Basis der Allensbacher Werbeträger-Analyse (AWA) von 1995 und umfaßte fünf Aspekte: Kontaktfreude, Unternehmungsgeist, Breite der Interessengebiete, Freizeitbeschäftigungen, Maß der Persönlichkeitsstärke.

Das Ergebnis war überwältigend. Die Zahl der Motivierten, dem Leben intensiv Zugewandten, ist in den letzten zehn Jahren stark gestiegen. So bezeichnen sich 31 % der 50- bis 69jährigen als hochmotiviert. 1989 waren es nur 24 %. Sie sind sozial eingestellt und hilfsbereit. Sie sind überdurchschnittlich konsumorientiert, neigen zu Spontankäufen, schätzen Markenartikel und sind überdurchschnittlich aufgeschlossen gegenüber Werbung. Freiheit und Unabhängigkeit stehen mit ganz oben auf der Werteskala. Aber auch Leistungsbereitschaft, Toleranz und Opferbereitschaft für die Umwelt. Sie legen großen Wert auf ihre äußere Erscheinung. 63 % sogar besonders stark. Gesundheit und Fitneß ist ihnen wichtig. Ebenso Kosmetik und Mode. Nur jeder vierte orientiert sich nicht an der Mode. Aber auch Finanzprodukte stoßen auf überdurchschnittliches Interesse.

Mit Hilfe der Bradburn-Skala, die Bestandteil der AWA war, wurde auch das persönliche Wohlbefinden ermittelt. Bei 49 % der über 50jährigen überwiegen positive Gefühle stark, bei weiteren 35 % leicht.

Senioren sind keine homogene Gruppe. Wie sollten sie auch? Schon Babys sind bei der Geburt unterschiedlich. Mit zunehmendem Alter nehmen diese Unterschiede noch zu, geprägt durch die jeweiligen Lebensumstände und Erfahrungen.

Die Allensbach-Studie rückte deshalb Fragen nach dem Lebensstil in den Mittelpunkt. Das Ergebnis: Die Vitalität korreliert nicht nur eng mit dem Alter, sondern auch der Schulbildung und der sozialen Schicht, vor allem bei Frauen. Dabei entstanden vier Vitalitätsgruppen. Insgesamt gilt jedoch: Ältere genießen ihr Leben, achten auf ihre Gesundheit und äußere Erscheinung, sind äußerst konsumfreudig und markenorientiert, finanziell gut gestellt.

Das ist Senioren besonders wichtig

Gesundheit	Finanzielle Sicherheit
Selbständigkeit und Unabhängigkeit	Ruhe und Muße
Jung und aktiv bleiben	Aktivität und Erlebnis
Soziale Kontakte und Anerkennung	Sicherheit bei der Kaufentscheidung
Gesellschaftliche Integration	

Der Wunsch nach sozialen Kontakten, Anerkennung und gesellschaftlicher Integration rangiert damit noch vor finanzieller Sicherheit. Von Kommunikation erwarten sie: Integration, Geselligkeit und Unabhängigkeit. Wie groß der Nachholbedarf ist, zeigt auch die Reiselust der Senioren.

Senioren können eine lohnende Zielgruppe sein, wenn Unternehmen entsprechend mit ihnen umgehen. Voraussetzung dafür allerdings ist: „Wer kein klares, haarscharf positioniertes Konzept anbieten kann, wird auch keinen Erfolg haben." So Dr. Brigitte Kölzer, Projektleiterin der Unternehmensberatung Roland Berger & Partner und Spezialistin für die Zielgruppe der Senioren.

Und es geht weiter ...

Jetzt kennen Sie die Gründe, die für ein Engagement im Seniorenmarkt sprechen. Während dieses Buch geschrieben wurde, sind weitere Unternehmen dazugekommen, die Seniorenmarketing betreiben. Vielleicht gehört nach der Lektüre die Aussage von Henning von Vieregge, Hauptgeschäftsführer des Gesamtverbandes der Werbeagenturen (GWA) in Frankfurt am Main der Vergangenheit an, der sagt: „Das Thema Senioren und Werbung wird zur Zeit noch mehr beschworen als realisiert."

Die Zielgruppen werden sich polarisieren, so Kienbaum-Manager Leschinsky: Auf der einen Seite wird es die Youngster-Konsumenten geben, auf der anderen das Mainstream-Segment 60plus.

In den nächsten Jahren werden bestimmt noch eine Vielzahl von Argumenten dazukommen, warum Senioren so interessant sind. Denn mit dem Interesse (Kennenlernen) wächst ja bekanntlich auch die Attraktivität. Es tut sich viel. Mehrere Studien sind entstanden und haben das öffentliche Bild von den Senioren bzw. den über 50jährigen korrigiert. Immer mehr Unternehmen haben erkannt, daß es lohnt, sich mit der Zielgruppe intensiver zu beschäftigen. Wir alle altern und kommen damit der Zielgruppe immer näher. Sind wir alle passiv und desinteressiert? Die jetzige Generation ist eine Generation des Übergangs. Zwischen Pflichtbewußtsein und Selbstverwirklichung wagt sie den Spagat.

2. Teil | 14 goldene Regeln für erfolg- reiches Seniorenmarketing

Christine Krieb

„Wie man in den Wald ruft, so schallt es zurück" heißt es im Sprichwort. Wie wir uns anderen gegenüber verhalten, das beeinflußt meist auch ihr Verhalten uns gegenüber. Freundlichkeit von unserer Seite trägt in aller Regel Früchte. Und umgekehrt: Sind wir angespannt und gereizt, können wir damit auch die gute Laune unseres Gegenübers kaputtmachen.

In der Werbung, der Kommunikation, die sich an Massen wendet, wird genau dieses Prinzip berücksichtigt: die Leute so ansprechen, daß sie zufrieden sind und sich die angebotene Ware/Dienstleistung näher ansehen. Zielgruppen-Ansprache heißt das in der Fachsprache. Ein ganzes Volk wird so in Zielgruppen eingeteilt und jede entsprechend angesprochen und hofiert.

Doch bei Senioren versagt die sonst übliche Unterteilung in Zielgruppen. Und von zielgruppenadäquater Kommunikation kann schon gar keine Rede sein. Senioren – von 50 bis 90 Jahren – werden alle in einen Topf geschmissen, die 50jährigen zu den 80jährigen. Marktforschungsstudien hören meist bei der magischen Grenze von 50 Jahren auf. Wer auf der anderen Seite dieser Altersgrenze steht, ist jenseits von gut und böse. Jugendmarketing dagegen ist der Renner überhaupt. Von dort geht's zum Kindermarketing und bald vielleicht schon zum Marketing für Babys – nach dem Motto: Heute ein Kind, morgen ein Kunde. Und das möglichst ein Leben lang. Ob die Rechnung aufgeht, wird sich zeigen …

Aber schließt das eine das andere aus? Können sich Unternehmen nicht um Kunden von morgen bemühen, ohne die von heute zu vernachlässigen? Die Werbung, die sonst mit Verlockungen nicht geizt, ziert sich auf einmal, ist schweigsam oder schlägt den verkehrten Ton an. Und weil sich kaum jemand näher mit der Zielgruppe der Älteren beschäftigt, weiß auch niemand, was sie eigentlich möchte und wie sie am besten angesprochen wird.

„Wie man in den Wald ruft, so schallt es zurück." Und weil da gar nicht gerufen wird, kommt auch nichts zurück. Wer sich nicht angesprochen fühlt, reagiert eben nicht – genausowenig wie der, der falsch angesprochen wird. Viele Unternehmen glauben immer noch, sie erreichen die Älteren automatisch mit, wenn sie junge Konsumenten ansprechen. Doch das ist ein Trugschluß.

Gerade Senioren sind eine äußerst sensible Zielgruppe, weil sie erstens besonders konsumerfahren sind und man ihnen nicht so leicht etwas vormachen kann und weil sie zweitens nicht als Alte, Passive gesehen werden wollen. Denn so sind sie ja auch nicht.

Aber wie sind die Älteren denn nun wirklich? Welche Produkte wollen sie? Und wie können sie zielgruppengerecht angesprochen werden?

Als Grundregel gilt – doch die wird meistens auch mißachtet –: Senioren sind Menschen wie du und ich. Sie wollen ihr Leben genießen, treffen sich gern mit Gleichgesinnten wie andere Altersgruppen auch. Trotzdem unterscheiden sich ihre Bedürfnisse ein wenig von denen jüngerer Zielgruppen. Denn das Alter bringt Veränderungen mit sich, denen sich keiner entziehen kann. Sie müssen im Marketing berücksichtigt werden.

Auf den folgenden Seiten finden Sie 14 goldene Regeln für die erfolgreiche Kommunikation mit Senioren. Doch davor ein kurzer Exkurs: biologische Veränderungen im Alter.

Exkurs   Was verändert sich im Alter?

Das Alter bringt Veränderungen der körperlichen und kognitiven Fähigkeiten mit sich. Ab 24 Jahren altert der Mensch – Spaßvögel sagen, bereits ab dem Tag der Geburt –, und seine Leistungskraft läßt nach, auch wenn der Normalbürger nicht so viel davon merkt, höchstens vielleicht Leistungssportler. Am ehesten sind beim Altern Veränderungen des äußeren Erscheinungsbildes zu beobachten. Die Haare werden grau, die Haut verändert sich. Mit 40 treten dann die ersten größeren Veränderungen auf.

Eine Umfrage bei den 60jährigen zeigt:

25 % haben keine Probleme mit dem Hören oder Sehen
50 % haben auf einem der beiden Sinneskanäle – Hören bzw. Sehen – Probleme
25 % haben sowohl beim Hören wie beim Sehen Probleme

Niemand ist vom Altern ausgenommen, auch wenn sich die Alterserscheinungen bei jedem einzelnen unterschiedlich stark zeigen. Grundsätzlich gilt: Alle Sinnesorgane lassen nach – Hören, Sehen, Riechen, Schmecken, Tasten – ebenso die Kraft, die Motorik und das Gedächtnis.

Veränderungen beim Sehen

Die Sehschärfe läßt nach: Im Alter tritt ein Verlust der Sehschärfe bis zu 80 % ein – sowohl im Nah- wie im Fernbereich. Besonders gravierend ist

dies bei geringer Beleuchtung. Auch die Leistungsfähigkeit der einzelnen Zellen läßt nach und die Pupille wird kleiner. So beträgt die Pupillengröße eines 80jährigen Menschen nur noch die Hälfte der eines 20jährigen.
Damit verbunden sind Schwierigkeiten beim Lesen, besonders wenn die Schrift zu klein ist. Mindestgröße ist 12 Punkt. Erst ab ca. 5 mm können Buchstaben gut gelesen werden.

Blendungsgefahr: Je geringer die Helligkeit, desto geringer die Sehschärfe, denn die Netzhaut erhält weniger Licht. Deshalb brauchen ältere Menschen mehr Licht. Bei einem 65jährigen kommen nur noch 30 % des Lichts an, das bei einem 20jährigen auf die Netzhaut trifft.
Aber nicht jedes Licht ist gut: Grelles Licht, Neonlicht führt leicht zu Blendung und die Augen schmerzen, weil sie empfindlich gegen Blendung sind. Wer geblendet wird, sieht schlecht. Die Folge: Er kann bestimmte Informationen nicht aufnehmen und sogar in seiner Sicherheit gefährdet sein, man denke nur an glänzende Böden, wo ältere Menschen sich nur schwer orientieren können. Bei der Papierauswahl sollten Sie deshalb mattem Papier und möglichst nicht blendendweißem den Vorzug geben.

Die Hell-Dunkel-Anpassung ist erschwert: Ab 45 Jahren etwa wird die Adaption erschwert. Das Auge kann sich nicht mehr so schnell von hell auf dunkel und umgekehrt umstellen. Bei einem 70jährigen dauert die Anpassung dreimal so lang wie bei einem 25jährigen. Deshalb ist es wichtig, Kontraste so gut wie möglich herauszuarbeiten und Bilder mit Wischeffekten zu vermeiden.

Das Farbensehen läßt nach: Im Alter trübt sich die Linse und wird gelblich. Dadurch wird mehr violettes Licht herausgefiltert. Die Folge: Farbtöne wie Blau, Grün, Violett können nicht mehr so gut voneinander unterschieden werden. Gut zu unterscheiden sind dagegen Rot- und Gelbtöne.

Das Gesichtsfeld ist eingeschränkt: Ab 55 Jahren verkleinern sich Gesichts- und Blickfeld. Gesichtsfeld ist der Raum, den man sieht, wenn man einen Punkt fixiert. Wird das Auge bewegt, erweitert sich das Gesichtsfeld zum Blickfeld. Auch lassen sich die Augen nicht mehr so leicht aufwärts bewegen.
Mit 14 Jahren beträgt die vertikale Beweglichkeit 40 % im Winkel nach oben, mit 75 Jahren nur noch 16 %. Ebenso nimmt die horizontale Beweglichkeit mit 40 Jahren ab. Auch das räumliche Sehen läßt mit 45 Jahren

nach, da die Tiefenwahrnehmung schwächer wird. Dies ist von besonderer Bedeutung im Straßenverkehr.

Es ist offensichtlich, daß die Sehkraft mit dem Alter nachläßt. Doch gerade die Augen sind besonders wichtig bei der Kommunikation.

Augen sind der Engpaß der Werbung

Augen bewegen sich sprungweise, in Sakkaden, die 30 bis 90 Millisekunden dauern. In dieser Zeit nehmen die Augen keine Information auf. Die Informationsaufnahme erfolgt nur, wenn sie ruhen, während der 200 bis 500 Millisekunden langen Fixationen. Außerdem kann die Netzhaut nur in einem kleinen Bereich, der *fovea centralis,* scharf sehen.

Testen Sie selbst. Suchen Sie sich einen Punkt an der Wand und fixieren Sie ihn intensiv. Eine andere Person führt von der Seite langsam Gegenstände in das Gesichtsfeld, z. B. einen Bleistift. Erst in der Mitte kann man den Gegenstand scharf erkennen.

Richtig scharf sehen können Menschen nur in einem Bereich von etwa zwei Grad um die Sehachse. Dies entspricht der Größe eines Daumennagels bei ausgestrecktem Arm oder der Größe eines 50-Pfennig-Stücks bei normalem Leseabstand in Zeitschriften.

Die Kapazität der Aufnahme visueller Informationen ist also klar beschränkt. Dabei ist es gerade das Auge, das Ordnung ins Geschehen bringt. Bilder werden schneller und ganzheitlich erfaßt und automatisch verarbeitet. Ein Bild mittlerer Komplexität wird in 1,5 bis 2,5 Sekunden aufgenommen. „Bilder sind schnelle Schüsse ins Gehirn", so der Marketingforscher Kroeber-Riel. Die Orientierung erfolgt schneller über Bilder. Es werden quasi mentale Landkarten angelegt, z. B. in einem Supermarkt. Diese Informationen werden bildlich und als Spracheinheiten gespeichert. „Die Seele denkt niemals ohne Bilder", registrierte schon Aristoteles. Texte dagegen werden in Sinneinheiten zerlegt und analytisch verarbeitet. In der Zeit, in der ein Bild mittlerer Komplexität erfaßt wird, können nur zehn Wörter aufgenommen werden.

Da im Alter vor allem die rechte Gehirnhälfte (die für die Verarbeitung nichtsprachlicher Informationen zuständig ist) nachläßt, ist es wichtig, daß Bilder, die sich an ältere Zielgruppen wenden, klar dargeboten werden. Vor allem, wenn man sich vor Augen hält, wie kurz z. B. Anzeigen in Zeitschriften betrachtet werden und in dieser Zeit das Interesse des Lesers wecken müssen. Ganzseitige Anzeigen werden zu 33 % gesehen und erinnert. Kleine Anzeigen nur zu 19 %. Eine halbseitige Anzeige wird im Schnitt 6,8 Sekunden lang betrachtet. Kleinere Anzeigen dagegen nur zwei Sekunden. Eindeutig für klare Bilder spricht auch, daß Piktogramme, die auf einige wenige Elemente reduziert sind, wesentlich besser erinnert werden als Bilder, die mehr optische Elemente aufweisen. Das Ogilvy Center for Research and Development in San Francisco hat sich eingehend damit beschäftigt.

Niemand hat einen umfassenden Blick auf die Umwelt. Immer ist unsere Wahrnehmung selektiv. Unser Gehirn wählt aus, was für uns wichtig erscheint. Laut Hirnforschung können wir im gleichen Zeitpunkt nur maximal sieben (+/− zwei) Informationen aufnehmen. Natürlich leisten auch die anderen Sinne ihren Beitrag bei der Informationsaufnahme: Hören, Fühlen, Geschmack und Geruch.

Bei jedem sind die Sinne unterschiedlich stark ausgeprägt. Jeder hat einen Schwerpunkt. Es gibt Augen-, Ohren- und Gefühlsmenschen. Geschmack und Geruch wirken ergänzend. Der Augenmensch wird so vor allem Informationen empfangen, die ihn visuell erreichen.

Bestimmte Lebensumstände fördern bestimmte Sinneskanäle. Allgemein jedoch kann man sagen, 40 % der Menschen in der westlichen Bevölkerung nehmen vorwiegend visuell war.

Veränderungen beim Hören

Im Alter läßt das Hören nach. Töne müssen lauter sein, um wahrgenommen zu werden.

Höhere Töne schwer zu hören: Mit zunehmendem Alter läßt auch die Bandbreite der Töne, die gehört werden können, nach. Hohe Töne können nur schwer wahrgenommen werden. Tiefere Töne bleiben davon jedoch unberührt.

Die Verarbeitungs-Geschwindigkeit ist reduziert: Wird zu schnell gesprochen, so werden die einzelnen Silben verkürzt und deshalb als miteinander verschmolzen wahrgenommen. Das Gesagte ist nur schwer verständlich.

Mehrere Geräusche gleichzeitig erschweren die Wahrnehmung: Auch die Fähigkeit, mehrere Geräusche gleichzeitig zu unterscheiden und zu verarbeiten ist erschwert. Die Sinneskanäle werden mit Reizen überflutet: das sogenannte Partysyndrom. Oft konzentrieren sich ältere Menschen dann auf ein Geräusch, soweit das möglich ist.

Schmecken und Riechen lassen nach

Die beiden Sinne sind eng miteinander verbunden. Besonders das Schmecken läßt nach. Die Folge ist oft, daß älteren Menschen das Essen nicht mehr schmeckt oder sie extrem nachwürzen müssen. Die Anzahl der Geschmacksknospen nimmt im Alter ab. Ein 75jähriger hat nur noch 35 % der Geschmacksknospen eines 30jährigen.

Motorik und Kraft nehmen ab

Im Alter läßt die Zuverlässigkeit und Geschwindigkeit von Bewegungen nach. So hat ein 60jähriger 15 bis 35 % weniger Muskelkraft als ein 20jähriger. Dies bereitet Schwierigkeiten beim Tragen von Lasten. Zudem versteifen die Gelenke. Treppensteigen, längeres Stehen und Laufen wird schwieriger.

Soviel Leistung hat ein 75jähriger im Vergleich zu einem 30jährigen:

■ Handmuskelkraft: 55 %

■ Vitalkapazität: 56 %

Gedächtnis

Das Gedächtnis läßt im Alter nach. Vor allem das Kurzzeitgedächtnis. Aber wie und warum? Um das zu begreifen, ist es nötig zu wissen, wie das Gehirn und damit das Gedächtnis arbeiten.
Das Gehirn ist in zwei Hälften geteilt, die rechte und linke Gehirnhälfte. Sie erfüllen unterschiedliche Funktionen (siehe die Abbildung auf der gegenüberliegenden Seite).

Rechte und linke Gehirnhälfte

Funktion	Links	Rechts
Sehen	Buchstaben, Wörter	Bilder, Gesichter
Hören	Sprachliche Töne und Geräusche	Nicht-Sprachliches
	Rythmisch,komplizierte Melodien	Einfache Melodien
Gedächtnis	Verbal	Visuell
Sprache	Verbales Denken	Ganzheitliches Denken
		Musikalität
Informations-verarbeitung	Analytisch	Ganzheitlich
	Sequentiell	Synthetisch
	Großer mentaler Aufwand	Geringer mentaler Aufwand
Verhalten	Rational	Emotional

Quelle: in Anlehnung an Federsel-Lieb, Kommunikationspolitik im Seniorenmarkt, 1992

Wissenschaftler vermuten, daß die rechte Gehirnhälfte schneller altert als die linke. Das würde bedeuten, daß sprachliche Botschaften besser behalten werden als optische. Der Grund: Der Zeitraum, bis Bilder gelöscht werden, ist länger. Es dauert also länger, bis wieder neue visuelle Reize aufgenommen werden können. Folgen Bilder zu schnell aufeinander, können sie nicht mehr richtig verarbeitet werden.

Dieses Forschungsergebnis könnte die an ältere Zielgruppen gerichtete Werbung revolutionieren. Zumindest sollte es all die Werbetreibenden nachdenklich stimmen, die glauben, sie könnten mit Werbung, die sich an jüngere Zielgruppen wendet, auch die Älteren erreichen.

Bilder sind die ursprüngliche Form der Kommunikation. Deshalb sollten sie auch bei älteren Zielgruppen in der Werbung eingesetzt werden. Bei Print bereitet das keine Probleme. Aber Fernsehwerbung mit schnellen Schnitten könnte leicht zu Verarbeitungsschwierigkeiten führen. Bilder werden schneller verarbeitet, weil sie ganzheitlich (holistisch) verarbeitet werden. Sprachliche Informationen zerfallen dagegen in lineare Prozesse. Wir reden Wort für Wort und schreiben Zeile für Zeile.

Leider gibt es noch keine umfassenden Untersuchungen darüber, wie Bilder im Alter verarbeitet werden.

Informationsverarbeitung

Werbung wird daran gemessen, wie gut sie behalten wird. Gespeichert wird eine Botschaft im Gedächtnis. Dies ist kein einheitlicher Speicher, sondern Forscher gehen vom Drei-Speicher-System aus. Danach gelangen Reize aus der Umwelt zuerst in einen Ultrakurzzeitspeicher, von dort weiter in den Kurzzeitspeicher (das Arbeitsgedächtnis) und am Schluß in den Langzeitspeicher.

Ultrakurzzeitspeicher: Alle Reize der Sinnesorgane, sprachlich, visuell, taktil usw. gelangen zuerst hierher. Informationen werden in diesem Speicher nur für ca. 0,2 bis 4 Sekunden gespeichert. Doch die Kapazität ist enorm. Hier werden die verschiedenen Reize verarbeitet und zu einem Gesamtbild zusammengefügt.

Kurzzeitspeicher: Informationen aus dem Ultrakurzzeitspeicher, die von Bedeutung sind, werden hierher weitergeleitet. Die Anzahl der gespeicherten Einheiten ist beschränkt, jedoch kann leicht auf Informationen zurückgegriffen werden. Oft wird der Kurzzeitspeicher auch als Arbeitsgedächtnis bezeichnet. Hier werden die eingehenden Informationen aktiv verarbeitet. Die Speicherdauer ist wesentlich ausgedehnter: ca. 10 bis 15 Sekunden, durch Memorieren bis zu mehreren Minuten.

Langzeitspeicher: Informationen hier abzurufen, ist wesentlich schwieriger, da ein großer Vorrat an gespeichertem Wissen vorliegt. Hilfe ist dadurch möglich, daß Hinweise auf die Umstände gegeben werden, unter denen die Informationen abgelegt wurden. Der Abruf geschieht dabei um so leichter, je mehr Informationen dazu gespeichert sind. Die Kapazität ist nahezu unbegrenzt.
Wichtig ist: Informationen werden sowohl verbal als auch visuell verarbeitet. Sprachliche Informationen zerlegt unser Hirn in kleine Einheiten und verarbeitet sie nacheinander – sequentiell, Bilder dagegen ganzheitlich. Sie sind dadurch schneller zu erfassen. Die meisten Informationen, auch sprachliche, werden sowohl verbal als auch visuell gespeichert: konkrete Wörter bildlich und sprachlich, abstrakte Wörter nur verbal.

Je mehr Eingangskanäle benutzt werden, um so besser wird der Stoff behalten

> **Wir behalten ...**
>
> 10 % von dem, was wir lesen
> 20 % von dem, was wir hören
> 30 % von dem, was wir sehen
> 50 % von dem, was wir hören und sehen
> 70 % von dem, was wir selbst sagen
> 90 % von dem, was wir selbst tun

Kognitive Veränderungen im Alter

Viele Informationen stürzen jeden Tag auf uns ein. Das menschliche Gehirn kann aber nur eine begrenzte Summe von Informationen verarbeiten. Texte, die nicht gewünscht sind, z. B. Anzeigen, werden im Schnitt nur ca. zwei Sekunden betrachtet. Interessieren sie, steigert sich die Aufmerksamkeit auf ca. sechs Sekunden. Werbespots werden einfach weggezappt. Mailings landen im Papierkorb. Schuld daran ist die Informationsüberlastung. Inzwischen beträgt sie ca. 97 %.

Wir werden mit immer mehr Informationen konfrontiert. Gleichzeitig haben wir immer weniger Zeit, uns mit diesen Informationen auseinanderzusetzen. Der Freiburger Werbeforscher Ulrich Ghazizadeh nennt dies Reiz-Darwinismus. Es findet ein Ausleseprozeß bei Informationen statt. Deshalb sollten Informationen so aufbereitet sein, daß sie gut verständlich sind.

Hohes Interesse bedingt, daß eine Information gespeichert wird. Ist kein emotionales Interesse des Lesers gegeben, ist die Form um so entscheidender. Haben bereits jüngere Menschen Probleme damit, die vielen Reize, die täglich auf sie einstürzen, zu verarbeiten, dann hat es ein älterer Mensch um so schwerer. Denn im Alter verändern sich nicht nur die körperlichen Fähigkeiten – Sinne, Motorik und Kraft –, sondern auch die kognitiven.

Damit haben Ältere Probleme:

Schwierigkeit zu entscheiden, welche Informationen relevant sind: Im Ultrakurzzeitspeicher werden relevante Informationen herausgefiltert und an den Kurzzeitspeicher weitergeleitet. Jeden Tag stürzt eine Flut von Informationen auf uns ein. Nur noch 3 % können wir überhaupt wahrnehmen und verarbeiten. Während ein jüngerer Mensch schnell vorselektiert, kommen bei einem älteren Menschen wichtige und unwichtige Reize gleichermaßen herein. Die Entscheidung, welche Information wichtig ist, benötigt mehr Zeit. Sie erfolgt langsamer und weniger planmäßig.

Schwierigkeit, mehrere unterschiedliche Reize gleichzeitig aufzunehmen: Auch mehrere Reize gleichzeitig – visuell und akustisch – aufzunehmen, bereitet Schwierigkeiten. Vermutet wird, daß ältere Menschen sich auf einen Sinneskanal konzentrieren und damit den Empfang auf dem anderen einschränken. Am schlimmsten ist es, wenn die Kanäle unterschiedliche Botschaften vermitteln. Erfolgen mehrere Informationen unterschiedlicher Art gleichzeitig, z. B. akustisch und visuell, werden die Reize nur schwer aufgenommen. Denn es wird mit zunehmendem Alter schwieriger, Wichtiges von Unwichtigem zu trennen. Aufgaben, die auf Erfahrung beruhen, werden von Älteren allerdings genauso gut bewältigt, wenn nicht sogar besser als von Jüngeren.

Kurzzeitgedächtnis läßt nach: Ältere Menschen lernen weniger effektiv als jüngere, besonders wenn das Lernmaterial zu schnell, unstrukturiert und nicht bildhaft dargeboten wird. Einzelne Formen und Objekte können dann nicht schnell genug identifiziert werden. Studien zeigen aber auch: Gibt man älteren Menschen mehr Zeit, erbringen sie die gleichen Leistungen wie jüngere. Infos müssen deshalb konkret, langsam, strukturiert, bildhaft und auf Erfahrungen beruhend angeboten werden, um im Kurzzeitgedächtnis zu bleiben. Und am besten in mehreren Wiederholungen.
Werden parallel zur Informationsaufnahme noch andere Tätigkeiten ausgeführt, ist das Behalten noch schwieriger. Dies ist in der Regel bei Werbung der Fall, da sich niemand konzentriert der Werbung widmet, sondern sie quasi nebenbei aufgenommen wird. Informationen, die in jungen Jahren automatisch verarbeitet werden, benötigen im Alter mehr Aufmerksamkeit. Dadurch ist die Konzentration für andere Informationen blockiert. Die Folge: Die Information ist weniger dauerhaft, und Assoziationen zwischen neuen und bereits vorhandenen Informationen können erschwert werden.
Auch die Erinnerungsleistung läßt nach. So ist der Recall für Ziffern, Worte, Sätze und Silben um 30 % geringer als bei Jüngeren. Ebenso nimmt die Erinnerung an räumliche Informationen ab. Allerdings gibt es keine Speicherdefizite beim Langzeitgedächtnis.

Längere Verarbeitungszeit: Um Informationen zu verarbeiten, hat das Gehirn bestimmte Strategien entwickelt. Informationen werden strukturiert und miteinander verknüpft. Im Alter nun nimmt die Nervenleitungsgeschwindigkeit ab, ebenso verringert sich die Anzahl der Nervenfasern. Deshalb reagieren ältere Menschen langsamer auf Reize. Ein 60jähriger reagiert um 20 % langsamer als ein 20jähriger.

Folgen Reize, egal ob visuell, akustisch usw., zu schnell aufeinander, verschmelzen oder überlappen sie sich. Einzelne Formen oder Objekte können dann nicht schnell genug identifiziert werden. Senioren schalten daher früher ab, wenn sie die Präsentationsgeschwindigkeit nicht selbst bestimmen können und fühlen sich leicht überfordert.

Verarbeitungspotential eines 75jährigen im Vergleich zu einem 30jährigen

Anzahl der Nervenfasern	63 %
Nervenleitungsgeschwindigkeit	90 %

Dies ist auch mit ein Grund dafür, warum Print besser ankommt. Dort kann der Leser selbst bestimmen, wie lange und wie oft er die dargebotene Information betrachten will. Fernsehen schneidet vielleicht auch deshalb etwas schlechter ab als Print, weil die jetzige Seniorengeneration nicht von Jugend an mit dem Fernseher aufgewachsen ist.

Alters-Intelligenz

Lange Zeit galten ältere Menschen als weniger intelligent, weil sie zum Teil länger für die Informationsaufnahme brauchten. Die Intelligenz läßt nach, hieß es. Dabei wurde nur eine recht einseitige Definition von Intelligenz zugrunde gelegt. Heute weiß man, daß es verschiedene Arten von Intelligenz gibt:

■ **Fluide Intelligenz**
  Sie umfaßt Fähigkeiten wie Wendigkeit, Kombinationsfähigkeit, Orientierung in neuen Situationen. Diese Art von Intelligenz nimmt ab dem 20. Lebensjahr langsam ab.

■ Kristalline Intelligenz

Darunter fallen Fähigkeiten wie Allgemeinwissen, Erfahrungswissen, Wortschatz, Sprachverständnis. Das Wissen darum nimmt nicht mit zunehmendem Alter ab oder bleibt gleich, sondern nimmt im Alter sogar noch zu.

In jedem Fall aber gilt: Je höher der Bildungsgrad und die Fähigkeit, zu lernen und sich neues Wissen anzueignen, um so ausgeprägter ist auch die Intelligenz im Alter.

Emotionen

Auch die Wahrnehmung von Emotionen verändert sich im Laufe des Lebens, da sich die Aktivierung verändert, d. h. die Stärke der Erregung. Der amerikanische Psychologe Marvin Zuckerman hat sich damit beschäftigt und die *Sensation-Seeking-Skala* entwickelt. Das Aktivierungsniveau nimmt im Alter ab, d. h. jede kleinste Aufregung ruft starke Emotionen hervor. Deshalb versuchen ältere Menschen, unbekannte Situationen zu vermeiden. Sie zeigen also weniger Risikobereitschaft und setzen mehr auf Sicherheit.

Komplexe Informationen führen zu starker Aktivierung, der sich ältere Menschen nach Möglichkeit nicht aussetzen wollen. Information wird vor allem dann als komplex empfunden, wenn zu viel auf einmal auf die Person einstürzt, wenn sie schlecht gegliedert ist und keinen Bezug zur eigenen Lebenswelt hat.

Auch schnelle Entscheidungen sind mit stärkerer Aktivierung verknüpft. Impulsive Kaufentscheidungen lassen deshalb im Alter nach. Entscheidungen werden eher mit geringem kognitiven Aufwand getroffen, d. h. gewohnheitsmäßig, wenn es sich um Verbrauchsgüter handelt. Gebrauchsgüter werden dagegen meist erst nach vorhergehendem gründlichen Studium von Informationen gekauft.

Für junge Menschen ist es allerdings schwierig, sich in die Lage älterer zu versetzen. Wie soll ein Produktmanager von 30 Jahren wissen, wie sehr die Augen eines 55jährigen nachgelassen haben, wie es ist, sich ständig von Informationen überflutet zu fühlen oder das Gefühl zu haben, ausgeschlossen zu sein, nur weil man nicht mehr richtig hört?

Leon Pastalan, Professor am National Center on Housing and Living Arrangements for Older Americans an der Uni Michigan, hat sich mit dem Problem beschäftigt und eine Linse entworfen: die *Emphatic Lens.* Mit ihr kann das Sehvermögen älterer Menschen simuliert werden.

Gundolf Meyer-Hentschel und seine Frau, beide seit langem im Seniorenmarketing tätig, haben den Age-Simulator entworfen. Eine Art Anzug, mit dem die körperlichen Beschwerden des Alters nachempfunden werden können. Es ist ein Anzug mit Helm. Er zeigt eindringlich, was steife Gelenke bedeuten, nachlassende Augen und Ohren.

Fazit

Augen, Ohren, Motorik und Gedächtnis lassen nach. Werbung, die dies außer acht läßt, wird nicht effektiv mit älteren Konsumenten kommunizieren. Wer dagegen die biologischen Veränderungen berücksichtigt, hält damit schon einen der Schlüssel für erfolgreiche Kommunikation in Händen.

| Regel Nr. 1 | Nehmen Sie ältere Menschen ernst

Diese Regel klingt banal – ist es jedoch nicht, wenn man bedenkt, wie ältere Menschen in den Medien zumeist dargestellt werden. Die Grundregel für gutes Marketing ist nichts anderes, als was in jeder guten Beziehung Grundvoraussetzung sein sollte: den anderen ernst nehmen. Warum klappt das bei fast allen Zielgruppen so wunderbar, nur bei den Älteren nicht?

Die Arbeitsgemeinschaft Neue Märkte (1996) hat sich mit der Gruppe 45plus beschäftigt. In Gruppendiskussionen und Einzelinterviews konnten die *Best Ager* ihrem Ärger Luft machen. Und das taten sie dann auch. Das waren die Kritikpunkte:

- Sie fühlen sich als Verbraucher nicht ernst genommen.

- Die eigenen Interessen werden nicht berücksichtigt.

- Produkte sind nicht wirklich bequem. Man arrangiert sich mit den Unzulänglichkeiten, wünscht sich aber eigentlich Produkte, die das Leben erleichtern.

- Der Kundenservice läßt zu wünschen übrig – in puncto Ansprache, Beratung und kundenorientierten Arbeitszeiten.

Was sie wollen:

■ Produkte, die stärker unter ergonomischen Gesichtspunkten gestaltet sind und leichter zu handhaben sind: leichtere Verschlüsse, größere Tastfelder;

■ verständliche Bedienungsanleitungen;

■ Produkte, mit denen man up to date ist;

■ keine Ansprache über das Alter;

■ keine werbliche Sonderstellung der Produkte, z. B. in einem Extrakatalog.

Was Senioren nicht gefällt

Produkte/Verpackungen – Hersteller:

46 % wünschen sich eine bessere Lesbarkeit des Haltbarkeitsdatums
27 % stört die Verpackung in glänzendem Material
25 % möchten kleinere und leichter zu öffnende Packungen

Ladengestaltung und Personal – Händler:

61 % übten Kritik an ihrem Lebensmittelgeschäft
29 % wollten ein besseres Kundenleitsystem
29 % würden Seniorenkassen begrüßen
24 % hätten gern niedrigere Regale
21 % wünschten sich freundlicheres Personal
19 % hätten gern bequemere Einkaufswagen

Quelle: Meyer-Hentschel Management Consulting, Saarbrücken

Die in einer repräsentativen Untersuchung der Beratungsfirma Meyer-Hentschel Management Consulting ermittelten Kritikpunkte reichen von schlechter Lesbarkeit des Verfallsdatums über mangelnden Service bis hin zu ergonomischeren und einfacheren Produkten – was nicht nur mit der nachlassenden Motorik zu erklären ist. Bestimmt würden auch jüngere Konsumenten die Bedienungsfreundlichkeit vieler Produkte, vor allem Technikprodukte, bemängeln. Der *Spiegel* hat dem Thema immerhin schon einen langen Artikel gewidmet („Der programmierte Frust", Nr. 48/1997). Nicht nur Produkte, auch Verpackungen sind nicht kundenfreundlich. In England verletzen sich jedes Jahr ca. 50.000 Menschen so schwer beim Öffnen von Verpackungen, daß sie ärztlich versorgt werden müssen.

Ganz klar aber ist: Was jüngeren Konsumenten schon Schwierigkeiten bereitet, fällt älteren doppelt so schwer. Ernst nehmen umfaßt also eine ganze Palette von Forderungen.

Auch was Werbung anbelangt, fühlen sich Senioren nicht ernst genommen. In der Umfrage von Grey Advertising in Düsseldorf 1993 äußerten sie ihren Unmut und warfen der Werbung vor, daß sie sich nur an Jugendliche wendet, keine Leute wie sie (also ältere Menschen) zeigt, zu laut und zu hektisch ist und in einer unverständlichen Sprache kommuniziert. Dies hat auch die 1998 neu aufgelegte Studie von Grey „*Master Consumer* – die versteckte Kaufkraft" bestätigt.

„Werbung ist Spiegelbild des gesellschaftlichen Heute – der gegenwärtigen Zustände, Wünsche und Ideen", sagt Volker Nickel, Vorsitzender des ZAW in einem Aufsatz. Warum also kommen ältere Menschen dann immer noch kaum in den Medien vor, obwohl sie zahlenmäßig bereits einen großen Teil der Bevölkerung stellen?

Der Jugendwahn grassiert. In Deutschland stärker als in vielen anderen Ländern. Die Amerikaner haben kein Problem damit, sich zu ihrem Alter zu bekennen. Aber wie sieht es hierzulande aus? Wenn Ältere doch dargestellt werden, dann keinesfalls so, wie sie wirklich sind, sondern verzerrt.

Prof. Jürgens am Institut für Anthropologie der Uni Kiel hat sich näher mit dem Bild älterer Menschen in den Medien beschäftigt und dabei festgestellt, in welchen Rollen ältere Menschen vor allem auftreten. (Die Ergebnisse hat er in „Das Bild des älteren Menschen in den elektronischen Medien", erschienen in *forum*, 1994, zusammengefaßt.)

Clowns: Ältere zeigen eine übertriebene Mimik. Sie sind häufig füllig bis fett und übertrieben gekleidet. 30,6 % der abgebildeten Personen werden so dargestellt und als lächerlich abgestempelt. Wie überall sind vor allem Männer zu sehen. 25 % sind männlich, nur 5,6 % weiblich.

Noch Berufstätige: Obwohl in Deutschland zur Zeit ein großer Teil bereits mit 58 Jahren in den Vorruhestand tritt, gibt es doch auch bei den über 60jährigen noch Berufstätige. Insgesamt 24 % der abgebildeten Personen kommen in dieser Funktion vor, fast doppelt so viele männliche (15,1 %) wie weibliche (8,9 %).

Großeltern: Eine Rolle, in denen ältere Personen gerne gezeigt werden und in denen sich ältere Menschen auch gerne sehen, ist die in ihrer Funktion als Großeltern. Sie sind durch diese Rolle eingebunden in die Familie und darüber hinaus in die Gesellschaft. 19,4 % der Darstellungen beziehen sich auf diesen Typ. Obwohl das Alter weiblich ist, finden sich auch hier mehr Männer (11,1 %) als Frauen (8,3 %). Der Werbespot von *Werther's Echte* z. B. zeigt einen Großvater, der sich erinnert, wie er selbst als Kind gerne die Sahnebonbons gegessen hat und sie deshalb auch seinem Enkelkind schenkt.

Exzentriker: Das Bild fügt sich nahtlos an die Darstellung des Clowns an. Im Laufe der Zeit haben sich feste Gewohnheiten, ja Ticks herausgebildet. Bestimmte Eigenschaften wurden geradezu kultiviert. Ältere Menschen werden als lächerlich und als Außenseiter abgestempelt. Immerhin 11,2 % der Darstellungen zeigen dieses Bild – und wieder vor allem Männer (9,3 %). Nur 1,9 % sind weiblich. Scheinbar wird Männern mehr Originalität zugetraut. Zusammen mit den 30,6 %, die als Clowns auftreten, macht das 41,8 %. Eine stattliche Zahl – und damit insgesamt das vorherrschende Bild von älteren Menschen in der Werbung.

Aristokrat: Das Bild wird abgerundet vom reichen Alten, dem aristokratischen Typ (insgesamt 6,5 %, davon 3,7 % männlich, 2,8 % weiblich). *Dr. Oetker* arbeitet in seinem Werbespot für russischen Zupfkuchen mit dem Bild des Adels. Großmutters Kuchen wurde schon zu Zeiten gebacken, als in Rußland auf den Sommersitzen noch rauschende Feste gefeiert wurden. Nostalgie wird heraufbeschworen. Oder wer denkt nicht an *After Eight*, geradezu ein Paradebeispiel für gelungene Werbung. Ein älterer Herr, offensichtlich adliger Natur, nascht heimlich *After Eight*. Und dem Naschwerk hat es in keiner Weise geschadet, daß es von einem älteren Mann präsentiert wird. In einem späteren Spot werden dann auch jüngere Menschen mit einbezogen. Beim Anblick des jungen Glücks – die Tochter erscheint mit ihrem neuen Freund – besinnt sich auch der ältere Mann wieder auf seine jugendliche Kraft. Ganz der alte Tiger, wie seine Frau meint.

Experten: Nur in den wenigsten Fällen treten ältere Menschen als Experten auf (insgesamt 4,6 %). Dabei ist es gerade diese Rolle, die sie sich selbst zuschreiben und für die sie aufgrund ihrer langen Lebenserfahrung geradezu prädestiniert sind. Scheinbar sind vor allem Männer Experten. Denn Werbung, bei denen Frauen als Experten auftreten, kam den Forschern bei ihrer Studie nicht unter. *Dr. Best* ist wohl einer der bekanntesten Experten. An einer Tomate demonstriert er, wie wichtig die richtige Zahnbürste ist. Denn Zahnfleisch ist so verletzlich wie die Haut der Tomate. Er ist der Inbegriff von Seriosität. Graues Haar, graumelierte Schläfen, ernster Blick und mit einem weißen Kittel bekleidet, der an Zahnarzt erinnert. Den älteren Menschen wurde bei der Studie auch dieser Werbespot gezeigt. Und er kam gut an.

Hausfrau: 3,7 % der Darstellungen entfallen auf diesen Typ.

Ergebnis der Untersuchung:

- Es wird ein Bild der Älteren gezeigt, das nicht der Wirklichkeit entspricht.

- Ältere werden aus dem Blickwinkel von nicht Älteren gezeigt. Die Darstellung ist völlig verzerrt.

- Gezeigt werden vor allem Männer, das Verhältnis von Männern zu Frauen beträgt 3 : 1. Dabei sind 63 % der über 60jährigen weiblich.

- Das Bild der Alten als verschrobene Clowns und Exzentriker mit einem Hang zur Lächerlichkeit ist vorherrschend. Ein Bild, das sie zu Außenseitern macht.

- Als Experten, die sie ja aufgrund ihrer langen Lebenserfahrung geworden sind, kommen sie kaum vor.

Auch in der Nielsen-Studie, die 120 ältere Menschen in psychologischen Einzelbefragungen zu Wort kommen ließ, zeigte sich: Ältere Menschen reagieren besonders sensibel auf die Darstellung von Altersgenossen. Was sie wollen, ist unterhaltsame, informative und glaubwürdige Werbung, die mit ihrer Lebenswelt zu tun hat und sie ernst nimmt.

Die *Beiersdorf AG* hat, bevor sie sich für ein Porträt von Susanne Schönborn entschied, noch mit einem zweiten Sujet geliebäugelt, das jedoch bei den Verbraucherinnen in einem Pretest deutlich durchgefallen ist: Zwei ältere Frauen, die in einem Café sitzen und plaudern. Dieses passive Genießen schreibt die Zielgruppe scheinbar erst den wesentlich Älteren zu, den sogenannten alten Alten. Für sie dagegen steht Aktivität im Vordergrund.

Das Unternehmen hat also getan, was nur wenige tun: Sie haben die Zielgruppe befragt. Frauen zwischen 50 und 60 Jahren konnten sich zu Schönheit und Älterwerden äußern. Der Erfolg der Kampagne gibt *Beiersdorf* recht. Inzwischen zählt die Marke zu den fünf größten Einzelmarken in der Gesichtspflege.

▌Regel Nr. 2 ▌Holen Sie Ältere aus der Unsichtbarkeit

Regel Nr. 2 hat unmittelbar mit Regel Nr. 1 zu tun. Obwohl die Zahl der älteren Menschen zunimmt, werden sie doch von Gesellschaft und Wirtschaft nach wie vor stiefmütterlich behandelt und fristen ein Schattendasein. Die Werbeagentur Grey nennt sie deshalb die „Unsichtbare Generation". Es ist, als würden Menschen über 50 nicht existieren.

Regel Nr. 2 heißt deshalb: Holen Sie Ältere aus der Unsichtbarkeit. Belegen Sie sie nicht nur mit Namen – davon gibt es bereits eine ganze Anzahl –, sondern horchen Sie auf ihre Bedürfnisse und Wünsche.

Marketingtreibende interessieren sich für die 50plus-Generation. Das zeigt die Vielzahl von Namen

Busy Fit Oldies	Yollies (young old leisure living people)
Fifty-Plus	Grumpies (grown up mature people)
Master Consumers	Grampies (growing retired active moneyed people in an excellent state)
Mature Consumers	Graying World
Senior Consumers	Silver Market
Senior Citizens	Grey Market
Selpies (second life people)	Golden Market
Woopies (well-off older people)	Uhus (unter Hundertjährige)
Wollies (well income old leisure people)	Neue Alte Erbengeneration
Junge Alte	Aktive Senioren

Die meisten Namen stammen aus dem Englischen. Ein Indiz dafür, daß in anderen Ländern die Älteren als Zielgruppe bereits entdeckt sind. Amerika spricht längst vom goldenen Markt.

Ältere Menschen wollen sich in der Werbung wiederfinden. Das bestätigen Umfragen. Sie wollen ältere Menschen sehen und nicht nur jüngere. Und sie wollen sich so sehen, wie sie wirklich sind. Sie wollen nicht ständig vor Kraft strotzende Jugendliche vor Augen haben. Und nicht nur exzentrische Außenseiter.

Nur wer sich angesprochen fühlt, reagiert auch. Und das ist der Fall, wenn er sich selbst bzw. den eigenen Personenkreis wiederfindet. Untersuchungen mit der Augenkamera beweisen: Personen oder Körperteile von Personen wie Kopf, Augen, Hände, Gesicht usw. erregen den höchsten Aufmerksamkeitsgrad. Sie werden vor allen anderen Bildern und dem Text betrachtet.

Daß Mode keine Altersfrage ist, hat der Kosmetikkonzern *Revlon* vorgemacht. Er hatte das Model Lauren Hutton bereits 1973 unter Vertrag und engagierte die Mittfünfzigerin 20 Jahre später erneut für die Pflegeserie *Results*. Die Begründung des Unternehmens: Solch eine reife Persönlichkeit hat Vorbildcharakter.

Nivea Vital hat es als eines der ersten Unternehmen in Deutschland gewagt, ältere Menschen für ein Produkt abzubilden, das nicht nur bei Altersbeschwerden eingesetzt wird. Mit strahlendem Lächeln, die grauen Haare kurz geschnitten, wirbt das 50jährige Model Susanne Schönborn für *Nivea Vital*, Pflege für die reife Haut.

Die Leute wollen Models, die aussehen wie Menschen wie du und ich. Damit können sie sich stärker identifizieren, sagt die Marketingleiterin bei *Beiersdorf*. „Sehr gut kamen auch die Rosen an. Denn damit verbinden die Älteren Begriffe wie Huldigung, Verehrung, Königin", meint sie.

In die Fußstapfen von *Beiersdorf* mit *Nivea Vital* tritt auch *Schwarzkopf* mit *Gliss Kur*. *Schwarzkopf* hat eine ganze – die erste – Haarpflegeserie für „anspruchsvoll gewordenes Haar" entwickelt. Die Titelseiten der Prospekte und die Anzeigen ziert ein etwas älteres, gutaussehendes Model mit grauen Haaren.

Werbung fordert junge Gesichter. Und so werden Models und Prominente gnadenlos ausgemustert, wenn sie die Schwelle von 40 Jahren überschritten haben. Vor allem Frauen trifft das besonders. Männer dagegen zehren von der „Magie der späten Jahre". So lautete der Titel eines Artikels in der *Vogue* von 1996, der namhafte männliche Schauspieler zeigte, die mit den Jahren an Ausstrahlung gewonnen hatten. Selbst Schönheiten wie Isabella Rossellini bleiben davon nicht verschont. Der Kosmetikkonzern *Lancôme* fand, sie sei zu alt für die Produkte und hat sich deshalb Anfang 1998 von ihr verabschiedet. Schönheit ist eben noch immer mit Jugend verbunden. Roger Willemsen hat das Thema in seiner Talkshow „Willemsens Woche" ausführlich diskutiert. Inzwischen leiht Isabella Rossellini ihr Gesicht *Hennes & Mauritz*, dem schwedischen Modekonzern, der bisher als Inbegriff von Jugendlichkeit galt. Ihnen ist der Filmstar nicht zu alt. Und die Kunden scheinen das genauso zu sehen. Denn Isabella Rossellini kommt gut an. Ziel der Aktion: Die Mutter, die ihre Tochter ins Geschäft begleitet, soll davon überzeugt werden, daß *Hennes & Mauritz* auch für sie etwas bietet. „Unsere Häuser reifen gemeinsam mit unseren Zielgruppen. In Skandinavien, wo wir seit 51 Jahren auf dem Markt sind, hat sich das längst herumgesprochen. In Deutschland helfen wir ein bißchen nach." So *H&M*-Sprecherin Carolin Schmidt. „Denn wir sind ein Bekleidungshaus für Familien. Auch unsere Kollekton *Hennes* richtet sich an die mode- und trendbewußte Frau, und die darf auch gern über 60 sein."

Hennes & Mauritz hat auch Lauren Hutton als Model engagiert. Bereits zum dritten Mal inzwischen. „Mit Lauren Hutton hatten wir soviel Nachfrage nach Plakaten wie sonst nur bei Wäschekampagnen. Ihr Markterfolg dürfte auch offensichtlich sein. Sonst hätten wir sie wohl kaum ein zweites und drittes Mal eingesetzt", so Carolin Schmidt.

Die Strumpfhosenfirma *Vatter* setzt für die Marke *ElbeoComfort* auf Displays ebenfalls ein älteres Model ein. 74 % aller Feinstrumpfhosen-Käuferinnen sind über 45 Jahre alt. Grund genug, sich auch auf diese Zielgruppe werblich einzustellen. *Elbeo* richtet sich vor allem an reifere Frauen.

Im *Zeitmagazin* vom 12. September 1997 läßt die englische Designer-Queen Vivienne Westwood ihre neueste Kollektion von einem älteren Model – der gutaussehenden Veruschka – in aufreizenden Positionen präsentieren.

Doch nach wie vor werden ältere Menschen in den Medien, und besonders in der Werbung, ausgespart. Denn Werbetreibende scheuen sich, Ältere abzubilden. Sie haben Angst, daß die Marke veraltet und ihr jugendliches Image verliert. Deshalb zeigt Werbung vor allem junge Menschen oder bevorzugt eine reine Produktdarstellung, die ganz auf Menschen verzichtet.

McDonald's ist sowohl bei der Werbung als auch bei seinen Produkten ein gutes Beispiel dafür, wie sich ein Konzern, der als Inbegriff von Jugendlichkeit gilt – die Mehrzahl der Kunden sind junge Leute unter 35 –, langsam in Richtung Ältere orientiert. Alter beginnt dabei bereits bei den etwa

35jährigen. Der *McDonald's*-Spot „Golden Time" in den USA zeigt ein älteres Paar, das zusammen beim Essen sitzt. Für den reiferen Geschmack gibt es denn auch seit einiger Zeit den De-Luxe-Burger, der sich durch verfeinerte Zutaten wie z. B. Dijon-Senf auszeichnet. Daraus soll eine ganze De-Luxe-Produktlinie entstehen.

Ältere sind aktiv: Zeigen Sie es!

Meist prägen stereotype Bilder unsere Vorstellungen von Älteren. Dies zeigt sich dann auch in der Werbung. Typisch war z. B. lange Zeit der ältere Mensch, der sich auf den wohlverdienten Lorbeeren im Ruhestand ausruht. Vor allem Banken und Versicherungen haben gern dieses Motiv verwendet. Es zeigt einen älteren Menschen im Schaukelstuhl, vornehmlich männlich, der die Früchte seiner Arbeit genießt. Jetzt arbeitet nur noch sein Geld. Als das passive Image langsam verblaßte, schlug das Pendel in die Gegenrichtung. Jetzt sind Ältere beim Fallschirmspringen, Drachenfliegen oder sonstigen halsbrecherischen Aktivitäten zu sehen. Als würden alle alten Menschen nur darauf warten, bei einem gewagten Abenteuer endlich die ersehnte Freiheit zu erlangen.

Die Sportschuhmarke *Nike* hat schon vor einiger Zeit erkannt, daß Aktivität nichts mit dem Alter zu tun hat und setzte einen älteren Mann – beim Marathonlauf – auf Plakaten groß in Szene: unter dem Motto „Blümchen-Power", benannt nach dem Läufer.

Ältere Menschen sitzen nicht die ganze Zeit im Lehnstuhl und kauen Knoblauchpillen. Deshalb wollen sie auch nicht Senioren in der Werbung sehen, die passiv sind. Doch sie wollen auch kein übertrieben positives Bild der Leistungskraft. Werbung komprimiert und übertreibt natürlich, stellt deutlich heraus. Das ist auch ihre Funktion. Allerdings kann sie auch einen Schritt zu weit gehen. Und dann wirkt sie nicht mehr. Der überaktive Mensch wird abgelehnt. Weil er nicht der Wirklichkeit entspricht. Außerdem führt er zu der Angst, selbst nicht mehr mithalten zu können.

In Amerika z. B. ist das Bild von Älteren deutlich differenzierter. Das hängt mit den Lebensläufen zusammen. Sie sind in Amerika viel gebrochener. Wer sein Arbeitsleben in einem bestimmten Beruf beginnt, kann es in einem ganz anderen beenden. Und die mangelnde Altersversorgung führt dazu, daß oft auch in der Rente gearbeitet wird. Ältere Menschen behalten dort ihren Beruf und damit ihre Funktionen.

Ältere fühlen sich jünger als sie sind – um 13 bis 15 Jahre

Senioren möchten sich in der Werbung wiederfinden. Heißt das, ein 60jähriger möchte einen 60jährigen sehen? Nein, denn nicht das chronologische Alter zählt, sondern das subjektiv erlebte. Ältere wollen sich nicht spiegelbildlich erkennen. Und außerdem: Jeder ist so jung, wie er sich fühlt.

Studien belegen: Die meisten Älteren fühlen sich deutlich jünger als sie sind. Im Durchschnitt um ca. 13 bis 15 Jahre.

Nicht das tatsächliche Alter ist also ausschlaggebend, wenn sich Ältere in der Werbung wiederfinden wollen, sondern das gefühlsmäßige. Und das liegt nun einmal deutlich unter dem wirklichen. Wer also auf die 60jährigen zielt, sollte eine Person abbilden, die um die 45 Jahre alt ist.

Das Alter ist weiblich: Zeigen Sie es!

Das Alter ist weiblich – bedingt zum einen durch den Krieg, zum anderen durch die längere Lebenserwartung von Frauen. 63 % der über 60jährigen sind weiblich. Will Werbung Alte so zeigen, wie sie sind – was Alte ja fordern –, dann müßten eigentlich vorwiegend ältere Frauen auftreten. Doch die Realität ist anders: Kommen ältere Menschen vor, so sind es überwiegend Männer – von einigen wenigen Ausnamen abgesehen, die sich aber meist auf Kosmetik und Körperpflegeprodukte beziehen. So wirbt das Model Susanne Schöneborn für *Nivea Vital* („für die reife Haut"). Die Schauspielerin Hannelore Elsner tritt in einer Anzeigenkampagne für die Hautpflegeserie *Cell Activation* von *Marbert* auf. Sie steht für den selbstbewußten und auch in reiferen Jahren noch attraktiven Typ von Frau.

Ganz ungewöhnlich dagegen: Die Schauspielerin Senta Berger, ebenfalls um die 50 Jahre alt, mit zahlreichen Fältchen um die Augen, aber noch immer mit großer Ausstrahlung, macht sich für den Euro im Namen der *Vereinsbank* stark. Ihr Alter symbolisiert Erfahrung. Außerdem ist sie bei den Zuschauern der älteren Generation sehr beliebt. Geldanlage ist in der jetzigen Generation noch eher Männersache. Um so verblüffender ist, daß eine Frau dafür wirbt.

Ältere aus ihrer Unsichtbarkeit zu holen, bedeutet aber nicht, daß jede Werbung, die sich an Senioren richtet, auch ein älteres Model zeigen muß. Eine Untersuchung von Springer & Jacoby kommt genau zu diesem

Schluß. Für die Studie „Das dritte Drittel" wurden 6000 Fragebögen verschickt. 25 % davon wurden beantwortet. Genug, um daraus vier Grundtypen zu destillieren: die Familiären, die Traditionellen, die Bewußten und die Ich-Bezogenen. Was aber viel interessanter ist: Die Werbeagentur fand heraus, daß die psychologischen Grundtypen sich nicht von denen der jüngeren unterscheiden. Es zeigte sich,

■ daß ältere Menschen vor allem Respekt wollen,

■ daß sie Angst haben, körperlich nicht mehr mithalten zu können,

■ daß sie nach Glück streben.

Daraus folgt: Die Ansprache Älterer unterscheidet sich in den Grundwerten kaum von denen der Jüngeren. Springer & Jacoby plädiert dafür, für Senioren keine eigene Ansprache zu entwickeln. Senioren wollen integriert werden. Denn Ältere reagieren sehr sensibel auf Ausgrenzung und einseitige Darstellung. So mögen Senioren keine Werbung, die Stereotypen zeigt, z. B. die glückliche Großmutter.

„Das Geheimnis liegt darin, Werbung zu machen, die jung und alt integriert", so Dorothee Rein von Springer & Jacoby.

Regel Nr. 3 | Intergenerativ heißt die Devise

Ältere sind aktiv, sind voll dabei – und das möchten sie in der Werbung auch sehen: indem sie bei Aktivitäten gezeigt werden oder mit anderen Generationen zusammen. Damit wäre auch vielen Unternehmen geholfen, die befürchten, das jugendliche Image ihrer Marke zu schädigen, wenn sie Ältere abbilden.

Zeigen Sie also einfach ältere Menschen gemeinsam mit anderen Generationen. Zeigen Sie Werbung, die alle Generationen einbezieht, d. h. intergenerativ ist. So sperren Sie Ältere nicht ins Ghetto und auch nicht Ihre Marke. Ältere fühlen sich als aktiver Teil der Gesellschaft und nicht als Außenseiter.

Ausgezeichnet ist die Brillenwerbung im Werbespot von *Rodenstock*. Sie demonstriert, daß kleine Defekte z. B. der Augen alterslos sind. Der Spot zeigt einen alten Mann, der sich die Brille aufsetzt, bevor er die Zeitung liest, und einen kleinen Jungen. Der Junge trägt zwar noch keine Brille, findet aber den alten Mann interessant und bildet deshalb mit seinen Fingern die Form der Brille nach. Mühelos wandert die Kamera von einer Generation zur anderen.

Auch die Kinowerbung von *Media-Markt* präsentiert sich zielgruppengerecht. Sie zeigt mal jüngere Menschen, mal ältere. So z. B. eine ältere Frau, die einen Einkaufswagen vor sich herschiebt und dabei nostalgisch ihren Gedanken nachhängt. Im Hintergrund ertönt ein Lied von Zarah Leander: „Der Wind hat mir ein Lied erzählt". *Media-Markt* will so demonstrieren, daß er für alle Generationen etwas zu bieten hat.

Direkt aus dem Leben gegriffen sind die Printmotive für das Miniauto *Smart* des Schweizer Unternehmens *MCC (Micro Compact Car)*. In 15 Anzeigenmotiven und TV-Spots ist der Moment zu sehen, in dem sich Passanten über das Automobil beugen, um es näher zu inspizieren. Dafür wurde ein Modell auf die Straße gestellt und die authentischen Szenen festgehalten. Daß die Faszination fürs Auto alterslos ist, zeigen die Motive.

In einer Fotoserie über mehrere Seiten in einer *Amica*-Ausgabe von 1997 sind drei Schauspieler zu sehen: Horst Buchholz, Otto Sanders, beide bereits in fortgeschrittenem Alter, zusammen mit Ben Becker, der für die junge aufstrebende Generation von Schauspielern steht.

Eine Geschichte zwischen mehreren Generationen präsentierte auch die *Citibank* in ihrem Fernsehspot. Der 30-Sekunden-Spot „Jeeps" bewirbt den Sofortkredit der Düsseldorfer Bank.

Bommerlunder will seine Marke neu in der Gourmetecke positionieren und wählt dafür einen Fernsehspot, in dem ein Großvater seiner Enkelin die über 200jährige Geschichte von *Bommerlunder* erzählt.

Frisches Veltins führt nicht nur Gutes im Schilde, sondern will jetzt auch Jung und Alt verbinden. Es will weg vom gemütlichen Image, hin zu einem frischen Pils für mental frische Menschen. Der klassische Biertrinker ist 45 Jahre und älter. Und was liegt da näher, auch die Älteren in die Werbung mit einzubeziehen, in diesem Fall eine clevere, ältere Dame.

Auch *Marbert* will die Generationen verbinden. So in einem TV-Spot, in dem die Kommunikation ganz auf Vater und Sohn abgestellt ist, und zwar auf deren Leidenschaft für den Fußball. Der Spot spannt den Bogen von 1974, wo Deutschland Weltmeister wurde, bis zur WM 98. Schon vor 30 Jahren hat sich der Vater mit dem Duft von *Marbert* eingesprüht – so wie er es auch heute noch tut. Der Sohn greift ebenfalls zum gleichen Duft.

Danone verbindet in seinen Fernsehspots und auf Großflächenplakaten Testimonials von Prominenten geschickt mit einer intergenerativen Darstellung. Beworben wird *Danone Fruchtjoghurt* durch die Schwimmerin Fran-

ziska van Almsick, die Sängerin Nena und den Schauspieler Günter Pfitzmann („Praxis Bülowbogen"). Die Darsteller verkörpern drei Generationen und zeigen, daß Vitalität nichts mit dem Alter zu tun hat.

Tierfutter kann ebenfalls intergenerativ verkauft werden. *Vitakraft* macht
es vor. Tierfutter ist ein riesiger Markt, denn in jedem dritten Haushalt lebt
ein Tier – das macht 23 Millionen Haustiere. Dafür langen die Verbraucher
tief in die Tasche: 4,5 Mrd. DM geben sie jährlich aus, davon allein
3,2 Mrd. DM für Tier-Fertignahrung. Haustierbesitzer sind jung und alt
gleichermaßen. Deshalb sind bei den Werbemotiven von der siebenjährigen
Enkelin bis zur Großmutter alle Altersklassen vertreten.

Wieder ein kurzer Blick über die Grenzen. Ein besonders gelungenes Beispiel für intergenerative Werbung, wie sie in Deutschland nur schwer vor-
stellbar ist, ist die amerikanische Printkampagne des Unterwäsche-Herstel-
lers *Joker*. Die Anzeige zeigt drei Frauen aus drei verschiedenen Generationen – Großmutter, Tochter und Enkelin. Alle drei tragen die gleiche Marke. Mutter und Tochter weiß, die Enkelin – der Mode entsprechend –
schwarz. Jede der Frauen ist auf ihre Art attraktiv.

In Belgien gibt es eine Kampagne zugunsten der Radfahrer. Neben der Au-
tobahn sind große Displays aufgestellt, die Radfahrer mit dem Hinweis
zeigen, auf sie zu achten. Intergenerativität heißt nicht unbedingt, daß
mehrere Generationen gleichzeitig auf einem Foto zu sehen sein müssen.
In Belgien wechseln sich Motive mit Personen aus verschiedenen Generationen ab. Einmal sieht man ein junges Mädchen, dessen Zöpfe wegen der
Geschwindigkeit auf dem Rad nach hinten fliegen. Dann wieder ist es ein
grauhaariger Mann, dessen Krawatte vom Wind nach hinten gezogen wird.
Die Motive werden noch um weitere ergänzt.

Mit intergenerativer Darstellung werden alle Zielgruppen erreicht. Niemand wird ausgeschlossen. Und die Marke kann nicht veralten – wie von
Produktmanagern befürchtet –, weil nicht nur ältere Personen alleine abge-
bildet sind. Auch Grey-Geschäftsführer Bernd M. Michael bestätigt, daß
für reifere Verbraucher keine eigenen Kampagnen nötig sind.

Das Prinzip der intergenerativen Darstellung gilt aber nicht nur für die Ansprache – auch die Gestaltung von Produkten oder von Verkaufsräumen
sollte für alle Generationen ausgerichtet werden. Mehr darüber später.

Auch Werbung, die das Produkt in den Mittelpunkt stellt, kann genauso
zielgruppengerecht sein, wenn sie ein paar Dinge berücksichtigt. Beispiele
sind die *Saab*-Werbung oder *Fürst Bismarck Quellwasser*. Wichtig ist, daß
Sie auf positiv belegte Schlüsselbegriffe achten.

▌ Regel Nr. 4 ▌ Sensible An-Sprache

Tun Sie alles, um Ihre Kunden ihr Alter vergessen zu lassen. Ältere wissen, daß sie einige altersbedingte Beschwerden haben. Aber müssen Werber sie immer wieder darauf stoßen. Produkte sollen Lösungen bringen und nicht die Angst noch deutlicher hervortreten lassen. Werner Herrwerth, Leiter der Seniorenagentur in München, formuliert das so: Alte sollten nicht als Alte, sondern als Menschen mit besonderen Ansprüchen angesprochen werden (FAZ, 16. 8. 1996).

Besonders die Sprache nimmt es da oft nicht so genau und begeht die schlimmsten Fauxpas. Ältere haben Bedürfnisse – genau wie du und ich. Sie wollen reisen, sich amüsieren, gut essen, ihren Hobbys nachgehen. Natürlich wollen sie auch gesund sein. Es ist schließlich die Voraussetzung dafür, das Leben zu genießen. Zugegebenermaßen haben sie vielleicht mehr gesundheitliche Beschwerden als jüngere. Aber damit ist kaum zu erklären, warum Ältere vor allem auf ihr Alter und die damit verbundenen Schwierigkeiten wie Krankheiten und altersbedingte Schwächen angesprochen und ihnen fast nur Knoblauchkapseln oder Inkontinenzhilfen angeboten werden.

Die Grey-Studie von 1998 hat darauf hingewiesen, daß Senioren nicht auf ihr Alter, sondern auf ihr mentales Set angesprochen werden sollten, da sie hier oftmals erstaunlich jung geblieben sind.

Das Wort Senior ist verpönt

Schlechte Karten hat, wer glaubt, seine Zielgruppe direkt mit Senior anreden zu müssen. Denn Studien zeigen: Das Wort Senior ist verpönt – zumindest im Deutschen, in Amerika findet es sich dagegen häufiger in Werbetexten. Im Englischen hat es aber auch eine andere Bedeutung als im Deutschen. Dort steht es im Gegensatz zu Junior und drückt Lebenserfahrung aus. Im Deutschen ist es dagegen eher negativ belegt.

Wer Werbetexte schreibt und sich damit an ältere Zielgruppen wendet, sollte am besten vorher eine Negativliste der Wörter und Begriffe aufstellen, die unbedingt vermieden werden sollten. Am schlimmsten sind Bezeichnungen, die direkt Alter symbolisieren.

Das Reiseunternehmen *TUI* fand in einer Gästebefragung heraus, daß 80 % der Senioren nicht in ein Hotel ziehen würden, das nur Senioren beherbergt. Was sie statt dessen wollen: Ruhe, große Zimmer, deutschsprachiges Fernsehen, gutes Essen. Mit anderen Worten: Komfort und einen ausgewogenen Gäste-Mix.

Ein positives Beispiel für gelungene Werbeansprache ist die Anzeige von *Helena Rubinstein.* Das Unternehmen wirbt in doppelseitigen Anzeigen für zwei Hautpflegeprodukte der Serie *Force C.* Headline: Die Offensive gegen müde Haut. Müde ist ein Begriff, der sich aufs Alter beziehen kann, aber auch auf Umstände. Auch junge Leute fühlen sich nach einer durchtanzten Nacht in der Diskothek müde. Erst im Bodytext kommt dann: „Mehr Frische. Mehr Glätte. Mehr Festigkeit." Damit ist klar, daß schon etwas reifere Frauen angesprochen sind. Außerdem – wer müde ist, braucht sich nur zu erholen, und schon geht es ihm wieder besser. Das Problem kann gelöst werden. Mit Hilfe von *Force C.*

Gliss Kur präsentiert ein älteres Model, vermeidet aber geschickt den Begriff Alter. Geboten wird eine Haarpflegeserie für „anspruchsvoll gewordenes Haar". Und wer hat schon etwas dagegen, als anspruchsvoll, qualitätsbewußt zu gelten. Im Bodytext taucht dann doch der Begriff „Alter" auf, aber nur im Zusammenhang mit Jugend: „Bisher war schönes Haar eine Frage des Alters." Dann fährt der Text fort: „Mit den Jahren reifen nicht nur Seele und Haut, sondern auch das Haar." Reife steht für Alter. Zu guter Letzt scheut man sich dann doch nicht, direkt den Begriff Alter auszusprechen, allerdings nur auf Englisch: *Age Repair 40.* Die Haarpflegeserie repariert, „was das Haar mit der Zeit verloren hat". Schlüsselwörter: anspruchsvoll, Reife, Zeit. Ein gutes Beispiel für sensible Zielgruppenansprache.

Bestimmte Schlüsselworte lösen also spontan hohe Aufmerksamkeit aus oder führen zu Ablehnung – Reize, die Gefühle oder Motive des Menschen ansprechen. Für den Emotionsforscher Robert Plutchik sind unsere grundlegenden Emotionen – z. B. Furcht – im Laufe der Evolution als Anpassungsverhalten entstanden. Furcht löst Fluchtverhalten aus. Neugier dagegen Annäherungsverhalten. Die grundlegenden Emotionen sind in unseren Erbanlagen verankert. Dies erklärt, warum Menschen auf viele emotionale Reize weitgehend automatisch und ziemlich einheitlich reagieren, z. B. das Kindchen-Schema. Emotionsforscher schätzen den Anteil emotionaler Entscheidungen im Leben eines Menschen auf über 90 %.

Ältere wollen oft nicht einmal dort als Senioren angesprochen werden, wo sie einen deutlichen Vorteil durchs Alter haben, z. B. bei der *SeniorenCard* oder beim Seniorenteller. In Amerika ist das anders. Dort gibt es sogar T-Shirts, die ältere Menschen eindeutig als Senioren ausweisen. Auf dem T-

Shirt ist quer über die Brust „Senior Citizen" gedruckt. Ältere bekennen sich damit zu ihrem Alter. (Die T-Shirts werden von *Harriet Carter, Exklusive Geschenke,* vertrieben.) In den USA gibt es sogenannte *Early-Bird*-Angebote in den Restaurants, wenn Senioren vor dem Massenansturm zu den üblichen Zeiten dort essen wollen. Viele Kaufhäuser bieten an bestimmten Tagen Rabatte.

Ein gutes Beispiel für zielgruppengerechte Ansprache ist auch die Anzeige von *Saab*. Hier wird ein wichtiges Thema für ältere Menschen angesprochen: Sicherheit. Der Text verspricht perfekte Kontrolle, also Sicherheit. Denn ältere Menschen fühlen sich oft weniger sicher als junge. Das hat mit dem Nachlassen der körperlichen Leistungskraft zu tun. Sie wissen aufgrund langjähriger Erfahrung oft auch eher, was alles passieren kann. Sie vertrauen nicht blind, sondern wollen sich vorher vergewissern. *Saab* nun liefert Sicherheit. Dazu kommt der ergonomisch konstruierte Sitz – auch auf Gesundheit und Bequemlichkeit wird geachtet. Geschickt setzt *Saab* Schlüsselbegriffe ein: Sicherheit – Komfort – Gesundheit.

Ebenfalls ein gelungenes Beispiel für sensible Ansprache – sowohl in Wort wie in Bild – ist die 52seitige Beilage „Vitaler Wohnen" im Augustheft 1997 von *ZuhauseWohnen* (mit Unterstützung von *BHW-Bausparer, Dresdner Bank, VKG Küchenpartner, Telekom)*. Sie verpackt geschickt Informationen über altersgerechtes Wohnen, ohne dabei miefig zu sein und auf den ersten Blick auf Ältere zu verweisen. Die Bilder sind stimmig, die Wohnungen gemütlich und nicht als Altenwohnungen zu erkennen. Dabei entsprechen sie allen Anforderungen an barrierefreies und altersgerechtes Wohnen. Der Text stellt jeweils ältere Menschen (Singles, Paare) mit ihren unterschiedlichen Bedürfnissen vor – je nach Familienstand, Hobby, Wohnverhältnissen usw. – und erklärt die Vorteile der Einrichtung. Alle Räume – vom Bad bis zum Schlafzimmer – werden so nacheinander präsentiert, in unterschiedlichem Design, von rustikal bis minimal.

Auch die *Fürst Bismarck Quelle* weiß, wie ihre Zielgruppen angesprochen werden wollen. Von den 340 Millionen Flaschen kohlensäurearmen Wassers sind 1997 ca. 80 % durch die Kehlen von *Best Agern* geronnen. Die Werbung dazu war sachlich und klar. Sie hatte den schlichten Titel: „Wenig Kohlensäure". Bewußt wurde auf Bezeichnungen wie „still", „medium" oder „leicht" verzichtet. Das verunsichert die Kunden eher. Dynamik gewann die Marke durch die Werbung: Der Profi-Golfer Sven Strüver ist auf der Print- und Plakatkampagne zu sehen. Golf ist eine Sportart, die vor allem von reiferen Verbrauchern betrieben wird.

Auch *Quelle Versicherungen* tun etwas für ihre älteren Kunden. Mehr als 60 % sind über 50 Jahre alt. Ihnen bieten sie in dem hundertseitigen Ratgeber „Sicherheit fürs Alter" Informationen und Tips für die dritte Lebensphase: Rente, private Vorsorge, Sicherheit, Wohnen … Ergänzt wird das ganze durch eine ausführliche Adreßliste.

| Regel Nr. 5 | Ältere sind Profis – denken Sie daran

Ältere Menschen haben mehr Erfahrung als jüngere, sowohl was Werbung, Produkte als auch was das Leben insgesamt anbelangt. Darunter fallen Fähigkeiten wie Allgemeinwissen, Erfahrungswissen, Wortschatz, Sprachverständnis. Also das, was mit kristalliner Intelligenz bezeichnet wird.
Sprechen Sie ältere Menschen auf ihre Erfahrung an. Zeigen Sie ältere Menschen mit jüngeren Generationen zusammen – intergenerativ. Und lassen Sie sie als Berater auftreten. Eine Rolle, in der sich ältere Menschen besonders gern sehen.
Experten haben eindeutig ein positives Image. Ältere geben ihre Erfahrungen an jüngere Generationen weiter. Doch muß die Beraterrolle deutlich gemacht werden. Deshalb ist es wichtig, daß auf dem Bild nicht nur ältere Menschen, sondern auch jüngere dargestellt sind. Am besten eben gleich mehrere Generationen. Wichtig ist auch: Nicht das Kind darf die Hauptrolle einnehmen, sondern der ältere Mensch. Alter steht für Lebenserfahrung. Deshalb können Ältere als Sachkenner für Produktqualität zu Wort kommen.
Brockhaus setzt auf den Charakterkopf von Heiner Geißler, wenn es darum geht, Erfahrung zu vermitteln. Ein Schwarzweißfoto zeigt den Politiker Heiner Geißler im Profil – die grauen Haare symbolisieren Erfahrung. Die Headline dazu: „Wissen ist Macht. Unwissen ist Ohnmacht." Die Anzeige bekam 1997 Silber bei den 13. Pegasus-Awards.
Jeder Mensch sammelt im Laufe seines Lebens Erfahrungen. Diese werden aber nur selten weitergegeben. Manche Entwicklungen jedoch haben die Menschen ein gutes Stück vorangebracht. Genau darauf baut *Apple* mit seiner Kampagne. Berühmte Persönlichkeiten wie Picasso, Gandhi, Hitchcock, Einstein oder die Tänzerin Martha Graham zieren Anzeigen und Plakate. Alle Motive sind in Schwarzweiß gehalten. Der Slogan steht für sich: „Think different." Obwohl sie schon in jüngeren Jahren ihren Durchbruch hatten, setzt *Apple* bewußt Fotos ein, die die Künstler, Wissenschaftler usw.

in reiferen Jahren zeigt. Sie stehen stellvertretend für die Summe menschlicher Erfahrungen und Schöpfungskraft.

Werner Herrwerth, von der gleichnamigen Agentur in München, betont: Nur „erfolgreiches Seniorenmarketing baut Kompetenz und ein positives Selbstwertgefühl auf".

Ausgeprägtes Informationsbedürfnis

Ältere informieren sich gern ausführlich. Sie wollen wissen, was sie kaufen, gerade weil sie vermutlich schon öfter schlechte Erfahrungen gemacht haben. Mit Eintritt in die Rente fällt die Rolle des Einkaufens oft den Männern zu. Haben sich bisher die Frauen darum gekümmert, nehmen jetzt die Männer die Sache in die Hand.

Warum wendet sich keine Kampagne direkt an die Männer, die gerade in Rente gegangen sind? Sie sind offen und noch unsicher in diesem Punkt. Sie warten förmlich auf Hilfe. Zumindest was die täglichen Verbrauchsgüter anbelangt.

Bei den Gebrauchsgütern ist es in aller Regel so, daß die Entscheidung von beiden gemeinsam getroffen wird, und zwar aufgrund ausführlicher Information. War früher der Arbeitsplatz der Ort, wo man sich Rat von anderen holen konnte, so fällt diese Informationsquelle nun weg. An die Stelle der Arbeitskollegen treten verstärkt die Familienangehörigen. Schriftliche Information kann hier einen wichtigen Beitrag leisten: ausführliche Prospekte, informative Anzeigen, zielgruppengerechte Spots.

Grey-Geschäftsführer Bernd M. Michael bestätigt, was auch schon aus anderen Studien bekannt ist: Reifere Verbraucher wollen mehr sachliche Informationen. Sie wollen etwas über die Qualität und die Eigenschaften des Produktes erfahren. Sie werden nicht so sehr mit Lifestyle und peppiger Aufmachung geködert, sondern mit fundierten Informationen. Das erklärt vielleicht auch, warum Print gegenüber Fernsehwerbung bevorzugt wird. In Prospekten ist ausführlich Platz, um Informationen über das Produkt oder das Unternehmen zu liefern. Und reifere Verbraucher nutzen diese Möglichkeit auch ausgiebig.

Infos, Infos und noch einmal Infos sind wichtig, so Rolf Cassou, Direktor Werbung und Öffentlichkeitsarbeit bei *Vitakraft*. Ausführliche Informationen erhalten die reiferen Zielgruppen zu allem, was ihren Liebling betrifft: auf der Futterpackung, dem Beipackzettel oder in Prospekten.

Anspruchsvolle Konsumenten

Wer viel erfahren und damit Vergleiche hat, wird anspruchsvoll. Ältere Menschen stellen deshalb mehr Ansprüche als jüngere. Sie wissen, was sie wollen, schätzen Qualität und wagen auch, sie zu fordern.

Die *Hypo-Bank* hat als eine der ersten erkannt, wie wichtig ältere Verbraucher sind. Sie hat diese Erkenntnis mit viel Fingerspitzengefühl und der richtigen Aktion umgesetzt. Jedes Jahr im Herbst lädt sie zu einem Kongreß ein, einem „Kompetenz-Kongreß" für Menschen ab 50. 1996 fand er zum ersten Mal statt. Themen sind so unterschiedliche Lebensbereiche wie Familie, Gesundheit, Sport (Tennis- und Golf-Workshops), Wohnen, Urlaub, Autofahren, Finanzen (Euro). 97 % der Befragten – insgesamt ca. 1500 Teilnehmer – waren sehr zufrieden und wollen im nächsten Jahr wiederkommen. „Keine andere Zielgruppe enthält so viele Individualisten, also Menschen mit unterschiedlichsten Verhaltensmustern, Lebenserfahrungen und Kompetenzen", so Vorstandsmitglied Martin Kölsch.

Projektleiter Helmut Wilhelm spricht von einem gesellschaftlichen Auftrag. Es galt zu klären, wie die über 50jährigen bei der Vorbereitung auf einen erfüllten Lebensabend unterstützt werden können. Und er fügt hinzu: „Wir hätten auch eine Messe mit Finanzangeboten veranstalten können … Aber es geht um mehr." So ist ein Kongreß mit eigenem Zuschnitt entstanden, zugleich Informationsbörse und Diskussionsforum.

Fazit des Engagements: Das Unternehmen wird bei Teilnehmern des Kongresses wie auch bei Nichtkunden der Bank als menschlicher, sympathischer eingestuft.

| Regel Nr. 6 | Schlüpfen Sie in die Haut Ihrer Zielgruppe

Keine Generation ist gleich. Eine jede hat ihre eigenen Erfahrungen. Die heute über 60jährigen haben Krieg und Zeiten der Entbehrung erlebt. Sie sind geprägt von Begriffen wie Fleiß, Pflichterfüllung, Arbeitsethos. Während die Gruppe der Älteren, die erst nach der Jahrtausendwende auf die 60 zugeht, ganz andere Werte und Erfahrungen mitbekommen hat. Die Jahrgänge der unmittelbar nach dem Krieg Geborenen liegen in ihrer Werteinstellung irgendwo dazwischen. Sie sind die Übergangsgeneration. Was für heutige Senioren gilt, kann deshalb schon bei der nächsten Generation ganz anders sein.

Um zu wissen, was Ihre Kunden wollen, müssen Sie erst einmal mehr über ihr Leben wissen. Über ihre Einstellungen, Werte, Erfahrungen und Bedürfnisse. Alter ist die Summe der Erfahrungen, die jemand während seines Lebens gemacht hat.

Das prägte die heutige Generation der jungen Alten

1939–1945	Zweiter Weltkrieg
1948	Währungsreform
1961	Mauerbau
1968	Studentenunruhen

Wer sich mit Psychologie beschäftigt, der weiß: Besonders die ersten Jahre prägen – Kindheit und Jugendzeit. Demnach sind die heutige 60- bis 70jährigen vor allem durch die Erfahrungen des Krieges mit seinen Entbehrungen und chaotischen Verhältnissen und der Nachkriegszeit mit ihrer Sparsamkeit und dem langsamen wirtschaftlichen Aufstieg geprägt. Verbunden damit sind Werte wie Arbeitsethos und Pflichterfüllung.

Ganz oben bei den Werten rangieren Begriffe, die das große Sicherheitsbedürfnis zeigen. So hat die Allensbacher Werbeträger-Analyse (1992 und 1994) und Marktforschungsstudie der Burda GmbH „Zenit des Lebens" von 1987 folgende Prioritätenliste aufgestellt:

- Recht und Ordnung,

- Zuverlässigkeit,

- Sicherheit,

- Sauberkeit,

- Familiensinn.

Wer Zeiten erlebt hat, die von großer wirtschaftlicher Not geprägt waren und in denen man jeden Tag vom Tod heimgesucht werden konnte, wo Leute in Kellern und Ruinen gehaust haben, mitten in Schutt und Trümmern, weiß Sicherheit und Sauberkeit zu schätzen. Der familiäre Zusammenhalt sicherte oft das Überleben. Die Familie vermittelt Sicherheit und ist deshalb von zentraler Bedeutung.

Wertewandel in der deutschen Gesellschaft

Die Alten (1920–1940)	Übergangsgeneration (1941–1959)	Die heutige Generation (ab 1960)
Arbeitsethos	Arbeit, Familie als Pol	Freizeitorientierung
Großfamilie	Kleinfamilie	Selbstverwirklichung
Krisenerfahrung	Schaffung bleibender Werte	Wohlstandserfahrung
Sparsamkeit	Sicherung des Lebensstandards	Verschuldungsbereitschaft und Genuß
Zukunftsorientierung		Gegenwartsorientierung
Konvention	Konvention	Individualisierung
Leben in der Gemeinschaft	Kleingruppe	Trend zum Single
Bildung als Privileg	Grundausbildung	Bildung als Selbstverständlichkeit
Einkauf im Tante-Emma-Laden*		Riesige, anonyme Supermärkte

* Auch der Einkauf selbst hat sich verändert. Die Kriegsgeneration ist es noch gewöhnt, im Tante-Emma-Laden einzukaufen – mit einem überschaubaren Sortiment und persönlicher, freundlicher Bedienung. Der Laden war mehr als nur Einkaufsstätte. Er diente auch sozialen Kontakten. Für ältere Menschen bedeutet Einkaufen die Möglichkeit, soziale Kontakte zu knüpfen, mit dabei zu sein. Wie sonst ist es zu erklären, daß ältere Menschen am liebsten zu Stoßzeiten einkaufen, wenn sich alles im Geschäft drängelt und an der Kasse Schlange steht. Untersuchungen zeigen, daß ältere Menschen gern dort anstehen, wo die Schlange am längsten ist. So können sie mehr Zeit im Geschäft verbringen.

Seltsamerweise ist materieller Wohlstand zwar nicht unwichtig, rangiert aber nicht auf den ersten Plätzen. Er kommt erst nach den oben genannten Werten und dem Zusammengehörigkeitsgefühl der Familie. Werte wie Unabhängigkeit, Selbstverwirklichung, Genuß haben nur geringen Wert. Doch bleibt keine Generation von der Lebensweise der anderen unberührt. So haben sich Werte von jüngeren Altersgruppen auch auf die älteren übertragen. Genuß und Selbständigkeit, wenn auch nicht Unabhängigkeit, sind zu wichtigen Kriterien für ein zufriedenes Leben geworden.

Wie wichtig Sicherheit für die heutige Generation der Senioren ist, weiß auch die *Allbank*. Sie hat ihr Marketing deshalb stark auf diese Zielgruppe ausgerichtet und bedient sich des typologischen Rasters der Studie „Soll und Haben 4" des Spiegel Verlages. Einer der sechs Typen sind die Traditionellen. Sie stellen 26 % bei den 50- bis 64jährigen und 49 % bei den über 65jährigen. Das sind ca. 6,5 Millionen potentielle Kunden. Lebensziele sind: geregelte Verhältnisse, Sicherheit, Schaffung bleibender Werte, Ausbau des Lebensstandards. In Sachen Geld bevorzugen sie bewährte Anlagen. Großen Wert legen sie auf persönliche Beratung, Online-Banking ist ihnen suspekt.

Während die Jüngeren unter ihnen sich für eine rentable und flexible Geldanlage interessieren und viel Information zum Thema Erben wünschen, ist den Älteren vor allem die gute Erreichbarkeit der Bank und die gute Kommunikation mit ihr wichtig.

Entwickelt wurde das *55plus Programm*. Es umfaßt *Sparen 55plus* und *Giro 55plus*. Zwei Konten mit besonders guten Konditionen. Die mit *Sparen 55plus* erzielten Einlagen schnellten in die Höhe. Waren es 1991 noch 202 Mio. DM, betrug die Summe 1996 bereits über 1,2 Mrd. DM. Wichtig ist den Kunden, daß sie bei diesen guten Konditionen die Möglichkeit haben, jederzeit ohne Wenn und Aber über ihr Geld zu verfügen. Auch wenn nur die wenigsten davon Gebrauch machen. Außerdem bietet die *Allbank* Kooperationen mit anderen artverwandten Unternehmen wie Versicherungen und Bausparkassen.

Wie stark das Interesse an Finanzprodukten – und damit an Sicherheit – ist, zeigt auch eine Marktanalyse der *Volks-* und *Raiffeisenbanken* mit knapp 8000 Befragungen im Sommer 1996. 20 % der über 45jährigen wollen über neue Anlageformen informiert werden. Bei den jüngeren Jahrgängen interessieren sich viel weniger dafür. Gespart wird aber nicht in erster Linie als Vorsorge für die Kinder (bei 47 % steht dieser Grund an erster Stelle), sondern um im Alter finanziell unabhängig zu sein, was 58 % der 50- bis 60jährigen bestätigen.

Wer Senioren erreichen möchte, sollte aufs richtige Medium setzen. Fernsehen ist ein relativ junges Medium, die heutigen Alten sind die erste Generation, die damit aufgewachsen ist. Studien haben ergeben, daß Ältere Fernsehen erst an zweiter Stelle als Kommunikationsmedium nutzen – nach Print. Zeitungen, Zeitschriften sind immer noch die Nr. 1. Mit Kommunikationsmitteln, die in jüngster Zeit entstanden sind, können Senioren kaum mehr etwas anfangen. Nur 3 % haben überhaupt einen PC, über einen Internet-Anschluß verfügt nur eine verschwindend geringe Minderheit.

Verwenden Sie Bilder, die an die Jugendzeit anknüpfen

Die Kindheit ist das, was einen Menschen am meisten prägt. Sie ist die Zeit, die auch am besten in Erinnerung bleibt. Warum knüpfen Sie dann nicht an die damalige Zeit an? Arbeiten Sie mit Bildern, die von Nostalgie geprägt sind.

Der Werbespot von *Werther's Echte* z. B. schlägt eine Brücke zwischen den Generationen, und zwar vom Großvater, der sich erinnert, wie er selbst als Kind gerne die Sahnebonbons gegessen hat und sie deshalb auch seinem Enkel schenkt.

Der Boxer Max Schmeling ist vielen ein Begriff, vor allem der älteren Generation. Er versetzt sie in die Zeit früherer Boxkämpfe zurück. Geschickt setzt *Opel* ihn in seiner Markenkampagne ein. Schmeling steht für Fairneß. Andere Sportler sind auf weiteren Motiven zu sehen. Die Brücke wird über Franz Beckenbauer, Mehmet Scholl bis in die Gegenwart zu Franziska van Almsick geschlagen. Jeder Sportler verkörpert einen anderen Wert: Franziska van Almsick z. B. Belastbarkeit, Franz Beckenbauer Perfektionismus und Mehmet Scholl Leidenschaft. Die Printmotive wurden von Starfotograf Peter Lindbergh fotografiert. Weitere Sportler sollen folgen. Auch eine Form der intergenerativen Darstellung.

Mit zunehmendem Alter festigt sich der Mensch. Er nimmt feste Gewohnheiten an, entwickelt bestimmte Vorlieben und Einstellungen. Bis zum 40. Lebensjahr dauert dieser Prozeß. Aber dann ist vieles entschieden. Je älter wir werden, um so stärker sträuben wir uns gegen Veränderung. Nutzen Sie die Chance. Packen Sie Ihre Kunden bei der Tradition. Beziehen Sie sich auf das, was in jungen und mittleren Jahren wichtig war.

Wenn ältere Menschen gern an die Kindheit zurückdenken, warum lassen Sie sie dann nicht noch einmal darin eintauchen? Die Spielbranche hat die Älteren längst entdeckt. Mit Modelleisenbahnen und Puppen zum Sammeln. Spielen gehört dazu – bei Jung und Alt. Spiele fördern zudem die geistige Gesundheit, erhalten die geistige Flexibilität, wecken Neugierde und garantieren Spannung. Und sie helfen, soziale Kontakte zu pflegen.

Die Familie steht im Mittelpunkt

Die Eltern kümmern sich um Kinder und Enkel. Sie erledigen Einkäufe und schenken viel. Senioren haben großes Interesse an dem Konsumbereich, der mit dem Leben der Kinder verbunden ist.

Warum wenden sich Hersteller von Kinderwagen, Spielzeug usw. nicht an die Großeltern? Sie haben Zeit, Geld und das Interesse für diese Produkte. Sie können älteren Menschen viel verkaufen, vor allem deshalb, weil sie Großeltern sind. Egal, ob es sich um eine Ausbildungsversicherung für den Enkel handelt oder um Spielzeug. Richten Sie Datenbanken ein, in denen genau verzeichnet ist, wie viele Enkel und Enkelinnen der Kunde hat. Und schicken Sie ihm ab und zu ein Angebot für ein Geschenk. Die GfK-Studie 1996 beweist es: Senioren geben z. B. deutlich mehr Geld für Ostergeschenke aus als andere Altersgruppen. Bei Personen der Gruppe 50plus waren es ca. 25 DM, bei allen anderen Altersgruppen nur 17 DM. An erster Stelle standen dabei die Kinder mit 25 DM, dann erst folgten die Enkelkinder mit 22 DM.

Regel Nr. 7 | Gesundheit und Wohlbefinden sind Thema Nr. 1

Voraussetzung für ein aktives Leben ist die Gesundheit. Produkte für Gesundheit und Wohlbefinden stehen deshalb an allererster Stelle.

Die BBE-Studie „Der Handel: Strategie Outlook" kommt zu dem Ergebnis: Ältere Menschen haben ein ausgeprägtes Gesundheitsbewußtsein. Denn Gesundheit ist für sie der wichtigste Faktor, um ihr Leben zu genießen. Dies führt zu größerer Nachfrage bei rezeptfreien Medikamenten, Stärkungsmitteln usw. und betrifft auch die Wahl von Lebensmitteln. „Lange gesund bleiben", rangiert ganz oben; es folgen „Leistungsfähigkeit steigern" und „gesundheitliche Probleme beseitigen". „Einfach genießen" kommt erst auf dem vierten Platz.

Die Hitliste der zehn Maßnahmen zur gesunden Ernährung

Viel frisches Obst und Gemüse
Ausgewogene Ernährung
Regelmäßig essen
Fettarm essen
Wenig Salz
Wenig Alkohol
Wenig Süßigkeiten
Am Abend weniger essen
Hochwertige Fette essen
Von Zeit zu Zeit eine Diät machen

Quelle: Der Handel: Strategie Outlook, BBE-Unternehmensberatung, 1996

Insgesamt wünschen sich ältere Menschen ein vielfältigeres Angebot an gesunden Nahrungsmitteln:

■ 46 % möchten mehr naturbelassene Produkte,

■ 48 % möchten Lebensmittel gern direkt vom Bauernhof in den Geschäften kaufen,

■ auch Reformkost, kalorienarme Kost und Diätpräparate sind gefragt.

Senioren sind kritische Verbraucher, die Wert auf Qualität legen. Für die Centrale Marketing-Gesellschaft der deutschen Agrarwirtschaft, Bonn, ist der Schauspieler Günther Lamprecht in die Rolle des kritischen Verbrauchers geschlüpft. Er formuliert seine Besorgnis angesichts des BSE-Skandals gegenüber Fleisch. Auch Richard von Weizsäcker ist auf einem Printmotiv zu sehen.

Gesundheitsbewußtsein geht einher mit Umweltbewußtsein. Je weniger Verpackung, desto besser. Ältere Menschen sind in einer Zeit aufgewachsen, wo die Technik und der Konsum noch nicht so sehr unser Leben beherrscht hat, wo der Mensch noch mehr im Einklang mit der Natur gelebt hat, statt sie pausenlos zu verpesten.

Genau wie bei den Jungen wird der Respekt vor der Umwelt ein immer wichtigerer Faktor. Ältere wollen gesunde Ernährung und umweltfreundliche Produkte. Gegenüber innovativen Öko-Angeboten sind sie allerdings skeptisch.

Sich wohl fühlen im eigenen Körper

Der Körper, die Pflege des Körpers hat in den letzten Jahren einen großen Stellenwert erlangt. Amerika macht es uns vor mit Senioren, die auch mit 70 noch jugendlich wirken und fit sind. Die alles tun, um die Auswirkungen des Alters zu verzögern. Es ist nicht so sehr der Körperkult, der im Mittelpunkt steht, sondern vor allem der jugendliche Körper. Schönheit wird immer noch mit Jugend gleichgesetzt. Schönheitsoperationen und Lifting nehmen zu. Fitneßstudios verzeichnen einen Boom. In Amerika werden Bücher, die ein langes Leben in einem attraktiven Körper versprechen, zu Bestsellern. Das Leben wird verlängert, das Alter immer mehr hinausgeschoben. Dank Medizin und Gesundheitsvorsorge ist dies auch möglich. Um sich wohl zu fühlen, ist es wichtig, den eigenen Körper so zu akzeptieren, wie er ist.

Das Aussehen ist das, was einem zuerst auffällt, wenn man einen Menschen kennenlernt bzw. sieht. Deshalb spielt das Äußere auch eine wichtige Rolle. So gaben in einer Studie des Bauer Verlages im Jahr 1993 81,3 % der 60- bis 70jährigen an, daß sie großen Wert auf ihr Äußeres legen. Der Anteil der Frauen über 60, die sich für Schönheitspflege und Make-up interessieren, ist seit 1982 um rund 30 % gestiegen. Und er steigt weiter. Aber auch Männer interessieren sich zunehmend für ihr Äußeres.

Frauen sind nicht mehr bereit, die Alterserscheinungen einfach so hinzunehmen, sondern sie nutzen kosmetische Mittel: Cremes, Körperlotionen, Pflegemittel usw. 69 % der 50- bis 64jährigen Frauen und 66 % der über 60jährigen Frauen haben eine Dauerwelle und des öfteren auch getönte Haare. 52 % der über 60jährigen verwenden einmal die Woche eine spezielle Tagescreme. 42 % ein Parfum. So die VA 92.

Unternehmen reagieren bereits auf das gesteigerte Interesse: *Beiersdorf* etwa mit *Nivea Vital* – und zeigt auch gleich die Zielgruppe in den Anzeigen: ein gutaussehendes, älteres Model.

Das japanische Kosmetikunternehmen *Shiseido* hat eine Pflegeserie für ältere Frauen auf den Markt gebracht, das von der Seife über die Hautpflege bis hin zum Sonnenschutz reicht. *Gliss Kur* bietet mit *Age Repair 40* eine Haarpflegeserie, die erste, für anspruchsvoll gewordenes Haar an.

In Form sein

Senioren interessieren sich für Sport. Allerdings ist hier ein Trend weg von „harten" Sportarten, hin zu „soften", weg vom Verein, hin zu privatwirtschaftlichen Organisationen zu bemerken. Vorrang hat die Schulung von Ausdauer und Beweglichkeit. Wichtig sind neben Fitneß auch die sozialen Kontakte.

Der Sport ist bei den über 60jährigen (laut VA 92) ein beliebter Zeitvertreib. Ganz vorn:

- Wandern 54 %

- Radfahren 34 %

Mode: Graue Mäuse sind out

Die Allensbacher Werbeträger-Analyse stellt ein zunehmendes Modebewußtsein fest. So gaben 22 % der über 60jährigen zu, daß ihnen modisches Outfit wichtig ist. Bei den über 70jährigen waren es immerhin noch 16 %. Die BBE-Unternehmensberatung in Köln untersuchte das Modebewußtsein bei Senioren. Etwa 50 % der jungen Alten sind offen und individuell interessiert. Sie setzen auf Qualität, wozu beim Kleiderkauf auch Beratung und eine angenehme Einkaufsatmosphäre gehören. 25 % der 60- bis 65jährigen Frauen behaupten außerdem, daß sie sich nach der neuesten Mode richten. Eine Marketingstudie von Grey kommt zum gleichen Ergebnis: Knapp 80 % der über 65jährigen ist ein gepflegtes Äußeres wichtig. Sie haben Spaß an der Mode und werfen sich gern in Schale.
Wie reagieren Unternehmen bisher darauf? Kaum. Dabei ist bekannt, daß sich der Körper im Alter verändert und daß Schnitte, die junge Frauen problemlos tragen können, für viele ältere eher unattraktiv sind. *Quelle* hat einen speziellen Katalog mit Mode für die reifere Frau zusammengestellt. Welches Modeunternehmen berücksichtigt aber, daß ältere Frauen nicht mehr so gelenkig sind wie früher? Susan Hewer von der Royal Society for the Encouragement of Arts, Manufactures and Commerce (RSA) in London beschäftigt sich z. B. damit. Seit über zehn Jahren bietet die Gesellschaft Workshops an und richtet Wettbewerbe aus zum Thema „New Design for Old".
Einer der Studenten hat einen Badeanzug entworfen. Das Besondere daran:

In der Mitte ist ein Reißverschluß. Statt Träger hat der Anzug kurze Ärmel. Lycra-Einsätze passen sich der Figur an. Wer mit Armen und Schultern nicht mehr so beweglich ist, hat keine Mühe, den Badeanzug anzuziehen. Was Alten hilft, ist oft auch für Junge gut. *Hennes & Mauritz* bietet dafür das beste Beispiel. Mit einem Bikini, der dem oben erwähnten Badeanzug entspricht. Das Oberteil ist mit einem Reißverschluß versehen und kann so bequem aus- und angezogen werden. Die grellen Farben sorgen für jugendliche Frische. Bequemlichkeit (für alle Altersgruppen) und modisches Design zugleich.

Befragt, wie Mode sein sollte, sagten Frauen über 60 (AWA 92):

- 75,8 % bequem,

- 63,3 % praktisch und zweckmäßig,

- 25,7 % ungezwungen, leger.

Elegant wollten es nur 19,6 % haben. Der Trend geht also hin zu bequemer, praktischer Kleidung.

Dabei legen ältere Frauen Wert auf Qualität. 68,2 % sagten: Für besondere Qualität gebe ich gern mehr aus. Und 61,2 % meinten, daß sie sich manchmal ganz bewußt die beste Qualität leisten würden. So die VA 92.

Das Textilunternehmen *Klepper und Co.* aus Rosenheim setzt deshalb bewußt auf *Best Ager*. „Funktion mit Mode" nennt Klepper das Konzept. Wichtig sind Komfort, funktionelle Kompetenz, sinnvolle Details, hochwertige Verarbeitung und ästhetisches, innovatives Design. Jacken für alle Aktivitäten, die Leute im besten Alter unternehmen. „Wir haben unsere gesamte Kollektion und den vollen Werbeetat auf die Zielgruppen *Best Age* ausgerichtet", erklärt Marketingchefin Inga Rössler. Scheinbar mit Erfolg. Der Jahresumsatz konnte inzwischen von 4 Mio. DM auf 12 Mio. DM verdreifacht werden. *Konen* „verdankt 90 % seines Umsatzes der Zielgruppe *Best Age*", sagt Peter G. Elfert, beim Münchener Herrenmodefabrikanten für PR zuständig. Und fügt hinzu: „50- oder 60jährige sind weder verkrustet noch veraltet und legen ebensoviel Wert auf gepflegte Mode wie 30jährige."

Auch *Bugatti*, die Herforder *Lord-Bekleidungswerke*, sind vom Modebewußtsein reifer Verbraucher überzeugt. In den *Bugatti-News* heißt es: „So stellt die Altersgruppe der 50- bis 69jährigen bei den Käufern von Anzügen und Sakkos den höchsten Anteil von allen untersuchten Warengruppen.

Auch das Markenbewußtsein hat zugenommen. 22 % der älteren Herren halten die Modemarke für sehr wichtig, der gleiche Prozentsatz wie die Gruppe der 20- bis 29jährigen."

Regel Nr. 8 | Lebensgenuß ist angesagt

1991 fragten die Allensbacher Interviewer: Wenn Sie mehr Zeit und Geld hätten – was würden Sie dann gern alles tun? Und die 60- bis 79jährigen antworteten:

- 64 % Reisen,

- 29 % ins Theater gehen, Nachbarn, Freunde einladen,

- 20 % Lesen,

- 2 % Sport.

Ein Zeichen für mehr Lebensgenuß, eine Art Kompensation für die Jahre der Entbehrung in Kriegs- und Nachkriegszeiten, ist vor allem der Boom im Reisemarkt. Er wird der Wachstumsmarkt bei den Älteren sein, heißt es in der IWF-Studie, die 1997 veröffentlicht wurde.

Zuwachs im Reisemarkt der 50plus-Generation

Reiseziel	1995	2005	Zuwachs
Inland	20,2 Mio.	27,2 Mio.	35 %
Ausland	20,3 Mio.	27,0 Mio.	33 %

Quelle: Tourismus der Senioren ab 50 Jahren, Institut für Freizeitwirtschaft, 1997

Vital Reisen in München hat sich auf die Älteren eingestellt und bietet eigens auf die Zielgruppe zugeschnittene Angebote. Auch der Reiseveranstalter *Single-Travel* spezialisierte sich mit *LifeTime-Travel55plus* auf die reiselustigen über 55jährigen. Denn rund zehn Millionen Singles sind über 55 Jahre alt.

Die Reiselust füllt die Kassen der Reiseveranstalter jährlich mit 15 Mrd. Mark. Tendenz steigend, so Prognosen des European Travel Monitor zufolge. Im Vergleich zum Jahr 1990 soll sie bis 2000 um 80 % zunehmen.

Gute Chancen also für Reiseveranstalter, Hotels, Restaurants, Kurorte usw. Vor allem die jungen Alten machen sich immer mehr auf, um die Welt zu entdecken. Sie holen nach, wozu sie bisher nur wenig Zeit und oft auch nicht das nötige Geld hatten. Wer Konzepte, die die gehobenen Ansprüche der Senioren berücksichtigen, anbietet, hat gute Karten. Der Mix aus verschiedenen Komponenten ist die Basis für den Erfolg.

Deshalb haben wir folgendes Konzept entwickelt: KINGS. Es steht für: **K**omfort, **I**nformation, **N**atur, **G**esundheit, **S**icherheit. (Dieses Konzept wird ausführlich im dritten Teil vorgestellt.)

Der Motorradhersteller *Harley-Davidson* weiß, wie man ältere Verbraucher ködert. Indem man sie auf ihre langgehegten Träume anspricht. Die Printkampagne zeigt einen älteren Mann, der still vor sich hin lächelt. Titel: „Gestern noch war ich 40“. Der Text stellt in verkürzter Form den Lebenslauf des Mannes vor und berichtet von seinen Plänen. Er endet mit: „Gestern gab es so vieles, was ich morgen tun wollte.“ Morgen ist inzwischen heute. Höchste Zeit, sich seinen Traum zu erfüllen. Und was gibt es Schöneres, als auf einer *Harley-Davidson* die Freiheit zu genießen und die Welt zu erkunden.

Untersuchungen des Lebenszyklus zeigen, daß bei vielen Menschen in der Lebensmitte das Interesse am Lesen verlorengeht, weil sie familiär oder beruflich zu stark beansprucht sind. Erst in späteren Jahren wird die Lust am Lesen wiederentdeckt. Der Kreis der Leser ist in den letzten Jahren gestiegen. Vergleicht man die Zahlen von 1968 und 1988, so zeigt sich eine Zunahme von 57 auf 63 % bei den über 60jährigen. Bei den Buchkäufern von 35 auf 44 %. Das heißt konkret: Haben 1968 noch 6,7 Millionen der Älteren ein Buch gelesen, waren es 1988 bereits 8 Millionen. Bei den Buchkäufen kam es zu einem Anstieg von 4 auf 5,5 Millionen. Im Durchschnitt kaufen die Senioren sieben Bücher pro Jahr, genauso viel wie die Jüngeren. Besonders gefragt: Literatur, die sich der Vergangenheit widmet, Biographien, historische Romane. Bücher, die sich mit dem Sinn des Lebens beschäftigen, religiöse Literatur. Oft suchen Senioren auch kein Buch für sich selbst, sondern als Geschenk für andere.

Gute Chancen hat auch die Musikbranche. 83 % der über 60jährigen geben an, daß sie gern Musik hören. Allerdings am liebsten zu Hause. Nur 30 % würden dafür ein Konzert oder die Oper besuchen (VA 92).

Hobbys sind wichtig für das geistige und seelische Wohlbefinden. Egal, ob es sich um Lesen, Handwerken, Gartenarbeit oder Reisen handelt. Besonders Geselligkeit hat für die Senioren große Bedeutung. 40 % sagen, daß sie gern Partys feiern und mit Freunden zusammen sind. Wie bereits erwähnt gehen 40 % des Sektkonsums auf das Konto der 50plus-Generation.

Schlechte Zeiten brechen dagegen für Heimwerkermärkte an. Aktivitäten im Haus wie Handwerken oder Handarbeiten sind out. Nur 24 % interessieren sich für Heimwerken (VA 92).

Wer sein Leben genießen will, braucht die nötigen finanziellen Mittel. Versicherungen werden deshalb oft gekündigt, um finanziell flexibler zu sein. „Der Markt für Kapitallebensversicherungen scheint sich bei reiferen Zielgruppen zu sättigen", so das Fazit einer Kundenstrukturanalyse der *Volksfürsorge Versicherungsgruppe* aus den Jahren 1993 bis 1995.

Während 57 % der 40- bis 49jährigen eine Kapitallebensversicherung laufen haben und 6 % noch eine abschließen wollen, sind es bei den 50- bis 64jährigen nur noch 48 %, die in eine einbezahlen, und lediglich 3 % wollen eine abschließen. „Weiterhin sparen oder das Geld verprassen?" lautet die Frage, die sich Senioren stellen. Am besten von beidem etwas. Immerhin zahlt jeder Vierte der über 60jährigen in eine private Lebens- und Rentenversicherung ein.

Die *Gothaer Versicherung* hat für die Zielgruppe der Gleichzeitig-Genießer-und-Sparer die *Sofort-Rentenversicherung* entwickelt. Motto: Kaufkraft sichern und dabei auch noch Steuern sparen. Zweistellige Zuwachsraten seit Markteinführung zeigen die Akzeptanz dieses Produkts.

Ganz auf Lebensgenuß setzt dagegen die *Signal Versicherung*. Das Printmotiv zeigt einen Mann in den besten Jahren, der es sich in der Badewanne mit Champagner und einer dicken Zigarre gutgehen läßt. Titel: „Wir von *Signal* helfen Ihnen, das Leben zu genießen."

Regel Nr. 9 | Bequemlichkeit ist Trumpf

Komfort und Service sind wichtige Pluspunkte im Seniorenmarketing. Tourismusunternehmen in Österreich haben sich da etwas ganz Besonderes einfallen lassen und ihr Konzept konsequent auf Bequemlichkeit abgestellt. Einige Drei- und Vier-Sterne-Hotels haben sich zu den *50plus-Hotels* zusammengeschlossen und bieten auf die Zielgruppe abgestimmte Leistungen. Die Hotels stehen jedoch jeder Altersgruppe offen.

Ausgangspunkt war der Rückgang an Besucherzahlen seit 1992. Auch in Österreich nimmt der Anteil der Älteren zu. Das Durchschnittsalter der Österreicher wird von derzeit 36 auf 47 Jahre bis zum Jahr 2020 steigen.

Das Segment der über 65jährigen wird um 22 %, das der über 75jährigen sogar um 54 % anwachsen. Bereits jetzt stellen die über 55jährigen 30 % aller Gäste. Insgesamt 70 % sind über 40 Jahre alt. Es ist davon auszugehen, daß der Anteil der Älteren an den Reisenden noch weiter zunehmen wird.

Wichtige Reisemotive sind: Komfort, Natur, gut organisiert, Sicherheit, leichte Küche, sich sicher fühlen, Ungezwungenheit, Gemütlichkeit, vertraute Atmosphäre.

Sich über Natur, Gesundheit, Kultur oder Sport zu positionieren, war nicht ratsam, da es solche Angebote bereits gab. Also wurde Komfort in den Mittelpunkt gerückt. Motto war nun: „Das bequeme Urlaubsleben" – mit dem Zusatz „preiswert". Bequemlichkeit steht für: Komfort, gut organisiert, gemütlich, vertraut, ungezwungen, ausspannen können und sich sicher fühlen.

Die Arbeitsgemeinschaft Neue Märkte hat sich 1996 mit der Generation 45plus beschäftigt. In Gruppendiskussionen sowie Einzelinterviews konnten die Älteren ihrem Ärger Luft machen. Einige Kritikpunkte haben Sie bereits in den vorhergehenden Kapiteln erfahren, z. B. daß sich Senioren als Verbraucher nicht ernstgenommen fühlen und der Service zu wünschen übrig läßt. Einer der fundamentalen Kritikpunkte war, daß Produkte oft nicht bequem sind. Man arrangiert sich mit den Unzulänglichkeiten, wünscht sich aber Produkte, die das Leben bequemer machen.

„Bequem" ist somit zentrales Stichwort. Es sollte auch in der Werbung herausgestellt werden. „Bequem" heißt bei Produkten: einfach, funktionell, unkompliziert, körpergerecht. Der Nutzen ist dabei so einfach wie möglich aufzuzeigen, in möglichst klar verständlichen Worten. Also nicht „Hydraulische Kopfteilverstellung mit Fernbedienung", sondern „Bequem lesen im Bett". Auch Werbung sollte es den Senioren bequemer machen. Bereits im Prospekt müssen Vorteile herausgestellt werden wie z. B. Lieferservice oder Ruhemöglichkeiten im Geschäft.

Bequemlichkeit betrifft aber auch den Service. Hier äußerte die Generation 45plus in Interviews der Arbeitsgemeinschaft Neue Märkte ebenfalls Kritik. Die Älteren wünschen sich mehr Ansprache, bessere Beratung sowie kundenorientierte Arbeitszeiten.

Was Senioren besonders wichtig ist:

■ gute Erreichbarkeit des Geschäfts,

- fachkundiges, freundliches Personal (es sollte am besten speziell geschult sein),

- persönliche Ansprache (als Ersatz für soziale Kontakte),

- Hilfe beim Suchen von Produkten,

- Hilfe bei Kaufentscheidungen (also eine fundierte Beratung, die Sicherheit vermittelt),

- ein Lieferservice (ist bequem und garantiert Älteren Unabhängigkeit),

- Möglichkeit zum Verweilen und Erfrischen.

Gerade in diesen Punkten könnten sich Unternehmen bzw. der Handel profilieren und von anderen unterscheiden. So könnte der Lieferservice ausgebaut werden. Denn Lasten können im Alter schlechter getragen werden, z. B. Getränkekisten. Dieser Service würde auch jüngeren Zielgruppen das Leben vereinfachen. Frauen z. B. tun sich ebenfalls schwer mit dem Tragen von Getränkekisten, für sie wäre der Service genauso interessant. Und jeder – von der überlasteten Mutter und Hausfrau bis zum gestreßten Geschäftsmann – könnte von einem Einpackservice an der Kasse profitieren. Was in Amerika gang und gäbe ist, nämlich, daß die Waren an der Kasse für die Kunden eingepackt werden, ist bei uns noch Neuland. Nur in einigen wenigen Geschäften – vornehmlich in ausländischen Läden, z. B. türkischen – ist dieser Service zu finden.

Sitzgelegenheiten zum Ausruhen erleichtern das Einkaufen. Dort kann wieder Kraft getankt werden, die sich dann vielleicht in einem neuen Kauf bemerkbar macht. Um älteren Menschen das Warten an der Kasse zu vereinfachen, hat sich die Firma *Polster* etwas Besonderes einfallen lassen. Sie bietet einen Einkaufsroller an, der einen ausklappbaren, standsicheren Sitz hat. Er trägt bis zu 150 kg Lasten und ist sogar mit einer separaten Seitentasche für einen Schirm ausgerüstet. Untersuchungen haben nämlich ergeben, daß sich ältere Menschen im Supermarkt oft an der Kasse anstellen, wo die Schlange am längsten ist. Der Grund: Einkaufen ist für viele ein Ort sozialer Kontakte, wird zum Erlebnis.

Bequemlichkeit betrifft alle Ebenen des Einkaufs, insbesondere auch die Plazierung von Produkten im Handel. So sollten z. B. Getränkekisten im Supermarkt nicht zu weit oben plaziert sein. Sinnvoll wären auch kleinere Verpackungseinheiten, gerade bei Getränken. Zwölf Flaschen pro Kasten sind für viele zu schwer.

Ältere Verbraucher wünschen sich bequeme Produkte, so das Resümee der Untersuchung der Arbeitsgemeinschaft Neue Märkte:

■ Sie sollten stärker unter ergonomischen Gesichtspunkten gestaltet sein.

■ Das Produkthandling sollte vereinfacht sein, z. B. leichter zu öffnende Verschlüsse, größere Tastfelder.

■ Auch Bedienungsanleitungen sollten einfacher verständlich sein.

„Wer für das Alter konstruiert, schließt die Jugend ein – wer für die Jugend konstruiert, schließt das Alter aus", so Laxman Najak, Direktor des Zentrums für Angewandte Gerontologie in Birmingham. Wenn Produkte vor den Älteren bestehen und ihnen das Leben erleichtern, dann kommen sie auch bei den Jüngeren an. Das wissen Hersteller bereits. Deshalb sind Ältere für viele Produkte die Teststrecke.

Wollen wir nicht alle ein bequemes Leben? Wer sträubt sich schon dagegen, mühelos ein Gurkenglas öffnen zu können, statt mit Messer oder Öffner operieren zu müssen. Oder wer hat etwas gegen gelenkschonende Skibindungen, beladefreundliche Kofferräume, gutausgeleuchtete Supermärkte, leicht zu öffnende Packungen. „Welcher 40jährige", fragte Alexander Leschinsky, Seniorberater bei der Kienbaum Personalberatung in Hannover, „würde sich solchen Produkten widersetzen?" (*Horizont* vom 23. 1. 1997).

ABS und Servolenkung, so schreibt der ehemalige langjährige Produktentwickler bei *Daimler-Benz*, Hans-Joachim Förster, wurden lange Zeit belächelt. Heute sind sie bereits in jedem Mittelklassewagen Standard. Weigern sich junge Menschen etwa, ein Auto mit Servolenkung zu kaufen? Im Gegenteil. Vielen erscheint es nicht mehr als Luxus, sondern als notwendige Ausstattung.

Anforderungen, die Hans-Joachim Förster an Produkte stellt, sind deshalb:

■ Benutzung ohne körperliche und geistige Anstrengung,

■ kräftesparend,

■ leichte Handhabung,

■ benutzungssicher,

■ narrensicher,

■ unschädlich bei Nichtbeachten der Bedienungsanleitung.

Im Sportmarketing hat sich der Gedanke der Bequemlichkeit bereits durchgesetzt, und es werden spezielle Komfortprodukte angeboten, bei denen gesundheitliche Aspekte im Vordergrund stehen. So entwickelte *Salomon* Ski mit gelenkschonenden Dämpfelementen und besonders geringem Gewicht. Sie sind so ausgerichtet, daß sie auch von aktiven Älteren bedenkenlos benutzt werden können.

Bequemlichkeit ist also nicht nur eine Forderung von älteren Konsumenten, sondern hilft auch jüngeren Verbrauchern.

Wer kennt z. B. nicht das Gefühl, auf dem Weg in die Arbeit in der U-Bahn oder im Auto zu sitzen – und plötzlich fällt einem siedendheiß ein: Habe ich den Herd abgestellt? Ist das Bügeleisen ausgeschaltet? Es sind oft die kleinen Dinge, die uns den Alltag erschweren.

Warum gibt es z. B. noch nicht das intelligente Bügeleisen, das sich selbst abschaltet, wenn es nicht mehr benutzt wird? Die Gesellschaft für Gerontotechnik in Iserlohn, die Produkte testet, hat ein ganz einfaches Prinzip entwickelt. Eine kleine Lichtschranke wird unterbrochen, sobald die Hand den Griff des Bügeleisens umfaßt. Ist die Lichtschranke durch die Hand nicht mehr unterbrochen, stellt es sich nach einer bestimmten Zeit (ca. drei Minuten) von alleine ab.

Oder denken wir nur an die Kaffeemaschine. Wer hat nicht erst nach Stunden festgestellt, daß die Kaffeemaschine immer noch eingeschaltet ist, z. B. im Büro, wo sich viele aus einer Kaffeemaschine bedienen, aber keiner so richtig dafür verantwortlich ist. Würde sie z. B. automatisch Signale geben, wäre schneller zu erkennen, ob sie noch in Funktion ist oder nicht. Durch eine Infrarotlichtschranke könnte die Maschine erkennen, ob Kaffee weiterhin entnommen wird und sich ausschalten. Kaffee wird dann nicht bitter.

Einige Unternehmen haben bereits die Zeichen der Zeit erkannt (siehe dazu nächstes Kapitel) und Produkte konstruiert, die ältere Verbraucher nicht mehr ausschließen. Es entstehen Produkte, die bequem und einfach zu handhaben sind und auch ästhetischen Ansprüchen genügen. Der Trend geht ja auch insgesamt in der Gesellschaft hin in Richtung Einfachheit und Bequemlichkeit: Warum in die Bank gehen, wenn man bequem von zu Hause aus per PC seine Bankgeschäfte erledigen kann? Warum selbst kochen, wenn der Pizzaservice nach Hause liefert? Im Moment sind in der Modebranche gerade Kleider, die Lycra enthalten, in. Sie passen sich leichter dem jeweiligen Körper an.

Auch Faith Popcorn weist in ihrem Trendreport von 1991 darauf hin, daß

Produkte, die für den Markt der Älteren entworfen werden, immer mehr die Norm für den allgemeinen Verbrauchermarkt bilden.

▌ Regel Nr. 10 ▌ Ältere wollen keine Ghettoprodukte

Was wollen Ältere? Zahn-Haftcreme, Schlafmittel, Stützstrümpfe, die Kraft der zwei Herzen, Treppenlifte oder ein Mittel gegen Blasenschwäche? Vielleicht noch eine Kreuzfahrt oder eine Kaffeefahrt im Bus? Kein Interesse an gutem Essen, einer exotischen Reise oder geschmackvoller Kleidung? So zumindest scheinen viele Unternehmen ältere Menschen zu sehen. Doch auch Ältere wollen in erster Linie ihr Leben genießen, und sie wollen Produkte, die bequem sind. Aber, so belegen Studien: Sie wollen keine Ghettoprodukte.

Gegen Produkte, die das Leben bequemer machen, hat niemand etwas. Alt ausgesehen, im wahrsten Sinn des Wortes, hat jeder von uns schon einmal. Nicht nur Ältere haben Mühe, einen Flaschendeckel oder eine Verpackung zu öffnen. Denn doofe Benutzer gibt es nicht, nur doofe Hersteller. So das Fazit von Donald A. Norman, dem amerikanischen Psychologen, in seinem Buch „Die Dinge des Alltags".

Oftmals sind Verpackungen nur mit viel Kraftaufwand, Gewalt oder weiteren Hilfsmitteln wie Schere, Messer, den Zähnen zu öffnen. Der Verbraucher, und nicht nur der ältere, ärgert sich. Können Firmen denn keine Verpackungen entwickeln, die sowohl einfach zu handhaben als auch ästhetisch anspruchsvoll sind?

Der *Spiegel* hat dem Problem, das viele Verbraucher mit Geräten haben, einen großen Artikel gewidmet: „Der programmierte Frust" (Spiegel Nr. 48, 1997). Er bemängelt: „Der Alltag im High-Tech-Zeitalter ist zu einem permanenten Intelligenztest geworden." Sind die Leute zu doof oder die Geräte zu kompliziert?

Nehmen wir technische Geräte wie z. B. den Videorecorder. In Studien wurde herausgefunden: Die meisten Besitzer können ihn nicht programmieren. Aber eigentlich sind Produkte, Geräte dazu da, den Menschen zu dienen – und nicht umgekehrt. Aber das scheinen Hersteller manchmal zu vergessen.

Manches Unternehmen beschäftigt sich aber auch mit diesen Problemen und sichert sich durch kluge Lösungen einen satten Vorsprung vor der Konkurrenz. *Sony* Deutschland hat z. B. auf die Probleme von Videobesitzern reagiert und ein Gerät auf den Markt gebracht, bei dem das Programmieren extrem einfach ist. Ein Smart Chip ermöglicht es, das laufende Programm aufzunehmen, ohne vorher umständlich zu programmieren. Einziges Manko: Nur wer einen sogenannten AV-Link-Fernseher besitzt, kann den Videorecorder benutzen.

Auch *Grundig* nahm sich der Probleme seiner Kunden an und entwickelte eine bedienerfreundliche Fernbedienung. Ein paar wenige Knöpfe, in der Anzahl stark reduziert, sorgen für einfache Handhabung.

Silit führte einen besonderen Schnellkochtopf ein, den *Sicomatic E,* mit dem Kochen leicht gemacht wird. Der Griff ist breiter und liegt besser in der Hand. Der Drehregler für die verschiedenen Kochstufen ist leicht zu bedienen. Auch ohne Brille kann die Anzeige der Kochstufen gut gelesen werden. Und der Topf ist so konstruiert, daß er bei Überdruck nicht geöffnet werden kann.

Der Haushaltsgerätehersteller *Zanussi* hat eine Waschmaschine herausgebracht, die auch von Menschen mit schlechter Sehkraft einfach zu bedienen ist.

Gemeinsam ist den Produkten: Die Funktionen sind auf das Wesentliche reduziert und selbsterklärend, gleichzeitig sind die Produkte modisch und ästhetisch ansprechend. Beworben werden sie nicht als Produkte für Ältere, sondern sind mit dem Hinweis auf Bequemlichkeit positioniert:

■ „Der Smart Chip, der Sie versteht." *(Sony)*

■ „Kochen wie die Meister – nur viel einfacher." *(Silit)*

■ „Eine für drei." *(Grundig)*

Auch die *Bosch-Siemens-Hausgeräte GmbH* setzt auf verbraucherfreundliche Produkte. 1997 wurde die *Mikrowelle HTM 83* auf den Markt gebracht, die sich zu einem Verkaufserfolg entwickelte. Der Vorteil: Die Mikrowelle erklärt sich selbst. Eine Bedienungsanleitung ist überflüssig. Die Funktionen sind reduziert. Der Drehregler ist extra groß und läßt sich leicht bewegen. Statt Symbole benennt Klarschrift die Funktionen. Die Klarschrift soll bei Älteren besonders gut ankommen.

Ein weiteres Produkt des gleichen Unternehmens ist der *Einfach-Professionell-Sicher-Herd (EPS).* Per Tastendruck können verschiedene Gerichte ausgewählt werden. Das Display zeigt dann in Klarschrift diese Gerichte sowie Temperatur, Koch- oder Grillzeit an. Die Drehknöpfe sind größer. Und der Backofen reinigt sich nach Gebrauch selbst. Die neue Sensormulde, die bei einigen Herden zu finden ist, sorgt dafür, daß die Milch auf einer bestimmten Temperatur gehalten wird und nicht überkocht.

Hans-Joachim Förster, ehemals Produktentwickler bei *Daimler-Benz,* hat den Begriff der Gebrauchsgüte geprägt. Er plädiert für eine vernünftige Handhabung eines Produktes. Ein Beispiel: Wenn ein Steckkontakt einen echten Griff zum Herausziehen hat, zieht der Benutzer nicht am Kabel. Geräte müssen so leicht handhabbar sein und benutzt werden können, daß die Gebrauchsanleitung vorher nicht studiert werden muß. Er bringt als Beispiel das Automatikgetriebe und die Servolenkung. Bei den automatischen Getrieben gab es früher oft Ärger, denn die Benutzer gingen falsch damit um. In der Gebrauchsanleitung wurde zwar angegeben, worauf zu achten ist, aber die Leute lasen sie meist nicht. Also ging *Daimler-Benz* dazu über, das Getriebe so zuverlässig und sicher zu bauen, daß es auch ohne eingehendes Studium der Gebrauchsanleitung benutzt werden konnte. Försters Meinung nach gibt es zwei Gruppen von Leuten: die passiven Hinnehmer, die es akzeptieren, daß etwas nicht wirklich funktioniert, und die aktiven Verweigerer, die ein unfunktionelles Gerät nicht mehr kaufen.

Für ergonomisches und zugleich ästhetisches Design, das allen Altersgruppen gleichermaßen zugute kommt, tritt auch bereits seit über zehn Jahren James Pirkl, Professor für Industriedesign, ein. Er ist darüber hinaus Geschäftsführer der James Joseph Pirkl Transgenerational Design Consultants in Amerika. Auch die amerikanische Regierung hat seine Forschungen unterstützt. So wurde das Forschungsprojekt „Design for ageing" durch das Administrative Office of Human Development Services, Department of Health and Human Services, Washington D.C., gefördert.

Er hat den Begriff „Transgenerational Design" bzw. „Intergeneratives Design" geprägt. Die Kriterien für intergeneratives Design sind dann erfüllt, wenn Produkte

1. physische und sensorische Veränderungen überbrücken, die mit dem menschlichen Alterungsprozeß einhergehen;

2. auf die ganze Bandbreite des Alters eingehen und keine Gruppe ausgrenzen;

3. die Würde und das Selbstwertgefühl des einzelnen respektieren;

4. verstehen, nicht ausgrenzen;

5. die Selbständigkeit erhalten.

Also Intergenerativität auch bei Produkten. Das Potential für diese Produkte ist riesig – allein schon in den USA, wo die über 50jährigen 25 % der Bevölkerung ausmachen und ein jährliches Einkommen von 800 Mrd. US-Dollar erreichen. Sie stellen 41 % des Konsumentenpotentials und verfügen über 79 % des Nettovermögens.

Amerika hat sich schon vor Jahren auf die veränderte Altersstruktur eingestellt. Dort boomt der Markt für Senioren bereits. Altern wird dort, so Pirkl, als ganz natürlicher Prozeß zunehmend akzeptiert. Unternehmen richten ihr Marketing immer mehr auf die 50plus-Generation aus. Am Anfang waren es Bereiche wie Wohnen, Gesundheit, Dienstleistungen wie Versicherungen, Finanzen, Transport und Ernährung. Inzwischen aber werden immer mehr Segmente mit einbezogen. *Levi Strauss* z. B. hat Jeans auf den Markt gebracht, die für Ältere gemacht sind.

Professor James Pirkl meint dazu: „In den USA beginnt eine neue, gesellschaftliche Akzeptanz und ein anderes Verständnis die alten, irrigen Mythen zu ersetzen, die seit Jahrzehnten Ältere mit dem Erbe der Vernachlässigung, Despektierlichkeit und Diskriminierung versehen haben … Altern als ganz natürlicher Prozeß wird langsam akzeptiert."

Design ist ein äußerst wirksames Instrument für Veränderungen. Es kann dazu beitragen, daß sich der Verbraucher hilflos oder selbstsicher fühlt. Bisher wurden ältere Menschen bei der Gestaltung von Produkten kaum berücksichtigt. Befragt wurden sie auch nicht. Und Produktentwickler, die in der Regel eher jung sind, wissen nur wenig über die Bedürfnisse von älteren Menschen.

Professor Olbrich vom Gerontopsychologischen Institut der Uni Erlangen formuliert es so: „Während menschengerechte (ergonomische) Umweltgestaltung im Arbeitsleben schon lange eine Selbstverständlichkeit ist, finden Ergonomie und Human Factors Design in der Wohn- und Lebensumwelt älterer Menschen nur zögernd Eingang."

Er fordert Produkte, die auch für ältere Menschen geeignet sind. Die Betonung liegt dabei auf „auch". „Es ist zu wünschen, daß ergonomische Prinzipien bei der Produktion von Möbeln, Verkehrsmitteln, Kommunikationsgeräten, überhaupt bei der Gestaltung der Umwelt für ältere Menschen vermehrt Beachtung finden. Das verlangt, daß Personen mit ihren sensorischen Möglichkeiten ein Produkt (vor allem natürlich seine Benutzeroberflächen) gut wahrnehmen können müssen, daß sie seine Funktionen leicht erkennen und mit ihren motorischen Möglichkeiten einsetzen können."

Und er fährt fort: „Die Wirtschaft scheint wenig um die Realität des Lebens im Alter zu wissen, weder um die gewandelten Ressourcen von alternden Personen noch um die veränderten Anforderungen, die ihre Lebenssituation stellt. Die Produktion errichtet vielmehr oft noch spezielle Barrieren für alte Menschen, wenn vorrangig Prinzipien eines schicken Designs beachtet oder ‚aufregend jung' aussehende Produkte hergestellt werden."

Bestes Beispiel dafür, daß Hilfsmittel zum Designergut werden können, ist die Brille. Sie ist dazu da, Schwächen beim Sehen auszugleichen. Ursprünglich als Hilfsmittel gedacht – um in gewissem Sinne eine Behinderung auszugleichen –, hat sie sich inzwischen zu einem Designerartikel in der lukrativen Modeindustrie entwickelt. Sie ist ein Paradebeispiel für ein Produkt, das einem Benutzer dient und gleichzeitig ästhetisch anspruchsvoll sein kann. Denn niemand behauptet ernsthaft, daß Brillenträger behindert sind. Produkte für alle, heißt also die Devise. Wenn sich auch die Produktentwickler noch sträuben, Designer denken bereits um und gestalten die Umwelt schon transgenerativ: von der Architektur bis zum konkreten Gegenstand.

Oft scheuen sich ältere Menschen jedoch noch zuzugeben, daß sie Probleme mit Produkten haben. Sie sehen den Fehler bei sich. Dies wird sich jedoch in absehbarer Zeit ändern. Denn die zukünftige Generation von Senioren-Verbrauchern ist besser ausgebildet, konsumerfahrener, selbstbewußter und damit noch kritischer.

Um herauszufinden, wo Senioren eventuell Schwierigkeiten haben, hat in England Laxman Najak, Gründungsmitglied und Direktor des Zentrums für Angewandte Gerontologie an der Universität Birmingham, eine überregionale Verbrauchergruppe ins Leben gerufen, die Produkte testet. Diese Gruppe der über 50jährigen nennt sich die „Tausend Senioren", weil in der Anfangsphase des Projektes ca. 1000 Menschen befragt worden sind. Inzwischen umfaßt die Gruppe ca. 4000 Mitglieder aus allen Teilen Großbritanniens, die aus unterschiedlichen sozioökonomischen Schichten stammen. Sie helfen bei der Erstellung von Marktumfragen, bei der Marktbewertung, nehmen teil an Diskussionsrunden, um Marketingleitern und Entwicklern bei der Arbeit behilflich zu sein. Ist ein Produkt auch für Ältere geeignet, wird es mit einem Zeichen versehen: der Eule. Sie ist Symbol für die Weisheit im Alter.

Parallel dazu gibt es noch die Gruppe der „Tausend Leser", die Bedienungsanleitungen und Produktinformationen analysieren und nützliche Hinweise geben, wie Informationen besser strukturiert werden können.

Getestet wurden Bedienungsanleitungen für das Steuergerät einer Zentralheizung, für Treppenlifte, Fernsteuerungen von Videorecordern sowie Stromrechnungen. Die Gruppen treffen sich an der „Universität des dritten Alters" oder in Seniorenclubs. Berichte gab es bisher zu den unterschiedlichsten Produkten, Dienstleistungen und Themen wie Videorecordern, Mikrowellenöfen, Appartements für Ruheständler, Einkaufen im Supermarkt, Verpackungen, Finanzierungen, Badezimmereinrichtungen, Gartengeräte. Dabei wurden teilweise Produkte getestet, die erst als Prototyp vorhanden waren, aber auch bereits auf dem Markt befindliche.

Eine weitere Organisation in England, die sich dem Anspruch verschrieben hat, Produkte und Dienstleistungen für ältere Verbraucher zu testen, ist die RICA. Das Institut wurde von der Consumers Association, der führenden Verbraucherorganisation Englands, ins Leben gerufen. Ältere Menschen erhalten dort Informationen, die ihnen bei der Auswahl von Produkten und Dienstleistungen helfen sollen, und sie können Produkte auch selbst testen. Die Produkte werden auf Funktionalität, Dauerhaftigkeit, elektrische und mechanische Sicherheit geprüft. Die Prinzipien des Instituts basieren auf einer Rede von Präsident John F. Kennedy im Jahr 1962 und umfassen die Punkte Zugang zu Produkten, Information, Auswahl und Sicherheit der Produkte sowie Rechte des einzelnen Verbrauchers.

Das Institut hat eine Checkliste mit Richtlinien für integratives Design von technischen Geräten herausgegeben (siehe nächste Seite).

In Deutschland beschäftigt sich die Gesellschaft für Gerontotechnik in Iserlohn mit Produkten, die für Ältere tauglich sind. Sie will Vermittler sein zwischen Produzenten und Endverbrauchern. Auch sie hat ein Prüfsiegel entwickelt. Die Kriterien für jedes einzelne Produkt bzw. jede Dienstleistung werden von unabhängigen Experten ermittelt und festgelegt.

An Standards mangelt es jedoch fast überall – auch in Japan, das bereits einen Fuß in der Tür zum *Silver Business* hat. Doch ist es bereits auf dem richtigen Weg. Dafür zuständig, Normen festzulegen, ist die halbstaatliche Elderly Service Providors Association, kurz ESPA genannt. Seit einigen Jahren zeichnet sie besonders gelungene seniorengerechte Produkte mit der silbernen S-Plakette aus. Produkte aus verschiedenen Sektoren wurden bereits ausgezeichnet. Der Verband ist dem Ministry of Health and Welfare unterstellt und wurde 1987 eigens zu dem Zweck ins Leben gerufen, Unternehmen den Einstieg in den Seniorenmarkt zu erleichtern. Inzwischen gehören über 200 japanische Unternehmen dazu, quer durch alle Bereiche

Checkliste „Integratives Design" von RICA, England

Bedienungsknöpfe
einfach und ohne Bücken und Strecken zu erreichen
hervorstehend – einfach zu greifen und zu säubern
angemessen auseinanderliegend
vernünftige Größe
rutschfeste Oberflächen
einfach zu bedienen
mit leichtem Druckaufwand und ohne unangenehme Bewegungen
große, einfach zu lesende Beschriftung mit gutem Farbkontrast
gut plazierte taktile Markierungen für Menschen mit eingeschränkter Sehfähigkeit
Licht- und Tonsignale für zusätzliche Informationen

Tasten
hervorstehend
einfach und ohne Kraftaufwand zu drücken
in verschiedenen Formen und Größen sowie Farben zur besseren Unterscheidung

Stabilität
Produkte, die nicht leicht umfallen
rutschfeste Bodenflächen

Tragbare Produkte
nicht zu schwer zu heben
gute Balance und Form
bequem zu erreichende, gut plazierte Tragegriffe

Zubehör
einfach und ohne Kraftaufwand oder Präzision an- und abzumontieren
vom Gerät separat zu lagern, um Gewicht zu reduzieren
keine Spielereien, die schwierig anzubringen sind

Sauberhaltung
keine Winkel und Spalten, in denen sich Schmutz festsetzt
keine scharfen Kanten

Heiße Oberflächen
Oberflächen, an denen sich Nutzer festhalten oder abstützen könnten, dürfen nicht heiß sein

– Banken, Versicherungen, Kosmetikhersteller, Kaufhäuser, Bäderfirmen, ja selbst Stahlkonzerne. Neben der Vergabe des Siegels kümmert sich die ESPA auch um die jährlich in Tokyo stattfindende Messe für seniorenbezogene Produkte und Dienstleistungen.

Patricia Moore, Mitbegründerin von Universal Design, einer Richtung, die keine Benutzergruppe ausschließt, hat als junge Frau im Büro von Raymond Loewy gearbeitet und ist dort auf die Idee gekommen, selbst herauszufinden, was ältere Menschen wirklich wollen. Nur wer weiß, wie es ist, alt zu sein, kann Produkte entwerfen, die auch ältere Menschen berücksichtigen. Sie hat sich daraufhin als 80jährige Frau verkleidet und ist drei Jahre durch die USA und Kanada gereist, um am eigenen Leib zu erfahren, was Altsein bedeutet. Die Erfahrungen, die sie dabei gemacht hat, reichten von Freundlichkeit und Hilfsbereitschaft über Ignoranz und Bevormundung bis hin zu offener Gewalt – sie wurde zweimal überfallen. Aus ihren Erfahrungen zog sie die Konsequenz: Es muß sich etwas ändern! Und sie begann Produkte zu entwerfen, die für alle Generationen und Benutzergruppen geeignet sind. Entstanden ist ein anwenderfreundliches Design, das es Menschen ermöglicht, länger selbständig zu sein. Später tat sie sich mit David Guynes zusammen und gründete Guynes Design. Die beiden haben inzwischen zahlreiche Preise errungen.

Auch die Ergonomi Design Gruppe in Schweden erzielt mit ihren anwenderfreundlichen, für alle Altersgruppen geeigneten Produkten, Markterfolge. Den schwedischen Designern ist klar, daß Produkte helfen können, Probleme zu beheben, und daß unangemessenes Design erst Probleme hervorrufen kann.

Am Royal College of Art werden seit Anfang der neunziger Jahre systematisch die Folgen des Alters der Bevölkerung für das Design analysiert. Treibender Motor ist Roger Coleman, Designer und Lehrer. Seit 1995 untersucht er in Verbraucherforen und in Supermärkten Verschlüsse von Nahrungsmitteln – von Getränkeflaschen über Konservendosen bis hin zu Drogerieartikeln. Kriterium dabei ist vor allem die leichte Handhabbarkeit. Für seine Forschungen arbeitet er mit der staatlichen „Universität des dritten Lebensalters" (U3A) in Großbritannien zusammen. In Europa hat sich eine Gruppe von europäischen Designern unter seiner Regie zum DAN (Design for Ageing Network) zusammengeschlossen.

Intergeneratives Design – schön und gut, werden Sie vielleicht sagen. Aber bringt das auch Gewinn? Bestes Beispiel dafür, daß gutes intergeneratives Design auch kommerziellen Erfolg bringt, ist Good Grips Design, ein amerikanisches Unternehmen, das inzwischen auch den Sprung über den Teich nach England gewagt hat. Es gestaltet ergonomisch sinnvolle und zugleich ästhetisch anspruchsvolle Küchengeräte. Entstanden ist eine hochwertige, gutaussehende und funktionale Produktlinie. Die Küchengeräte zeichnen sich durch spezielle Griffe aus, die bequem und einfach in der Hand liegen. Sie erleichtern die Benutzung wesentlich. Erhältlich sind ein Basissortiment wie Besteck, Schneebesen, Sieb, Schere, Gemüseschäler, das aber regelmäßig durch zusätzliche Geräte wie Knoblauchpresse, Apfelentkerner usw. erweitert wird. Auf lange Sicht sollen möglichst alle Kochaktivitäten damit abgedeckt werden können. Benutzt wird es nicht nur von Hobbyköchen und Hausfrauen, sondern auch bekannte Köche schätzen das Sortiment. Positioniert ist es im oberen Marktsegment.

Die rasant ansteigenden Verkaufszahlen brachten Good Grips Design dazu, sich auch noch auf einem anderen Terrain zu versuchen. So gibt es inzwischen noch eine zweite Linie: Gartengeräte. Die Griffe sind aus rutschfestem Santopren-Gummi und sorgen für eine optimale Hebelwirkung. Gartenarbeit leicht gemacht, auch für jüngere Menschen.

Wie gute Produkte sein sollen

selbsterklärend
leicht bedienbar
benutzbar für jung und alt
selbstabschaltend
geringer Energieverbrauch
sollten ein Leben in Selbständigkeit ermöglichen
sicher
langlebig
wirtschaftlich erschwinglich

| Regel Nr. 11 | Die Verpackung macht's

Aber nicht nur Produkte sollten so ausgerichtet sein, daß sie für alle gleichermaßen handhabbar sind. Auch Verpackungen stellen immer wieder Probleme beim Öffnen dar. Wie bereits erwähnt, haben sich in England jährlich ca. 50.000 Menschen beim Öffnen einer Verpackung so schwer verletzt, daß sie stationär behandelt werden mußten. Sind die Verpackungen nicht leicht zu öffnen, greifen Verbraucher zu Schere, Messer, Nagelfeile usw.

Eine Szene aus dem Film „Männer" von Doris Dörrie demonstriert, wie wenig benutzerfreundlich Verpackungen oft sind. Dort stellt eine junge Designerin eine Packung Erdnüsse vor, die luftdicht in Folie eingeschweißt ist. „Sie ist besonders leicht zu öffnen", erklärt sie den Auftraggebern. Doch die Verpackung läßt sich nicht öffnen, weder durch Ziehen, Zerren noch durch Reißen. Erst als sie ihr mit der Schere zu Leibe rückt und verzweifelt auf sie einsticht, gibt die Verpackung nach. Alltägliche Realität für Verbraucher, wenn auch nicht unbedingt in so extremer Weise.

Unter Laxman Najak wurden einige Verpackungen getestet. Dabei wurde heftige Kritik von den Konsumenten laut:

- „Eine Verpackung ist niemals zum Öffnen bestimmt."

- „Es scheint, daß die Verantwortung der Verpackungsdesigner aufhört, sobald ein Konsument dieses Produkt kauft."

Laut Gundolf Meyer-Hentschel, der sich seit langem mit dem „goldenen Segment" beschäftigt, wechseln 20 % der älteren Kunden eine Marke, wenn sie mit der Verpackung Probleme haben. Auch eine Umfrage der Gesellschaft für Gerontotechnik in Iserlohn 1997 bei den über 55jährigen bestätigt: Sie würden Produkte, die schwer zu öffnen, zu transportieren oder zu entsorgen sind, nicht wiederkaufen, wenn der Markt bessere Alternativen bieten würde.

Verpackungen sollten leicht zu öffnen, ästhetisch ansprechend und möglichst auch umweltfreundlich sein. Nach einer Studie der Bayerischen Rundfunkwerbung von 1994 sind die „Ökotrendsetter im Durchschnitt 46 Jahre alt, 58 % sind 40 Jahre und älter, 42 % unter 40 Jahre alt. Besonders umweltbewußt und kritisch, was Verpackung anbelangt, sind Frauen." Nehmen wir z. B. Gebäckverpackungen. Oft ist es schwer, die Verpackung zu öffnen, ohne den Inhalt zu beschädigen. Aufreißstreifen mit bestimmten Griffpunkten könnten da helfen. Die Aufreißstreifen müssen dafür aber gut zu erkennen und zu greifen sein. Die meisten Verpackungen funktionieren nur der Länge nach, obwohl Queraufreißen bequemer wäre. Die Untersuchungen – so die Ergebnisse der „Tausend Senioren" – zeigten: Das Öffnen ist nur mit dem Messer oder der Schere möglich. Die Folge: Das Gebäck wird beschädigt und bröselt.

Auch Käseverpackungen sind oft eine harte Nuß. Meist sitzt die Cellophanhülle zu eng, so daß eine Schere zum Öffnen benötigt wird. Dabei wird der Käse beschädigt. Außerdem wird dadurch meist die Schutzhülle zerstört, da die Verpackung auf drei Seiten aufgeschnitten werden muß. Auch hier könnte ein Aufreißstreifen entlang der Ecken Abhilfe schaffen.

Getränkeverpackungen, besonders die Dosen mit Ringverschlüssen, bereiten besondere Probleme. Auch Flaschen mit kohlesäurehaltigem Inhalt wurden getestet. Beim Öffnen schwappte oft die Flüssigkeit über. Außerdem ließ sich die Plastikversiegelung oft nur mit einem Messer öffnen.

Wie effektiv der Druck von Verbrauchern auf Unternehmen sein kann, zeigt ein Beispiel aus Großbritannien. 1991 richtete das Policy Issues Council des britischen Instituts der Lebensmittelhändler (IGD) – Vorstand und Management bestehen aus in der Lebensmittelbranche tätigen Herstellern und Händlern – eine Arbeitsgruppe ein. Ein Forschungsprogramm wurde ins Leben gerufen, an dem Hersteller, Händler und Verbraucherorganisationen beteiligt waren. Dadurch sollten in drei Phasen Verpackungen verbessert werden. In der ersten Phase wurden zunächst kleinere Maßnahmen durchgeführt, die für Firmen schnell und ohne finanziellen Aufwand zu bewältigen waren. In der zweiten Phase wurde eng mit der Verpackungsindustrie zusammengearbeitet, um das Design von Verpackungen grundlegend besser zu gestalten. Verpackungen wurden daraufhin verändert oder völlig neu entwickelt. In der dritten Phase standen Verpackungen auf dem Prüfstand, die nicht problemlos zu öffnen waren und damit die Sicherheit von Verbrauchern gefährdeten. Die Öffnungswerkzeuge wurden untersucht und Händler dazu aufgefordert, diese auch für Kunden auf Vorrat zu halten.

Auch die Beschriftung war Thema. Immer mehr Informationen auf der Verpackung müssen angegeben sein. So fordern es europäische Gesetzesvorschriften zum Schutz der Verbraucher. Diese sind jedoch oft so klein gedruckt, daß sie kaum gelesen werden können. Entworfen wurden deshalb auch Richtlinien, die die Beschriftung verbessern sollten. Sie beziehen sich vor allem auf folgende Bereiche: Layout, Farbe, Schriftgrad, Schrifttyp und standardisierte Diagramme.

Regel Nr. 12 | Mit Sicherheit kommen Sie gut an

Die heutigen Alten sind gesünder, beginnen ihr nachberufliches Leben früher, sind besser finanziell abgesichert und selbstbewußter. Trotzdem fühlen sich ältere Menschen unsicherer als jüngere. Die Angst vor der Zukunft wird größer, je älter der Mensch wird.

Ältere fühlen sich aus vielen Gründen eher unsicher als junge Menschen: Das hat etwas mit dem Rollenverlust durch die Pensionierung und der geringeren körperlichen Leistungskraft zu tun. Wer z. B. nicht mehr so gut sehen kann, ist natürlich in seiner Wahrnehmung und damit auch seinem Urteil verunsichert. Wer unsicher ist, holt sich Rat bei anderen. Das sind zum einen die Familie, Freunde und Bekannte, aber auch Sie als Unternehmer bzw. Händler. Wollen Sie ältere Menschen als Kunden, dann müssen Sie Vertrauen und Sicherheit schenken!

Unternehmen sollten bei ihrem Marketing deshalb den Faktor Sicherheit immer im Auge haben. Bieten Sie Sicherheit auf allen Ebenen: bei Produkten, der Ladengestaltung, in Form von Informationen und – wichtigster Faktor überhaupt – im persönlichen Gespräch.

Produkte, die die Sicherheit stärken, werden boomen. Nicht nur bei Älteren, sondern auch bei Jüngeren. Alarmsysteme, sichere Hausgeräte, Kommunikationsmittel, die im Ernstfall helfen. Denn der Trend geht in Richtung *Cocooning*. Die bekannte amerikanische Trendforscherin Faith Popcorn hat in ihrem Popcorn-Report 1991 eine Reihe von Trends beschrieben, die vor allem für Amerika, aber auch Europa gelten. Sie spricht von der Tendenz zum *Cocooning*, d. h., angesichts unsicherer gesellschaftlicher Verhältnisse, zunehmendem Verkehr, wachsender Kriminalität, steigenden Umweltbelastungen werden sich die Menschen immer mehr in ihre Wohnungen zurückziehen. Entsprechend dem englischen Ausdruck „My home is my castle" wollen sie dort sicher und geschützt wie auf einer Burg leben.

Für ältere Menschen ist die eigene Wohnung der Ort der Selbständigkeit und Sicherheit. Dort fühlen sie sich sicher und geborgen, sind an die Umgebung gewöhnt. Deshalb richten sich Menschen zwischen 55 und 70 Jahren ihr Heim meist noch einmal neu ein. Brigitte Kölzer hat den Begriff *Empty Nesters* dafür geprägt. Sie meint damit Ehepaare um die 55 Jahre, deren Kinder das Haus verlassen haben. Nach der Familienphase ist das Nest jetzt leer. Damit es so recht gemütlich zu Hause wird, richten sie das Haus noch einmal neu her. Und das lassen sie sich auch etwas kosten. Endlich ist Platz dafür, eigene Wünsche in bezug auf die Wohnung zu verwirklichen, ebenso die Zeit und das Geld. 50 % der 55- bis 70jährigen sind Eigenheimbesitzer. 90 % der Älteren wollen auch dort bleiben, wo sie jetzt wohnen. 29 % der 55- bis 64jährigen planen Modernisierungen am vorhandenen Eigentum.

Der Wohnungsmarkt stellt ein riesiges Potential dar: Möbel gehören dazu, Tapeten, Bodenbeläge, barrierefreie Küchen und Bäder. Eine gute Chance also für Möbelfirmen, Bauunternehmen und Handwerkerbetriebe. Der Bedarf reicht dabei von schwellenfreien Wohnungen über komfortable und ergonomisch gestaltete Möbel bis hin zu gebrauchsgerechten Haushaltsgeräten. Bevorzugt wird von ca. 35 % der konservative Stil.

Wer untertags in Möbelhäuser geht, wird feststellen, daß es in der überwiegenden Zahl ältere Ehepaare sind, die dort ihre Zeit verbringen. Zwischen den Einkäufen wird in der angeschlossenen Cafeteria noch eine Kleinigkeit gegessen. Der Einkauf wird als eine Art Ausflug betrachtet. Für Ruheinseln ist gesorgt. Dort wird neue Kraft getankt, bevor es wieder weitergeht.

Einer der Vorreiter auf dem Gebiet der barrierefreien und ästhetischen Bäder in Deutschland ist die Sanitärfirma *HEWI*. Das mittelständische Unternehmen produziert seit über 15 Jahren Badeaccessoires ohne Barrieren. Gemeinsam mit anderen Herstellern wie *Kludi* oder *Keramag* haben sie den Arbeitskreis „Vitales Bad" gegründet.

Entstanden sind Bäder, die für die ganze Familie geeignet sind, vom Kleinkind bis zum älteren Menschen. So sind die Waschbecken z. B. absenkbar, die Toilette etwas erhöht, um das Aufstehen zu erleichtern. Der Einstieg in die Dusche ist extrem niedrig gehalten. Und in der Dusche ist ein abklappbarer Sitz, falls das längere Stehen Schwierigkeiten bereitet.

„Die Lösungen sollen sich gestalterisch integrieren und nicht, klinisch und steril gehalten, auf eine Behinderung und Hilfsbedürftigkeit hinweisen." So der Designer Gerhard Kampe von *HEWI*.

Oberstes Gebot ist Bequemlichkeit und Sicherheit. In Zusammenarbeit mit der Fachhochschule Niederrhein in Krefeld entstanden WC-Bürsten und -halter mit verlängertem und griffigerem Stiel. Bücken ist nicht mehr nötig. Außerdem schult *HEWI* gemeinsam mit der Gesellschaft für Gerontotechnik in Iserlohn und einem Keramikhersteller Installateure zum Thema barrierefreies Wohnen, damit auch das Handwerk beraten kann.

1995 gründete das Designzentrum Bremen gemeinsam mit der Architektenkammer Bremen und dem Deutschen Hygiene-Museum Dresden das Projekt „Zusammen Leben gestalten – Design und Architektur ohne Barrieren". Die Ergebnisse werden auf der Expo 2000 in der Abteilung „Basic Needs" zu sehen sein. Barrieren in den Köpfen werden durch Vorträge, Seminare und Workshops abgebaut.

Wie wichtig das eigene Heim ist, zeigt auch der Zuwachs bei der *LBS Bausparkasse Niedersachsen*, die ihr Marketing gezielt auf die *Best Ager* ausgerichtet hat. Sie hat vor drei Jahren den Kundenclub für Bausparer ab 45 gegründet: *DomiZiel.* Motto des Clubs: „Lebe deinen Traum." Inzwischen zählt der Club 152.000 Mitglieder. Der Gewinn ist beachtlich. Die Zahl der Bausparverträge ist in die Höhe geschnellt. Ein Plus von 27,8 % konnte die *LBS* in diesem Segment im ersten Jahr verbuchen. Die Bausparsumme wuchs von 541,5 Mio. DM auf 830,5 DM. Während die Kündigerquote bei Bausparern bei 3,2 % lag, schrumpfte sie bei den Clubmitgliedern auf 1,6 %. 46,4 % der Clubmitglieder haben zwei oder mehr Bausparverträge abgeschlossen. Die übrige Quote liegt bei 30 %.

Informiert werden die Mitglieder über das vierteljährlich erscheinende Clubmagazin. Themen sind Reisen, Fitneß und vornehmlich Informationen zum Immobilienbereich wie Ferienwohnungen, Umbauen, Wohnservice usw. Der Gründung waren intensive Studien vorangegangen. 83 % gaben an, daß Wohnen und Wohnumfeld für sie sehr wichtig ist. 80 % lehnten es kategorisch ab, jemals in ein Altenheim zu ziehen.

Aber nicht nur zu Hause, auch außerhalb der eigenen Wohnung wird Sicherheit gewünscht. So setzen Autohersteller vor allem auf Sicherheit, wenn sie ältere Verbraucher erreichen wollen. Ein Beispiel ist die Werbung von *Saab* (siehe Regel Nr. 4: Sensible An-Sprache). Ein Beweis dafür, daß Sicherheit immer mehr zum Trend der Zeit wird, ist auch die Zunahme von Automatikgetrieben in Autos. Für Europa wird bis zum Jahr 2005 mit einer Verdoppelung gerechnet, d. h. von derzeit 13 auf 25 %. In Deutschland sind 18 % der Autos mit einem Automatikgetriebe ausgerüstet. Die Benutzer sind damit sehr zufrieden. In einer Emnid-Untersuchung bestätigten 89 % der Befragten, daß sich die Anschaffung gelohnt habe. Hauptsächliche Gründe: „Bequemlichkeit, Komfort", aber auch „weniger Streß" und damit mehr Sicherheit. 64 % fühlten sich damit sicherer, weil sie sich besser auf den Verkehr konzentrieren konnten. Insgesamt wird ein Automatikgetriebe häufiger von älteren als jungen Autofahrern genutzt. Während es nur 4 % bei den unter 29jährigen sind, schalten in der Altersgruppe 50 bis 59 Jahre 9 % nicht mehr mit der Hand.

Sicherheit bei der Ladengestaltung: Gefahren vermeiden

Auch die Ladengestaltung kann helfen, daß Ältere sich sicherer fühlen. Vermeiden Sie Gefahrenquellen. Licht sollte nicht blenden, Waren und Angebote müssen so präsentiert werden, daß sie auch von Älteren gut wahrgenommen werden können. Und die Orientierung sollte so einfach wie möglich gemacht werden.

Bauen Sie Barrieren ab: Verzichten Sie auf Treppen, Stufen und bei Böden auf Erhebungen. Änderungen können zusätzlich durch unterschiedliche Farben oder eine andere Beschaffenheit verdeutlicht werden. Unterschiedliche Farben sollten Sie nur dort anwenden, wo sich etwas ändert. Ständige Änderungen nur um der Optik willen führen zu Verunsicherung. Auch soll die Farbe der Böden nicht dunkel oder stark gemustert sein, weil dies den Tritt unsicher macht. Sorgen Sie für Aufzüge. Nicht jeder möchte bis in den vierten Stock steigen, um etwas einzukaufen.

Die *Allbank* z. B. versucht, bei der Neueröffnung ihrer Bankhäuser Gefahrenquellen wie Stolperschwellen oder Treppen zu vermeiden. Für Sitzgelegenheiten ist gesorgt. Die Räume sind übersichtlich und orientierungsfreundlich gestaltet.

Vermeiden Sie alles, was blenden könnte: Lichtquellen müssen so gestaltet sein, daß sie nicht blenden. Starke Helligkeitskontraste führen zu Blendung und sollen deshalb vermieden werden. Auch verspiegelte Flächen, Chrom, Stahl, Glas, Kunststoff-Folien, glänzende Böden und reflektierende Oberflächen blenden. Vorsicht! Am besten benutzen Sie indirekte Beleuchtung und dunkle Teppichböden. Auch hochglanzpolierter Parkettboden ist schlecht.

Wir alle kennen das. Wir kommen vom grellen Tageslicht in einen dunklen Verkaufsraum. Oder umgekehrt. Von der Helligkeit treten wir hinaus in einen düsteren Winterabend. Unsere Augen müssen sich erst einmal umstellen und an die veränderten Lichtverhältnisse anpassen. Junge Menschen haben keine Probleme, aber ältere Kunden. Lichtgewöhnungszonen können hier Abhilfe schaffen. Der Kunde tritt vom hellen Tageslicht nicht gleich in einen dunklen Raum, sondern das Licht am Eingang entspricht noch dem Tageslicht. Stufe für Stufe verändert sich dann die Helligkeit. Je weiter der Kunde von Raum zu Raum geht. Der Adaptionsprozeß verläuft dann kontinuierlich.

„Was soll ich mit toten Flächen?" werden Sie vielleicht fragen. „Wenn der Kunde nichts sieht, wird er auch nichts kaufen." Damit haben Sie recht. Aber wer sagt denn, daß er schon hier kaufen muß. Nutzen Sie den Platz für eine Cafeteria, Infostände. Stellen Sie Videowände auf oder setzen Sie Propagandisten ein.

Helfen Sie Ihren Kunden bei der Orientierung: Wer kennt es nicht, das Gefühl, ohne Orientierung zu sein? Wem ist nicht schon einmal ein Supermarkt oder ein großes Kaufhaus wie ein Labyrinth vorgekommen? Ältere Menschen brauchen länger, um sich zu orientieren. Und eine unübersichtliche Ladengestaltung verringert die Kauffreude und verstärkt gleichzeitig das Gefühl der Hilflosigkeit. Ariadne hat den Hilfesuchenden ihr Knäuel Wolle in die Hand gedrückt. So konnten sie wieder aus dem Labyrinth finden. Geben auch Sie Ihren Kunden den roten Faden – nicht in Form eines Wollknäuels, aber in Form eines übersichtlichen Kundenleitsystems. Warum gibt es so selten Lagepläne in Kaufhäusern? Und wenn, dann sind sie meist unübersichtlich. Verschaffen Sie Kunden ein klares inneres Bild des Ladens vor ihrem geistigen Auge. Nur wenn dieser gedankliche Lageplan entstehen kann, fühlen sie sich sicher.
Warum sind Regale und Gänge nicht beschriftet, damit die Kunden wissen, wo sie sich befinden? Es muß nicht unbedingt Schrift sein. Bilder wirken sowieso viel schneller. Ein Piktogramm würde es auch tun, z. B. ein Topf als Symbol dafür, daß sich der Kunde in der Haushaltswarenabteilung befindet. Sorgen Sie für kurze Wege. Langes Gehen bereitet Schwierigkeiten.

Präsentieren Sie Ihre Waren so, daß die Kunden sich sicher fühlen: Waren sollten auch von Älteren gut wahrgenommen werden können. Reduzieren heißt die Devise. Reduzieren Sie die Regalhöhe. Ältere Menschen haben weniger Muskelkraft als jüngere, und ihr körperlicher Aktionsradius verringert sich. Zu hohe und zu niedrige Regale können deshalb Probleme bieten. Reduzieren Sie auch die Gangbreite. Schmalere Gänge sind besser als breite. Ein eingeschränktes Gesichtsfeld fordert schmalere Gänge. Diese dürfen aber auch nicht zu lang sein.

Vermitteln Sie Ruhe: Zuviel unterschiedliche Farben wirken zu unruhig. Leuchtend weiß gestrichene Wände und Denken blenden. Am besten sind deshalb Farben mit großem Weißanteil, der aber nicht zu sehen ist, oder ein mattes Weiß. Es sollten auch nur wenige Farben verwendet werden, ca. zwei bis drei, und ebenso nur wenig unterschiedliche Texturen. Auch sich ständig bewegende Displays schaffen Unruhe. Diese Reize sind zu stark und lenken von der eigentlichen Botschaft und Informationsvermittlung ab.

Geben Sie Ihren Kunden die Möglichkeit, die richtige Wahl zu treffen: Ältere Menschen nehmen sich oft mehr Zeit als jüngere, um sich zu informieren und zu entscheiden. Geben Sie ihnen die Zeit, die dafür nötig ist. Geizen Sie nicht mit Produktproben. Auf der Seniorenmesse Zenith, die in Brüssel stattfindet, haben sich verschiedene Anbieter zusammengetan und eine Einkaufstasche mit verschiedenen Produkten zusammengestellt. Eine Zeitschrift für Ältere war darin, Suppen in Dosen, Soßen, Fertigprodukte für den schnellen Verzehr. Wer den Ausgang passierte, bekam eine Tüte in die Hand gedrückt und konnte daheim in Ruhe probieren.

Aber auch im Laden selbst, direkt am *Point of Sale* können Produktproben Neugierde wecken – Käsehappen an der Theke beispielsweise. Untersuchungen zeigen, daß die Entscheidung für einen bestimmten Käse in der Regel erst an der Theke getroffen wird. Also lassen Sie Ihre Kunden verkosten.

Sicherheit ist ein wichtiger Werbefaktor. Weisen Sie deshalb in Prospekten und Anzeigen extra darauf hin.

Der größte Sicherheitsfaktor ist Ihr Personal

Ältere Menschen gehen gern einkaufen, und sie verweilen auch länger im Geschäft als jüngere. Bevorzugt stellen sie sich an Kassen an, wo die Schlange am längsten ist, und sie lieben vor allem die Stoßzeiten beim Einkauf wie z. B. den Samstagvormittag. Warum tun sie das? Wollen sie ihre Mitmenschen ärgern? Wohl kaum. Einzig mögliche Antwort: Sie wollen dabei sein. Denn Einkaufen bedeutet soziale Kontakte.

Ihr Personal ist also der größte Aktivposten im Kampf um das Segment älterer Zielgruppen. Von der Servicewüste Deutschland ist schon viel geredet worden. Ganz deutlich wird die Misere aber beim Verkaufspersonal. Gehen Sie einmal in ein amerikanisches Geschäft. Mit welcher Freundlichkeit Sie dort begrüßt werden. Und die Verkäuferinnen in Japan sind nicht nur ausgesprochen höflich, sondern wissen auch noch gut Bescheid. Fachkenntnisse und Höflichkeit, das sind die beiden Faktoren, die Kunden von Verkäufern erwarten. Und mit beidem gehen sie baden. Denn in die Ausbildung von Personal wird nur wenig investiert.

Wer aber könnte besser Vertrauen vermitteln als Menschen? Also investieren Sie in die Ausbildung Ihres Verkaufspersonals. Sagen Sie ihnen, was ältere Kunden wollen und wie sie am besten mit ihnen umgehen. Denn Senioren sind keine einfache Klientel. Sie sind konsumerfahren, kritisch und glauben meist, im Recht zu sein.

Schulen Sie Ihr Personal. Machen Sie ihm klar, wie wichtig Freundlichkeit und Geduld sind. Erklären Sie ihm, wie sich die Sinneswahrnehmung im Alter verändert. Nur wer etwas weiß, kann sich auch darauf einstellen. Und sorgen Sie dafür, daß Ihr Personal fachlich kompetent ist. Denn ältere Menschen sind Profis.

Setzen Sie auch ältere Mitarbeiter ein. Senioren wenden sich mit Vorliebe an älteres Verkaufspersonal, weil sie glauben, daß ihre Wünsche besser verstanden werden. Die *Allbank* plant, für ältere Kunden einen persönlichen Ansprechpartner in der Bank zu installieren. Denn „häufig ist nicht die Bank an sich, sondern die dauerhafte Beziehung zu seinem Berater, möglichst auf Lebenszeit, für den Senior entscheidend." So Marketingchef Uwe Behnisch. Die *Allbank* ist auch dabei, ein Sensibilisierungspapier für die rund 1400 Mitarbeiter zu verfassen, um diese mit den Bedürfnissen der Zielgruppe vertraut zu machen.

Setzen Sie Testimonials von Prominenten ein

Daß die heutigen Älteren selbstbewußter sind als noch vorhergehende Generationen, ist keine Frage. Trotzdem fühlen sich ältere Menschen insgesamt unsicherer als jüngere Gruppen. Dies hat viele Gründe. Zunächst ist da der Rollenverlust durch die Pensionierung. Dann hat sich das Alter insgesamt verändert. Früher galten feste Konventionen. In der heutigen Zeit, wo Lebensläufe nicht mehr so stringent sind und sich Rollenzuschreibungen auflösen – die der Geschlechter, der Generationen –, sind viele Ältere damit konfrontiert, für sich selbst festzulegen, was Altern bedeutet und in welcher Rolle sie sich am liebsten sehen.

Die jetzige Generation ist eine Übergangsgeneration. Ihre Eltern haben noch vorgelebt, daß Alter Passivität, Zurückgezogenheit, Einsamkeit und Krankheit bedeutet. Lange Zeit haben sich alte Menschen deshalb entsprechend den Erwartungen und Normen der Umwelt angepaßt. Dies zeigte sich z. B. deutlich bei der Kleidung. Wer erinnert sich nicht an seine Groß- bzw. Urgroßmutter, die meist in dunklen Kleidern herumlief? Das Selbstbild wurde dem Altersstereotyp angepaßt. Heutige Senioren rechnen sich nicht zum alten Eisen – wie es vielleicht frühere Generationen desselben Alters noch taten.

Wer unsicher ist, ist leichter beeinflußbar. Die Familie hat dabei den größten Einfluß. Aber auch Prominente, die noch dazu im gleichen Alter sind, dienen der Orientierung. So setzen Unternehmen in Anzeigen und Spots gern Prominente ein. Der TV-Arzt aus der „Schwarzwaldklinik", Klaus-Jürgen Wussow, wirbt für die Zahncreme *Lacault.* Hier tritt eine Person desselben Alters – noch dazu bekannt und anerkannt – auf, um für ein Produkt zu werben. Fazit: Also kann das Produkt nicht schlecht sein. Der Politiker Heiner Geißler z. B. wirbt in einer Anzeige für die *Brockhaus*-Enzyklopädie. Headline: „Wissen ist Macht. Unwissen ist Ohnmacht." Heiner Geißler steht für Sachverstand, für Erfahrung und Wissen. Ihm nimmt der Kunde leicht ab, daß er daheim auch den *Brockhaus* stehen hat und dort nachschlägt. Im *Danone*-Spot für Fruchtjoghurt treten gleich drei Prominente auf: die Schwimmerin Franziska van Almsick, die Sängerin Nena und der Schauspieler Günter Pfitzmann.

Aber auch andere Ältere, vor allem *Woopies – well-off older people,* die wohlhabenden Älteren – werden gern als Meinungsführer akzeptiert. *Woopies* sind kontaktfreudig, aktiv und verfügen über die geeigneten finanziellen Mittel für einen gehobenen Lebensstil. Sie strahlen geistige und körperliche Vitalität aus und verkörpern damit das, was viele Ältere sich wünschen.

Stehen keine anderweitigen Infos – Prospekte, Verkäufer – zur Beurteilung eines Produktes zur Verfügung, so steigt der Bezugsgruppeneinfluß (nach einer These Festingers). Die Orientierung an einer Bezugsgruppe ist um so geringer, je größer der Unterschied zwischen der Bezugsgruppe und der eigenen Person ist. Jüngere haben bei Älteren also wenig Einfluß. Der Einfluß von Bezugsgruppen ist besonders ausgeprägt bei demonstrativem Konsum wie Bekleidung, Luxusgütern und Freizeitartikeln.

Kontinuität ist angesagt, wenn reifere Verbraucher gewonnen werden wollen. Sie brauchen mehr Anstöße, um sich zu entscheiden. Sie brauchen länger, um Informationen zu verarbeiten. Und sie legen Wert auf Erfahrung und Qualität. Setzen auf Unternehmen, die bereits eine lange Tradition vorweisen.

Da die freie Wiedergabe bestimmter Informationen im Alter eingeschränkt ist, sollte die Wiedererkennung so weit wie möglich vereinfacht werden. Daher sollten, wenn möglich, diejenigen Hinweisreize gegeben werden, die bereits gespeichert sind. D. h. am *Point of Purchase* könnten Displays stehen, die identisch mit dem aus der Fernseh- bzw. Anzeigenwerbung bekannten Layout sind. So wird die Verbindung Werbung – Produkt erleichtert.

Kontinuität beim Marketingauftritt gewährt somit Sicherheit. Sie zeigt, daß ein Unternehmen schon lange auf dem Markt ist – und das spricht für die Qualität der Produkte. Heben Sie immer wieder hervor, wie lange Ihr Unternehmen besteht, über wieviel Erfahrung Sie verfügen. Das sichert Ihnen Pluspunkte. Ein bekannter Name bürgt für Qualität und garantiert Sicherheit.

Bieten Sie Sicherheit auch nach dem Kauf

Ältere treffen ihre Entscheidung nach reiflicher Überlegung. Doch auch nach dem Kauf herrscht oft noch Unsicherheit. Sie haben Angst, die falsche Wahl getroffen zu haben. Senioren – wie Jüngere auch – haben oft das Bedürfnis, die Kaufentscheidung abgesichert zu bekommen. Aftermarketing hat hier einen wichtigen Stellenwert.

Verschicken Sie Briefe, in dem Sie zum Produkt gratulieren, noch einmal die Vorteile herausstellen und bekräftigen, wie gut die Entscheidung war. Oder verlagern Sie die Bestätigung in den Kaufprospekt.

Regel Nr. 13 | Schwarz auf weiß kommt am besten

Senioren sind ausgesprochene Medienkonsumenten. Das Fernsehen liegt mit 225 Minuten täglich pro Zuschauer an der Spitze – vor Print. Trotzdem ist es nicht unbedingt das ideale Mittel, um eine Werbebotschaft an diese Zielgruppe zu kommunizieren. Denn Studien belegen: Die über 55jährigen können sich im Schnitt nur bei einem von elf Spots eines Werbeblocks an Produkt und Marke erinnern.

Nr. 1 sind deshalb Zeitungen, Zeitschriften und Prospekte. Ihre Informationen beziehen die Oldies vor allem daraus. Dies bestätigen die Ergebnisse der Sonderauswertung des Zentralverbandes der deutschen Werbewirtschaft (ZAW) und des Axel Springer Verlages. Danach halten 47 % Werbung im Fernsehen für informativ, aber 56 % bevorzugen Anzeigen in Zeitschriften als Informationsmedium.

Senioren informieren sich, bevor sie eine Entscheidung treffen. Sie studieren eingehend die Prospekte und vergleichen Qualität und Preis der Produkte miteinander. Da die Informationsverarbeitung – wie dargelegt – langsamer verläuft, dauert auch die Entscheidungsfindung etwas länger. Oldies brauchen mehr Zeit als andere, um sich zu orientieren. Dies führt auch mit dazu, daß sie gedruckte Informationen bevorzugen. Werbespots sind oft nicht altersgerecht gestaltet: schnelle Schnitte, schnelle Bilder, schnelle Informationen. Die teuren Werbesekunden wollen gut genutzt sein. Was von Werbetreibenden knallhart ausgetüftelt ist, kommt bei den Älteren allerdings oft nicht so gut an.

Printwerbung kommt besser an als Fernsehwerbung

Darum kommt Fernsehen bei Senioren nicht so gut an:

1. Im Alter läßt das Sehvermögen und auch das Farbempfinden nach.

2. Ältere hören schlechter, vor allem wenn auf mehreren Sinneskanälen zugleich gesendet wird – was die Regel bei Werbespots ist.

3. Ältere brauchen länger, um Informationen zu verarbeiten. Schnell aufeinanderfolgende Bilder können deshalb nicht aufgenommen werden.

4. Fernsehwerbung wird nur nebenbei aufgenommen. Der Zuschauer ist mit anderen Dingen beschäftigt. Es wird also noch auf zusätzlichen, TV-externen Sinneskanälen gesendet. Was dem entgegensteht: Senioren konzentrieren sich bei Informationsüberlastung auf einen Kanal.

Darum kommt Print gut weg:

1. Es wird nur auf einem Sinneskanal gesendet. Der Leser kann sich voll konzentrieren.

2. Der Leser kann das Tempo selbst bestimmen, mit dem er die Informationen aufnehmen will. Er kann den Text auch mehrmals lesen.

3. Der Leser kann die Informationsmenge selbst bestimmen, in kleine Happen unterteilen.

4. Print bietet mehr Raum für Informationen, vor allem Prospekte. Und Ältere wollen Fakten, Fakten, Fakten.

Senioren haben nicht so viel für Lifestyle-Werbung übrig. Was sie wollen, sind Fakten, Fakten und nochmals Fakten. Soviel Informationen wie möglich. Das bestätigt u. a. Grey-Geschäftsführer Bernd M. Michael. Prospekte werden gründlich studiert, ebenso Etiketten auf Lebensmitteln. Und die Informationen werden dann kritisch hinterfragt.

Rationale Produkt- und Markenwerte spielen also eine größere Rolle als Lifestyle-Werbung. Das Fernsehen dagegen setzt verstärkt auf Lifestyle. Informationen kommen bei einem 30-Sekunden-Spot meist zu kurz.

Mit Kommunikationsmitteln, die in jüngster Zeit entstanden sind, kann die Mehrheit der Senioren kaum mehr etwas anfangen wie z. B. mit dem Internet. Nur 3 % der über 60jährigen verfügt über einen PC, nur ein Bruchteil hat einen Internet-Anschluß.

Zeigen Sie klipp und klar die Vorteile

Schreiben Sie in Ihren Prospekten, welche Vorteile das Produkt bietet. Erwähnen Sie Garantieleistungen. Geben Sie zusätzliche Informationen, auch darüber, was andere von Ihrem Produkt halten – natürlich nur, wenn es auf Anerkennung gestoßen ist. Fügen Sie, wenn möglich, Testimonials bei, z. B. Ergebnisse von Stiftung Warentest. Unparteiischen Organisationen vertrauen Kunden normalerweise eher.

Gezielt sollen Erfahrungen und Erwartungen der Zielgruppe angesprochen werden. Denn nur das fällt auf, was im eigenen Erfahrungsbereich liegt.

Die Nutzung von Informationsquellen ist dabei je nach Produkten unterschiedlich. Beim Kauf von Gebrauchsgütern sind vor allem Informationsquellen am *Point of Sale* wichtig, z. B. im Schaufenster oder auf Infotafeln. Bei Verbrauchsgütern dienen dagegen Anzeigen in Tageszeitungen als hauptsächliches Informationsmedium.

In jedem Fall aber sollten Sie Ihrer Zielgruppe das Lesen so einfach wie möglich machen. Senioren wollen nicht ständig auf die Schwächen ihres Alters gestoßen werden.

Groß statt klein

Mühelos lesbar sind Schriftgrößen ab 5 mm hohen Buchstaben. Bei kleineren Schriften brauchen ältere Menschen länger zum Lesen. Schriftgrößen zwischen 10 und 14 Punkt sind am besten. 10 Punkt sind allerdings die absolute Untergrenze, besser sind Schriften zwischen 12 und 14 Punkt. Auch das Gegenteil, zu große Schriften, erschweren das Leseverständnis. Erstens müssen hierbei Buchstaben erst gedanklich zu Wörtern zusammengesetzt werden. Und zweitens erinnert eine zu große Schrift an Kinderbücher. Ältere Menschen wollen ernst genommen werden. Und sie in ein Eck mit Kindern zu stellen, verstärkt bei ihnen das Gefühl der Ausgegrenztheit.

Ganz auf große Buchstaben setzt der *CW Niemeyer Verlag*, der Bücher in Großdruck anbietet. Auch die Buchhandlung *Hugendubel* hat einen Prospekt zusammengestellt: „Lesen mit dem größten Vergnügen!", in dem Literatur im Großdruck empfohlen wird. Von der Kriminalautorin Ruth Rendell bis hin zum Bestseller „Fräulein Smillas Gespür für Schnee" von Peter Høeg bietet sich dem Leser eine bunte Auswahl.

Niemand kauft die Katze im Sack. Wer nicht weiß, was er kauft, wird nicht kaufen. Kunden wollen die Ware sehen, und sie wollen wissen, was in der Verpackung ist. Achten Sie darauf, daß Preisschilder gut erkennbar sind. Mit Miniaturschrift vertreiben Sie ihre Kunden nur.

Letztens habe ich einen Mann, so um die 60, beobachtet, wie er in der Weinabteilung eines Kaufhauses offensichtlich sehr an einer Flasche Wein interessiert war. Er betrachtete erst das Etikett auf der Vorderseite, dann drehte er die Flasche um. Einige Sekunden starrte er darauf, dann kramte er umständlich in seiner Jackentasche nach einer Brille. Aber Fehlanzeige. Schließlich stellte er die Flasche verärgert zurück. Was war der Grund? Er hätte gern mehr Informationen gehabt. Doch die Angaben auf dem Etikett, das auf der Rückseite angebracht war, waren in so kleiner Schrift gedruckt, daß er sie nicht lesen konnte. Wer kauft schon die Katze im Sack? Niemand.

Sorgen Sie für bequemes Lesen

Machen Sie das Lesen so einfach wie möglich. Ist die Schrift klein, sollte der Zeilenabstand etwas größer sein, dann fällt das Lesen leichter. Linksbündigkeit vereinfacht das Lesen. Ein einheitlicher rechter Rand ist nicht unbedingt erforderlich. Trotzdem bevorzugen viele Ältere Blocksatz.

Verwenden Sie vertraute Schriften. *Kursivschrift* erschwert das Lesen und sollte deshalb vermieden werden. VERSALSCHRIFT – d. h. Schrift in Großbuchstaben – ist der Lesbarkeit sehr abträglich; längere Texte nur in Großbuchstaben sind aus der Sicht der Lesbarkeit eine Todsünde, die häufig begangen wird. Schriften mit Serifen (wie die Grundschrift des vorliegenden Buches) sind leichter zu lesen als Schriften ohne Serifen (das sind Schriften, wie sie in diesem Buch für die Titel und Zwischentitel verwendet werden). Serifen, die dünnen waagrechten Striche an den Schriftenden, leiten das Auge und machen die gute Lesbarkeit aus. Serifenlose Schriften, möglicherweise im Fettdruck, sind hingegen besser geeignet, Aufmerksamkeit zu erregen und das Auge aus dem Lesefluß zu reißen. Durch das Einsetzen von optischen Mitteln kann der Blickverlauf bewußt gesteuert werden. Hier gilt aber eine bewährte Regel: Weniger kann mehr sein.

Grundsätzlich beruht Lesen auf zwei Vorgängen: dem Erfassen und dem Erkennen von Zeichen. Wortbilder werden erfaßt und mit Wortbildern in unserem Gedächtnis verglichen. Stimmen beide überein, so wird das Wort erkannt, es wird gelesen.

Der Leser benutzt sein Seh- und Gedächtniswerkzeug dabei fast wie einen Fotoapparat. Der Blick gleitet über die Zeile, hält inne und belichtet. Dann gleitet er weiter, hält abermals inne und belichtet erneut. Während des jeweiligen Stillstandes (Fixation) nimmt er etwa zehn Buchstaben wahr. Von diesen werden jedoch nur die mittleren scharf gesehen. Er vergleicht sie. Wenn er sie erkannt hat, gleitet er weiter zum nächsten Buchstaben.

Verglichen wird aber nicht Buchstabe für Buchstabe, sondern der Wortumriß. Unser Auge stellt eine nicht randkorrigierte Linse dar, weshalb wir das auf die Netzhaut gelangte Wort nur in der Mitte scharf, am Rand aber verschwommen wahrnehmen. Ähnliche Wortbilder werden dabei oft falsch identifiziert. Wir verlesen uns. Deshalb gleitet unser Blick nicht kontinuierlich vorwärts, sondern springt manchmal zurück, um sich zu vergewissern. Identifiziert wird überwiegend anhand der oberen Worthälfte. Die untere bietet nur wenige Unterscheidungsmerkmale.

Papier: Matt und griffig

Das ältere Auge hat Probleme bei der Erkennung von Kontrasten und bei zu grellem Licht. Weiße Flächen blenden leicht. Negativschriften, z. B. weiße Schrift auf dunklem Hintergrund, wären darum vorzuziehen. Allerdings steht es der Sehgewohnheit entgegen. Am besten ist deshalb: schwarze Schrift auf nicht ganz weißem Papier, z. B. gelblich oder cremefarben. Um Blendung zu vermeiden, ist auch mattgestrichenes Papier besser als glänzendes. Da ältere Menschen Probleme mit der Motorik, dem

Greifen, haben, sollte dieses Defizit ausgeglichen und griffiges Papier verwendet werden. Vor allem bei Direktmailings ist das wichtig.

Rot, Gelb, Orange bevorzugt

Farbige Anzeigen bleiben dreimal so gut im Gedächtnis haften wie Schwarzweiß-Anzeigen (so Kroeber-Riel). Verwenden Sie deshalb Farbe. Aber achten Sie darauf: Blau, Grün und Violett sind nur schlecht voneinander zu unterscheiden. Vermeiden Sie, wenn möglich, diese Farben, vor allem, wenn Sie sie gleichzeitig einsetzen. Farben am langen Ende des Farbspektrums werden dagegen deutlich wahrgenommen, also Gelb, Rot, Orange. Sie sind zudem sehr aufmerksamkeitsstark.

Ein positives Beispiel ist eine Anzeige von *Helena Rubinstein.* Das Unternehmen wirbt auf einer Doppelseite für Hautpflegeprodukte der Serie *Force C.* Orangen prangen in vollen Tönen. Eine kraftvolle Farbe, warm und gut wahrnehmbar.

Aber nicht nur auf die Farbe kommt es an. Pastelltöne, die normalerweise für *Light*-Produkte eingesetzt werden, sind zu schwach, um gut voneinander unterschieden zu werden. Grelle, intensiv leuchtende oder sogar fluoreszierende Farben führen dagegen zu Blendung und eignen sich nicht als Hintergrundfarbe.

Verwenden Sie klare Bilder

„Bilder sind schnelle Schüsse ins Gehirn" (Kroeber-Riel). Bilder wirken schneller als Worte. Aber nur wenn sie klar erfaßbar sind. Ein Bild mittlerer Komplexität wird in 1,5 bis 2,5 Sekunden aufgenommen. In der gleichen Zeit können nur zehn Wörter erfaßt werden.

Optische Informationen werden sowohl bildlich als auch als Spracheinheiten gespeichert. Deshalb erfolgt die Orientierung rascher über Bilder, z. B. ist auf einem Stadtplan ein bestimmter Ort schneller zu finden, als wenn der Suchende nur eine textliche Beschreibung hätte. Dennoch schätzen gerade ältere Menschen sprachliche Informationen.

Für Bilder sind Kontrast, Klarheit und Prägnanz entscheidend. Ein Bild ist prägnant, wenn es folgende Anforderungen erfüllt: Es muß sich klar vom Hintergrund abheben (hoher Figur-Grund-Kontrast) und es muß in sich geschlossen sein (Gestaltfestigkeit). Kontrast ist wichtig, denn für das Auge sind die Farben ohne Bedeutung. Das Auge selbst kann gar keine Farben sehen. Die Zapfen in der Netzhaut sind lediglich „Quantensammler". Farbe entsteht erst bei der Verarbeitung der Lichtstrahlen im Gehirn.

Physische Reize sind in sehr alten biologischen Programmen des Menschen gespeichert. Sie wirken deshalb automatisch und damit unbewußt. Nicht allein der Inhalt bestimmt dabei den Grad der Aktivierung, sondern entscheidend ist vor allem die formale Umsetzung.

In 75 % der Fälle beginnt z. B. die Anzeigenbetrachtung mit dem Bild. Gemäß der Lesegewohnheit wäre es jetzt am einfachsten, den Text nach dem Bild zu plazieren. Alles andere behindert den Lesefluß. Untersuchungen haben ergeben, daß Headlines unter dem Bild 10 % mehr Beachtung finden. Sind mehrere Bilder vorhanden, wird nach einem bestimmten Schema verfahren: Personen kommen vor einer Landschaft; Gesichter vor Körper; Augen, Mund und Nase zuerst. Ein attraktives Produkt erhöht die Kaufbereitschaft.

Übersichtliche Gestaltung

Farbe, Größe, starke Kontraste lösen Aufmerksamkeit aus. Je größer die Anzeige ist – um so mehr fällt sie auf, desto mehr aktiviert sie.

Das Hervorheben, Sperren, Unterstreichen von Wörtern dient der Steigerung der Aufmerksamkeit. Farbtöne aktivieren unterschiedlich stark. Weitere Mittel sind Fettdruck, andere Schrift, farbiges Unterlegen von Text. Text wirkt um so mehr, je mehr derartige Bildelemente er enthält. So wirkt eine Headline besonders durch große, farbige Schrift, die sich kontrastreich, klar und prägnant vom Hintergrund abhebt. Verstärkt wird dies noch durch emotionale Wörter, durch Bilder, die dadurch hervorgerufen werden.

Ein formal gut gestalteter Text erleichtert das Lesen. Auch lange Werbetexte müssen nicht unbedingt schlecht sein. Sie bieten sogar gewisse Vorteile, z. B. kann die Glaubwürdigkeit durch ausführlichere Informationen gesteigert werden. Sie müssen allerdings gut geschrieben sein, um den Leser bei der Stange zu halten.

Absätze können mit Zwischenüberschriften bereits im voraus zusammengefaßt werden. Querlesern, die nur wenig Zeit haben, vermitteln sie stichpunktartig die wesentlichen Aussagen. Der Text wird aufgelockert. Es wird so dem Interessenten das Auffinden von für ihn persönlich wichtiger

Punkte erleichtern. Auch Marginalien sind möglich: eine kurze Zusammenfassung am Rand des Textes. Gliederungsüberschriften sind quasi an den Rand verlagert.

Kommen Sie zur Sache

Sachliche und informative Werbung kommt am besten an. Keine unnötigen Geschichten um ein Produkt. Wichtiger ist, daß die Aussage logisch, nachvollziehbar und einfach erklärt wird. Der Produktnutzen muß deutlich erkennbar sein.

Sprachliche Informationen unterliegen einem Alterungsprozeß. Sie zerfallen schneller. D. h. akustische, verbale Informationen sollten in möglichst kurzer Zeit vermittelt werden. Daraus folgt: Die Botschaften sollten sich auf das Wesentliche beschränken.

Kurze Sätze bis zu acht Wörtern sind am besten verständlich. Keine Schachtelsätze und Buchstabenburgen bauen.

Durchschnittliche Wörteranzahl pro Satz

Filmdialoge	1–6 Wörter
Bild-Zeitung	12 Wörter
Johannes-Evangelium	17 Wörter
„Buddenbrooks"	17 Wörter
Erzählende Prosa	19,3 Wörter
Philosophische Schriften	27,8 Wörter
Obergrenze der optimalen Verständlichkeit laut dpa	9 Wörter
Obergrenze für gesprochene Texte	7–14 Wörter
Obergrenze der Leichtverständlichkeit nach Reiners	18 Wörter

Untersuchungen haben ergeben, daß Sätze von mehr als sieben bis vierzehn Wörtern nicht mehr verständlich sind:

1. Der Tübinger Sprachwissenschaftler Erich Straßner sagt: Unser Kurzzeitgedächtnis beim Zuhören hat eine Speicherkapazität von sieben bis maximal vierzehn Wörtern.

2. Das Paderborner Institut für Kybernetik hat nach einem achtjährigen Test 1983 ermittelt, beim wievielten Wort in gehörten Texten das Verständnis aussetzt:
   – bei siebenjährigen Kindern mit dem achten Wort,
   – bei einem Drittel der Erwachsenen mit dem elften Wort,
   – bei mehr als der Hälfte der Erwachsenen mit dem vierzehnten Wort.

3. Das Institut für medizinische Psychologie der Universität München hat 1982 festgestellt: Die Dauer, für die „der Augenblick" in unserem Bewußtsein verweilt (der als „Gegenwart" erlebte Zeitabschnitt, unser Gegenwartsfenster") ist zwei bis drei Sekunden lang. Drei Sekunden sind für sieben bis acht gesprochene Wörter gut.

Einfache Sprache

Einfach sein heißt nicht: allgemein sein – sondern das Gegenteil, nämlich konkret. Einfach sein bedeutet: menschlich sein. Kohlensäurearmes Wasser der *Fürst Bismarck Quelle* wird nicht als „medium", „light" oder „still" beschrieben, sondern es hat schlicht die Bezeichnung „wenig Kohlensäure". Ältere lieben Fakten und lassen sich nicht so leicht etwas vormachen. Die Holzhammer-Methode hat bei ihnen keinen Erfolg. Keine Schlagworte – Worte, die einen erschlagen. Schreiben Sie konsumentenorientiert, immer zum Verbraucher hin und nicht weg davon. Sprechen Sie nicht über die Ware, sondern über die Erfahrungen und Erwartungen des Kunden. Nur das fällt auf, was im eigenen Erfahrungsbereich liegt.

Bieten Sie Problemlösungen an, indem Sie

- das aktuelle Lebensumfeld ansprechen,

- die Phantasie der Leute entzünden,

- auf die Einstellungen in ihrem Kopf zielen: „Haben Sie sich entschieden …?",

- das Selbstwertgefühl des Kunden bestätigen.

Sehen Sie das Produkt immer mit den Augen des Kunden. Welchen Vorteil bietet es für seine Bedürfnisse? Liefern Sie Gründe, warum der Kunde gerade in Ihrem Unternehmen kaufen soll. Und denken Sie daran, daß reife Verbraucher besonders anspruchsvoll und kritisch sind.

Konkrete Bilder verwenden

Verwenden Sie bedeutungsvolle Wörter, die verbal und bildhaft abgespeichert werden. Substantive sind bildhaft – Adjektive bedeutungshaltig. Deshalb sind Substantive vorzuziehen. Aber Vorsicht vor zu vielen Hauptwörtern. Das kann leicht zu Verwaltungsdeutsch führen, einer Sprache, wo sich ein Substantiv ans andere reiht – was meist schwer verständlich und hölzern klingt. Nicht mit Worthülsen kommunizieren, mit leeren Adjektiven. Denn zu viele Adjektive lähmen die Wirkung. Verwenden Sie keine Bei-Wörter, sondern lieber Bei-Spiele. Statt: „Hält jung und vital bis ins hohe Alter", besser: „Gestern abend kam Oma wieder erst um 11 nach Hause".

Regel Nr. 14 | Keine Schnellschüsse

Ältere Menschen nehmen sich Zeit, um die dargebotenen Informationen, egal ob visuell oder akustisch, wahrzunehmen und zu verarbeiten. Deshalb bevorzugen sie Print. Aber auch das Fernsehen könnte Werbung für Ältere ansprechend machen. Einige Regeln sind dabei zu berücksichtigen.

So wird Fernsehwerbung für Ältere interessant

1. Lassen Sie die Bilder länger stehen, damit sie gut wahrgenommen werden können. Vermeiden Sie schnelle Schnitte. Wenn Bilder zu schnell aufeinander folgen, können sie nicht verarbeitet werden. Lassen Sie auch die Schrift länger stehen.

2. Gönnen Sie dem Zuschauer eine kleine Erholung und schalten Sie Pausen zwischen die Bilder. So kann jedes Bild für sich getrennt verarbeitet werden.

3. Vermeiden Sie Farbblitze in schneller Aufeinanderfolge, z. B. werden rot und grün, wenn sie als Blitzlichter schnell hinter gezeigt werden, zu gelb vermischt.

4. Schalten sie Störfaktoren aus, z. B. sollten starke Beleuchtungsunterschiede von einem Bild zum anderen vermieden werden.

5. Zu viele Informationen gleichzeitig, vor allem, wenn sie auf mehreren Sinneskanälen gegeben werden, sind nur schwer zu verarbeiten.

6. Der gesprochene oder geschriebene Text sollte nicht im Widerspruch zum Bildhintergrund stehen. Werden Informationen sowohl akustisch als auch visuell geliefert, dann ist es wichtig, daß sie sich nicht unterscheiden.

Fernsehwerbung wird auf mehreren Sinneskanälen gesendet. Deshalb ist nicht nur die optische Darbietung wichtig, sondern auch die akustische.

Was Sie bei Rundfunk- und Fernsehwerbung beachten sollten

1. Sprechen Sie langsam.
2. Artikulieren Sie betont.
3. Verwenden Sie möglichst tiefe Stimmen und nicht schrille, hohe. Sie sind besser zu verstehen und wirken auch sympathischer.
4. Bieten Sie nicht zu viele Geräusche auf einmal.
5. Hintergrundgeräusche stören.
6. Formulieren Sie die Botschaft einfach und klar.

Bei all dem gilt: Übertreiben Sie es nicht. Ältere Menschen sind nicht schwachsinnig, sondern brauchen nur etwas länger als jüngere.

Sorgen Sie dafür, daß ältere Menschen Ihre Bemühungen verstehen

Ältere Menschen haben Schwierigkeiten, mehrere Geräuschquellen gleichzeitig wahrzunehmen. Deshalb sollten Sie darauf achten, daß der Geräuschpegel so niedrig wie möglich ist. Nur dann können die wirklich wichtigen Informationen, wie z. B. Werbedurchsagen in den Verkaufsräumen, gut aufgenommen werden. Stellen Sie sich vor, Sie haben Ihr Verkaufspersonal bestens geschult und auf die Bedürfnisse der älteren Kunden vorbereitet. Doch die Hintergrundgeräusche sind so stark, daß der Kunde Ihre Mitarbeiter nicht verstehen kann und verärgert das Geschäft verläßt.

Infomercials haben gute Chancen

Direktrespons-Fernsehspots sind eine Möglichkeit, um Senioren anzusprechen. Sie sind relativ preisgünstig und treffen dort auf Senioren, wo sie einen guten Teil des Tages verbringen: vor dem Fernseher. Die tägliche Fernsehdauer von Senioren beträgt über 200 Minuten, und damit liegen die Oldies an der Spitze beim Fernsehkonsum. Im Schnitt sehen sie jeden Tag 51 Minuten länger fern als jüngere Konsumenten. Infomercials sind Verkaufssendungen, die ausführlich über ein Produkt informieren. Schritt für Schritt erklären sie die Vorteile. Und das mehrere Minuten lang. In aller Regel sind sie so aufgebaut: erster Teil Information, zweiter Teil Testimonial.

Rolling Stones | Kein Alter gleicht dem anderen

Alter wird sich weiterentwickeln. Schon die jetzige Generation ist besser ausgebildet als die vorhergehende, macht andere Erfahrungen. Die Zeit der Kriege und Entbehrungen, von denen die heutigen 60jährigen noch geprägt sind, wird für sie kein Thema mehr sein. Kein Alter gleicht also dem anderen.

„Die Regeln der Marktkommunikation werden schon bald ganz anders aussehen. Wer heute 40 Jahre alt ist, wird als 65jähriger voraussichtlich ganz andere Bedürfnisse haben als die heutigen Rentner, deren Konsumverhalten sich schon grundlegend von demjenigen der Senioren in den sechziger Jahren abhebt" (Handelsblatt 14. 8. 1996).

So sehr sich auch die Alten von Generation zu Generation verändern – das Bild, das wir von älteren Menschen haben, ist fast gleich geblieben und entspricht dem des 19. Jahrhunderts. Alter wird immer noch oft mit Passivität, Zurückgezogenheit, Einsamkeit, Krankheit gleichgesetzt, ja manchmal sogar mit Behinderung. Aber Alte sind Menschen wie du und ich. Mit etwas veränderten Bedürfnissen.

Übrigens: Die Bildagentur *Tony Stone* macht Eigenwerbung mit Aufnahmen alter Männer (ca. 90 Jahre alt), deren Gesichter von der Zeit gegerbt sind. Headline: „Rolling Stones".

3. Teil | Die Seniorenmärkte

Andreas Reidl

Einleitung

Warum Seniorenmarketing immer interessanter wird? Etwas ironisch ausgedrückt könnte man sagen, es handelt sich hierbei um eine nachwachsende Zielgruppe. Die Fakten, die Sie in den ersten beiden Teilen unseres Buches gelesen haben, haben Sie vielleicht ermutigt, etwas intensiver über das Potential dieses Marktes nachzudenken.

In diesem Teil erhalten Sie konkrete Ansätze, Beispiele und Ideen zu einzelnen Branchen. Möglicherweise auch der Branche, in der Sie tätig sind. Im Sinne eines Benchmarking sind einzelne Ideen branchenübergreifend anwendbar.

Gestatten Sie an dieser Stelle noch einen kleinen Ausflug zur Gruppe der älteren Menschen und zur Zukunft mit ihnen. Für alle diejenigen, die vielleicht behaupten, Seniorenmarketing-Ansätze gab es bereits vor zehn Jahren ohne großen durchbrechenden Erfolg – sie haben recht, aber die Zeiten ändern sich, und es ist erstmals in unserem Lande eine Situation eingetreten, die es bis dato noch nicht gab.

Seit vielen Jahren gibt es Ansätze für ein Seniorenmarketing – und in Segmenten auch ein sehr aktives Marketing für eine spezielle Gruppe dieser Menschen. Wir sprechen von den „Lebensverlängerern". All die Hilfsmittel und Produkte, die ältere Menschen kaufen, um länger, besser, attraktiver, gesünder oder vitaler zu leben. Gerne wird diese Gruppe von uns Marketingtreibenden, etwas ironisch, als die *„Kukidents"* bezeichnet. Dieses Zielgruppensegment beschäftigt einen Großteil der Pharmahersteller sehr gut, und zwar schon sehr lange und dauerhaft. Wichtiger noch: durch die zunehmende Langlebigkeit in Zukunft immer besser.

Auch diese Gruppe ist für das Marketing von großem Interesse. Aber sie ist schon lange bekannt und gut versorgt. Mit immer ausgeklügelteren Marketingmaßnahmen versucht man, die „Lebensverlängerer" abzusetzen. Und die Umsätze und Ergebnisse zeigen, daß dies gut funktioniert.

Uns geht es mehr um die allgemeinen Bedürfnisse der Senioren und das Marketingverständnis dafür. Daß dies heute mehr denn je Sinn macht, zeigen die nachfolgenden Überlegungen. (Die Anregungen zur Wirtschaftswunderzeit entsprangen übrigens zum Teil dem sehr empfehlenswerten Buch von Arne Andersen „Der Traum vom guten Leben".)

Im Jahr 2000 werden die Menschen, die im Jahr 1940 geboren wurden, 60 Jahre alt. Gerade die Geburtenjahrgänge zwischen 1940 und 1950 haben starke Konsumprägungen in den fünfziger und sechziger Jahren erfahren.

Warum dies wichtig ist? Diejenigen, die heute von den Senioren sprechen, denken alleine schon bei diesem Wort an alt, krank, behindert, geizig und konsumfeindlich. Können Sie sich vorstellen, mit 50, 60 oder gar 70 oder 80 Jahren nicht mehr am Konsumleben teilzunehmen, nicht mehr in den Urlaub zu fahren und kein Interesse mehr an Autos, Geldanlagen, Kleidung oder Wohnen zu haben? Wohl kaum. Und genauso geht es heute eben den Geburtenjahrgängen 1940 und jünger.

Die Wirtschaftswunderzeit

Warum ist diese Wirtschaftswunderzeit so wichtig für das Marketing?
Arne Andersen beschreibt es wie folgt: „Die Währungsreform im Juni 1948, die – heute zum Mythos verklärt – gemeinhin als Beginn des Wirtschaftswunders angesehen wird, wirkte sich auf die Lebenshaltungskosten zunächst keineswegs positiv aus. Dennoch – nach dem Währungsschnitt am 21. Juni 1948 waren die Geschäfte und Schaufenster voller Waren, von denen die meisten Deutschen geglaubt hatten, sie würden sie für lange Zeit überhaupt nicht mehr zu Gesicht bekommen."
In der Zeit vor dem Krieg gab es zwar Investitionsgüter, aber erst nach dem Krieg setzte die Massenproduktion der Konsumgüter ein. In den Jahren 1950 bis 1963 nahm die Industrieproduktion real um 185 % zu, und nur wenige Staaten konnten diesem Wachstumstempo folgen. Der Fahrzeugbestand stieg in der Bundesrepublik von 500.000 Fahrzeugen im Jahr 1950 auf über vier Millionen im Jahr 1960.
Im Gegensatz zur alten Industriegesellschaft zeichnete sich die rasch wachsende Konsumgesellschaft durch die enge Verbindung von Konsum und Produktion aus. Das Wirtschaftswunder erfaßte alle Bevölkerungsschichten. Symbolisch dafür stand die Parole „Wohlstand für alle", die der damalige Wirtschaftsminister Ludwig Erhard am Vorabend der Bundestagswahl 1957 auf dem CDU-Parteitag in den Mittelpunkt seiner Rede gestellt hatte.

Die Veränderung der Lebensgewohnheiten

Für das Marketing wichtig ist die Betrachtung der Veränderung der Lebensgewohnheiten von den fünfziger bis in die achtziger Jahre.
Die frühen fünfziger Jahre waren geprägt durch die sogenannte Freßwelle. Die Konsumwellen Nahrungsmittel, Bekleidung und Hausrat in den fünf-

ziger Jahren befriedigten zunächst die Grundbedürfnisse. Die Massenmotorisierung und die Reisewelle in den sechziger Jahren brachten den Wohlstand.

Der Wohlstandsbauch demonstrierte die erfolgreiche Überwindung der Nachkriegsnot. Die Reise nach Hawaii war für viele ein unerreichbares Ziel, aber als Toastvariation hielt dieser unerfüllbare Traum in den fünfziger Jahren Einzug in die Wohnungen. Erstmals wurden von den Hausfrauen Tiefkühlkost und Tütensuppen zur Zubereitung des täglichen Mahls verwendet. Auch die Einkaufsstätten spürten diese Veränderungen. So mußte das Lebensmittelgeschäft, das in erster Linie regionale Waren lose verkaufte, die ganze Warenvielfalt bieten. Die Zeiten, in denen der Kunde seine individuelle Menge bekam, waren endgültig vorbei.

Heute kehrt sich dieser Trend wieder um: Die Singularisierung unserer Gesellschaft schafft neue individuelle Verpackungsgrößen, so daß genau die Menge gekauft werden kann, die man eben gerade braucht. Für das Abendessen alleine zu Hause oder für die Party mit Freunden.

Die Verpackung

Die industrielle Verpackung zierte die Produkte des Massenkonsums und der Selbstbedienung. Nur wenige Produkte wurden bereits vor dem Zweiten Weltkrieg industriell verpackt. So beispielsweise *Maggi, Odol-Mundwasser, Dr. Oetker Backpulver* oder der *Leibniz Keks* von *Bahlsen*. Der Rest der Waren wurde markenlos, offen in Schüben, Fässern, Tongefäßen oder Säcken gelagert und angeboten. Vielleicht gab es auch in Ihrer Jugend in dem Laden um die Ecke die Süßigkeiten noch aus Gläsern? Weder das Glas noch die Tüte, in die die Süßigkeiten verpackt wurden, zierte ein Markenname.

Die Reisezeit

Der Reiseboom in den Jahren 1962 bis 1966 und von 1972 bis 1980 galt als die letzte große Konsumwelle. Zunächst fand das Fernweh in Liedern wie „Capri-Fischer" von Rudi Schuricke seinen Ausdruck. Diese Titel erreichten ein Millionenpublikum und beschworen die Sehnsucht nach dem Reisen – jedoch das Geld fehlte noch.

In den fünfziger Jahren war der Wunsch nach fernen Ländern, zum einen durch die Erfahrungen der Kriegsgefangenschaft, zum anderen durch die gerade überwundene Heimatlosigkeit, gering. Erstmals 1962 kletterte der Anteil derjenigen, die sich einen Urlaub fern der Heimat leisten konnten, auf über 30 %. Die Reisen gingen zunächst mit Sonderzügen in den Norden oder Süden der Republik. Das eigene Auto löste schon bald die Bahn als Hauptreisemittel ab. 1968 fuhren erstmalig mehr Bundesbürger ins Ausland als an deutsche Ferienorte. 20 Millionen Menschen verreisten 1972, davon immerhin 10 Millionen ins Ausland. Seit den siebziger Jahren haben sich die Reisegewohnheiten geändert. Die Deutschen gehen nun lieber kürzer und öfter in den Urlaub. Mitte der achtziger Jahre trat bereits jeder dritte Bundesbürger eine Kurzreise an.

Die Älteren der fünfziger und sechziger Jahre konnten sich keinen Urlaub leisten, obwohl 80 % gerne verreist wären. Die heutigen Senioren können ihre Träume in die Tat umsetzen. Der jährliche Urlaub ist für sie selbstverständlich geworden, und sie werden diese Gewohnheit mit dem Ende ihrer Erwerbsphase sicher nicht aufgeben. Reisen zählt mit zu den wichtigsten Konsumgewohnheiten älterer Menschen.

Die Massenmotorisierung

Das erste Auto war ein ganz besonderes Erlebnis. Daran nahmen nicht nur der Käufer und seine Familie teil, sondern die ganze Verwandtschaft, Freunde und Bekannte. Der Wagen war weniger ein Konsumobjekt, vielmehr ein Familienmitglied. Wie schnell die Motorisierung voranschritt, zeigt der Fahrzeugausstoß der VW-Werke beim *VW Käfer*. Wurden 1947 noch 30 *Käfer* je Tag gefertigt, so schnellte diese Zahl auf 1000 je Tag im Jahr 1955 und auf 4000 je Tag im Jahr 1960 hoch. Zwischenzeitlich wurden 22,5 Millionen Exemplare des legendären *Käfers* verkauft. Und der Mythos lebt weiter. Auch der *VW Beetle* erfreut sich großer Beliebtheit: Am Tag seiner Einführung in Deutschland lagen bereits 100.000 Bestellungen vor. Erinnerungen an das erste Auto kommen bei seinem Anblick vielen heute 50jährigen in den Sinn. Sollten Ihnen künftig *Beetles* begegnen, dann achten Sie doch einfach mal darauf, wer sie steuert. Nicht selten werden sie voraussichtlich in ein freundliches, verzücktes Gesicht eines Mittfünfzigers blicken.

Heute sind bei den Neuwagenkäufern die 60- bis 69jährigen leicht überdurchschnittlich vertreten, dies zeigt die Auswertung des Kraftfahrt-Bundesamtes für 1994. 10 % der Neuwagen wurden auf Personen zugelassen, die mindestens 65 Jahre alt waren. Die Bedeutung der motorisierten Senioren für den Automarkt ist also nicht zu übersehen. Und immer mehr ältere Frauen verfügen über einen Führerschein, so daß nicht nur die Männer Automobile nachfragen, sondern auch für die Frauen das Auto zum wichtigen Faktor für die eigene Mobilität wird.

Die eigenen vier Wände

Wohnen zählt zu den elementarsten Bedürfnissen der Menschen. Kein Wunder also, daß 1951 den Demoskopen von Allensbach als Wunschtraum Nr. 1 Haus, Wohnung und Garten vor Sicherheit, Frieden und Liebe genannte wurde. Am meisten wünschen sich die Deutschen ihr Häuschen im Grünen. Daran hat sich bis heute nichts geändert.

Wohnen hat auch im aktuellen Altenbericht der Bundesregierung den größten Stellenwert. Und das Wohnen im Alter wird nicht nur für die Immobilienwirtschaft zu einer der größten Herausforderungen. Neue Konzepte für das Wohnen im Alter, für das Zusammenleben von Jung und Alt, aber auch bei der Gestaltung von Einkaufsstätten, Krankenhäusern, Theatern, Bahn- und Flughäfen werden im neuen Jahrtausend gefordert sein.

Jeder vierte Haushalt lebte 1950 in den eigenen vier Wänden. Bis heute ist die Eigentumsquote kontinuierlich gestiegen, und so verfügen mehr als 40 % der Bundesbürger über Eigentum. Bei den Älteren sind es in den alten Bundesländern knapp 60 %, in den neuen Bundesländern immerhin fast 35 %, die in den eigenen vier Wänden wohnen. Seit 1980 registriert die Bundesforschungsanstalt für Landeskunde und Raumordnung eine Verschiebung des Bevölkerungswachstums in ländliche Regionen.

Zieht man die Statistik zu Rate, und geht man davon aus, daß der durchschnittliche Häuslebauer rund 38 Jahre alt ist, so befindet sich bereits heute die erste Generation dieser Häuslebauer im Seniorenalter. Und auch die Kinder dieser Familien haben das Haus bereits wieder verlassen oder werden es in Kürze tun. Veränderte Ansprüche an das Haus, an die Sicherheit des Hauses, an die Einrichtung, an das Einkaufsverhalten, an die Mobilität und an die Freizeitaktivitäten sind die Folge. Anders ausgedrückt: Chancen für die schnellen Unternehmen.

Der Hausrat

Hausrat wurde in den Jahren 1952 bis 1957 besonders gerne angeschafft. Den wesentlichen Anteil am Wandel der Konsumgewohnheiten hatten die elektrischen Haushaltsgeräte. Allein in der Küche finden sich heute zehn bis fünfzehn Elektro-Kleingeräte. Sie sammeln sich dort gerne als Weihnachtsgeschenke der Ehemänner für mangelnde Beteiligung an der Hausarbeit. Insgesamt verfügt ein Haushalt über rund 30 elektrische Geräte – vom Mixer über die Stereoanlage bis hin zur Munddusche.

Vielleicht erinnern Sie sich noch selbst – oder Sie kennen es aus Erzählungen Ihrer Eltern – an die erste Waschmaschine im Haushalt. Diese heute zum Standard zählende Haushaltshilfe bedeutete in den fünfziger Jahren wesentlich mehr. Auf die Frage „Was meinen Sie, welches von diesen Dingen müßten Sie noch besitzen, um sagen zu können: ‚Jetzt geht es mir gut, jetzt habe ich einen angemessenen Lebensstandard‘?", die im Rahmen der Allensbach-Forschung in den fünfziger Jahren gestellt wurde, standen mit weitem Abstand der elektrische Kühlschrank und die Waschmaschine an der Spitze der Wunschliste, gefolgt vom Staubsauger.

Die Waschmaschine erreichte erst zehn Jahre später einen Verbreitungsgrad von 50 bis 70 %. Darüber hinaus erschien sie vielen als Wundergerät. Und noch in den siebziger Jahren wurde sie von der stolzen neuen Besitzerin bei dem ersten Waschgang nicht alleine gelassen. Vielsagend ist es wohl auch, daß bundesdeutsche Gerichte noch 1960 die Waschmaschine als Luxusgut pfändeten.

Die Küche

Die Küche war lange Zeit der zentrale Kommunikationsort der Familie. Und auch heute hat die Küche noch eine magische Anziehungskraft, fast jede Feier endet dort. Früher hatte dies einen rein praktischen Grund, die Küche war der einzige Raum, der den ganzen Tag warm war. Noch 1960 besaß erst jede zehnte Wohnung Zentralheizung.

Schöner Wohnen

Schöner Wohnen betraf zunächst hauptsächlich das Wohnzimmer, denn dieser Raum wandelte sich vom sonntäglichen Repräsentationsraum zum

Alltagsraum für die Familie. Auch wenn wir uns gerne zurückerinnern an die Nierentische der fünfziger Jahre, so zeigt die damalige Realität, daß weder das großbürgerliche Jugendstilambiente noch die modernen Nierentische den Wunsch nach Entspannung und Erholung vom Alltagsstreß leisten konnten. Der Wohngeschmack der Bundesbürger war eindeutig: 60 % entschieden sich für das Zimmer mit dem massiven Wohnzimmerschrank, dem Eßtisch in der Mitte und einem schweren Polstersessel.

Die Sparsamkeit

Die Sparsamkeit galt lange Zeit als selbstverständliche Tugend. Vielleicht haftet deshalb den älteren Konsumenten das Vorurteil an, daß sie geizig und konsumfeindlich wären. In den Kriegszeiten wurde aus der Tugend sogar ein lebensnotwendiger Zwang. Kein Wunder also, daß man sich davon, nach dem Krieg, so schnell als möglich lösen wollte. Bis in die fünfziger Jahren deckte die Mehrheit der Menschen beim Einkauf lediglich ihren alltäglichen Bedarf, und die Wirtschaftsfachleute schenkten diesem alltäglichen Konsum keine Beachtung. – War es doch viel interessanter, sich mit den Abläufen der Produktion zu beschäftigen. Erst als der Massenkonsum einsetzte, erregte dieses Phänomen Aufmerksamkeit. Es fand der Übergang von der Bedarfsdeckungs- zur Bedarfsweckungs-Wirtschaft statt.
Hatten die fünfziger Jahre noch den Charakter des „Sich-mehr-leisten-Wollens", so sind die sechziger Jahre als die Jahre des „Sich-mehr-leisten-Könnens" zu beschreiben. Erst der Einstieg in die vielfältige bunte Warenwelt ging mit einer Veränderung der Wahrnehmung, der Mentalität, die den Weg in die Verschwendungsgesellschaft ebnete, einher.

Den Ausflug in die Jugend der heutigen und künftigen Senioren möchten wir an dieser Stelle beenden. Lebensgewohnheiten, Erfahrungen und Erinnerungen an schöne Zeiten unserer Jugend bestimmen maßgeblich unser Konsumverhalten. Nicht nur für ein erfolgreiches Seniorenmarketing, sondern für jede Marketingaktivität ist es von großer Wichtigkeit, über die emotionalen Faktoren, die uns beeinflussen, Kenntnis zu haben. Erst dann können wir Produkte und Dienstleistungen entwickeln, die Nutzen bieten und Bedürfnisse befriedigen, adäquate Werbebotschaften entwickeln und in Bild und Wort umsetzen.
Märkte sind wie Pflanzen – lange Zeit sieht man nichts von Ihnen, denn sie

befinden sich unterhalb der Erdoberfläche. Aber ganz plötzlich brechen sie hervor und treten ins Bewußtsein. Der Markt der Senioren hat lange vor sich hingeschlummert. Einige Marketingspezialisten hatten den Seniorenmarkt bereits vor über zehn Jahren propagiert. Sie waren ihrer Zeit voraus, wie man es von Visionären kennt.

Erst heute – mit dem Übergang von der Kriegsgeneration zur Generation der Wirtschaftswunderkinder, die stark vom Konsumleben geprägt wurden – öffnen sich Märkte, die auf den veränderten Konsumbedürfnissen älterer Menschen gründen. Die in der Zeit des Wirtschaftswunders Aufgewachsenen sind es gewohnt zu konsumieren, sie wurden inmitten einer Produktvielfalt groß, und sie wissen was sie wollen. Als erfahrene Konsumenten muß man ihnen mit Produkten und Dienstleistungen begegnen, die ihnen nicht nur ein schönes Äußeres vorgaukeln, sondern die den Anforderungen dieser Zielgruppe in allen Punkten standhalten. Qualität, Zuverlässigkeit, angemessene Preise und kompetente Beratung stehen im Vordergrund.

Gewiß hohe Ansprüche, aber auch große Chancen und Herausforderungen für neue Produkte und Dienstleistungen mit mehr Komfort, besserer Handhabbarkeit und klar erkennbarem Nutzen.

Nehmen Sie diese Herausforderung an! Bauen Sie mit an einer neuen, sich ständig verändernden Waren- und Dienstleistungswelt in einem der am schnellsten wachsenden Märkte!

Seniorenmarkt | Reisen

Als ich kürzlich die Mutter, Else, meines Freundes traf, kam sie gerade aus Florida zurück. Gemeinsam mit ihrer Freundin hatte sie eine Schulfreundin besucht, die nach dem Krieg in die USA ausgewandert war. Von Florida aus unternahmen die drei reiselustigen älteren Damen (keine unter 70 Jahre alt) eine vierwöchige Reise nach Alaska, um danach noch acht Wochen in der Sonne von Florida zu verbringen.

Sollten Sie denken, es handle sich bei den drei Seniorinnen um betuchte ältere Damen, so muß ich Sie enttäuschen. Alle drei sind völlig durchschnittliche Rentnerinnen, die ihre Rente ansparen, um sich alle paar Jahre die Reise zu ihrer gemeinsamen Jugendfreundin leisten zu können.

Erliegen Sie bitte nicht dem Irrtum, ältere Menschen säßen nur zu Hause und würden nicht reisen. Oder gehören Sie zu den Menschen, die glauben, Senioren sind nur mit Kaffeefahrten aus ihrer Wohnung zu locken? Weit gefehlt, die Senioren sind reiselustiger denn je – und sie sind bereit, dafür Geld auszugeben.

Zum Thema Geld wurde kürzlich im *FAZ-Magazin* unter dem Titel „Auf dem Seeweg ist die Hölle los" ein interessanter Beitrag veröffentlicht, der in diesen Zusammenhang gut paßt: Die Royal Viking Sun, eines der großen Passagierschiffe, bietet eine Reise um die Welt in 124 Tagen an. Übrigens: kein Fahrgast unter 65 Jahre alt. Vielleicht liegt es am Preis. Denn die Passage kostet für zwei Personen in der Außenkabine 95.660 DM, natürlich inklusive ärztlicher Betreuung und Gottesdienst.

Fakten zum Reisen

Im Jahr 2005 werden rund 54 Millionen Reisen von Personen über 50 Jahren unternommen werden. Zu diesem Ergebnis kommt das Institut für Freizeitwirtschaft in München in seiner 1997 veröffentlichten Studie. Das sind immerhin 13,5 Millionen mehr Reisen als noch 1995. Betrachtet man dieses Potential etwas genauer, so zeigt sich, daß im Jahr 2005 27 Millionen Reisen ins Ausland führen werden, und zwar vor allem von jüngeren, aktiven Senioren. Genauso viele Reisen (27,2 Millionen) finden dann aber auch im Inland statt. Im Vergleich des Jahres 2005 zum Jahr 1995 bedeutet dies für beide Kategorien einen Zuwachs von stattlichen 35 %.

Oder nehmen Sie alleine die 200.000 Personen, die jährlich im sonnigen Süden überwintern. Beliebtestes Ziel ist ungebrochen Mallorca, danach Gran Canaria und Teneriffa und neuerdings auch Portugal. Die Senioren genießen die Gemeinsamkeit in den wärmeren Ländern. In ihrer Heimat in Deutschland haben sie Angst, bei schlechtem Wetter im Winter auf die Straße zu gehen und bleiben daher öfter zu Hause.

Wachstumsmarkt Seniorenreisen

Wie bei allen Märkten handelt es sich auch beim Reisemarkt der Senioren um keinen heterogenen, sondern um einen sehr differenzierten und vielschichtigen Markt. So betrachten wir unterschiedliche Altersstufen: die 50plus, die 60plus und die Betagten bzw. die Personengruppen, die aufgrund einer Gesundheitsbeeinträchtigung andere Schwerpunkt bei der Auswahl ihrer Reise setzen. Das Alter, die körperliche Verfassung, das Einkommen, der Familienstand, bereits gewonnene Reiseerfahrung, die Rei-

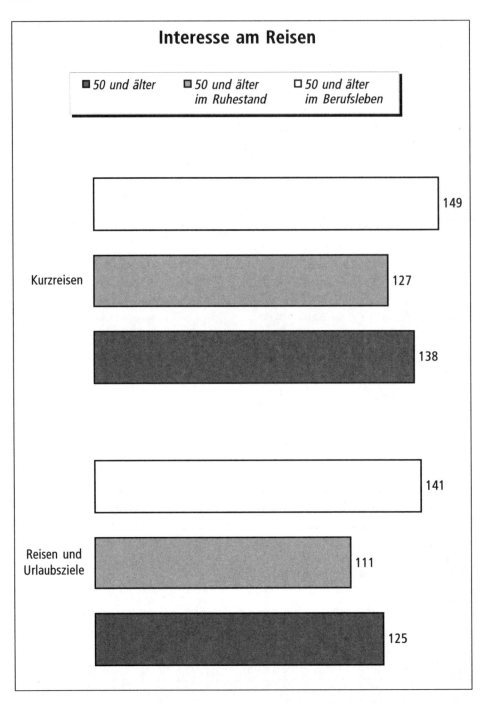

Quelle: TdW Intermedia 98/99, 50+ (durchschnittlich und überdurchschnittlich Motivierte); Index Gesamtbevölkerung = 100

seinteressen und die Reiseziel-Treue bestimmen ihr Informations- und Buchungsverhalten.

Je differenzierter die Märkte sind, desto genauer muß man sie betrachten. Auf der anderen Seite bietet genau die Vielzahl der Segmente viele Ansatzpunkte fürs Marketing – und somit Marktchancen für Sie.

Nach Aussagen des Instituts für Freizeitwirtschaft wächst die Reiseintensität der Gruppe der 50plus dreimal so schnell wie die der übrigen Bundesbürger. Bereits heute sind die Senioren reiselustiger denn je. 40 % *aller* Reisen werden von ihnen unternommen.

Aber auch die Älteren, die 60plus, sind reiselustig wie noch nie. Sie unternehmen jährlich acht Millionen Urlaubsreisen, zusätzlich neun Millionen Kurzurlaubsreisen im Inland, und weitere acht Millionen Reisen mit mindestens fünf Tagen führen ins Ausland. Zu diesem Ergebnis kommt die Unternehmensberatung Dr. Gugg & Dr. Hank-Haase, die dieses Marktsegment im Auftrag des Deutschen Hotel- und Gaststättenverbandes (DEHOGA) untersucht hat.

Die Älteren unternehmen damit pro Jahr im Durchschnitt 1,34 Reisen und sind häufiger unterwegs als die jüngeren Urlauber. Sie sind mit ihren Reiseausgaben Arbeitgeber für 150.000 Vollzeitarbeitsplätze – positiv für das deutsche Hotel- und Gaststättengewerbe, denn die Senioren reisen gerne im eigenen Land und geben hierfür 15 Mrd. DM jährlich aus. Bayern, Baden-Württemberg und Schleswig Holstein zählen zu den beliebtesten Aufenthaltsorten.

Im Ausland dominieren bei den Älteren bekanntermaßen besonders die Sonnenländer und Österreich. Kein Wunder also, daß die österreichischen Hotels dieses Potential ausschöpfen. So haben sich beispielsweise im Salzburger Land 20 Hotels zur Aktion „Da geht's mir gut" zusammengeschlossen. Die Hotels mußten allerdings 70 strenge Kriterien erfüllen, um überhaupt mitmachen zu dürfen. Dazu zählt vor allem die Wohlfühl-Atmosphäre und die persönliche Hinwendung zum Gast. Wie ernst es die österreichischen Hotelbetreiber nehmen, zeigt ihr bis ins Detail durchdachtes Konzept. So kann der ältere Gast einen besonderen Reiseservice in Anspruch nehmen. Wer nicht mit der Bahn oder dem eigenen Auto anreist, wird persönlich zu Hause samt Gepäck abgeholt und auch wieder nach Hause gebracht. Die Kosten für den exklusiven Service betragen von Nürnberg oder München aus zum Urlaubsort 160 DM, von Frankfurt aus 280 DM.

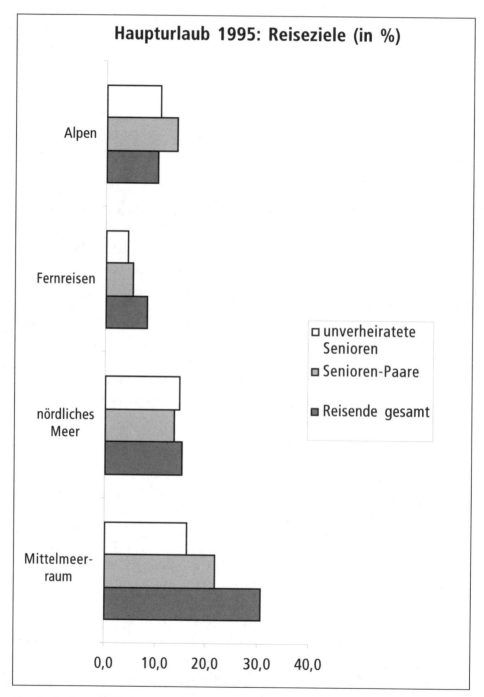

Quelle: Senioren auf Reisen, Touristischer Wachstumsmarkt Nr. 1, Studie von Dr. Gugg & Dr. Hank-Haase im Auftrag der DEHOGA

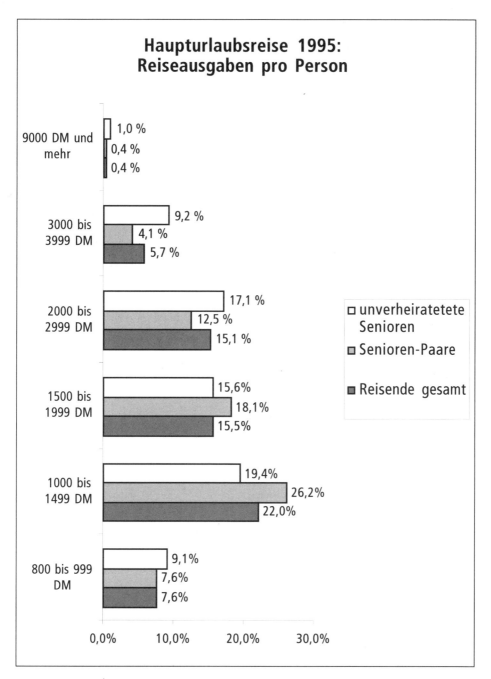

Quelle: Senioren auf Reisen, Touristischer Wachstumsmarkt Nr. 1, Studie von Dr. Gugg &
Dr. Hank-Haase im Auftrag der DEHOGA

Anteil der einzelnen Branchen am Gesamtumsatz aus dem Reiseaufkommen der Senioren

Unterhaltung u. sonstige touristische Anbieter (0,8 Mrd. DM)

Reisekosten und Kosten für lokales Transport-gewerbe (0,9 Mrd. DM)

Einzelhandel (1,0 Mrd. DM)

Beherberung ohne Gastronomie (6,3 Mrd. DM)

Gastronomie (6,0 Mrd. DM)

Quelle: Senioren auf Reisen, Touristischer Wachstumsmarkt Nr. 1, Studie von Dr. Gugg & Dr. Hank-Haase im Auftrag der DEHOGA

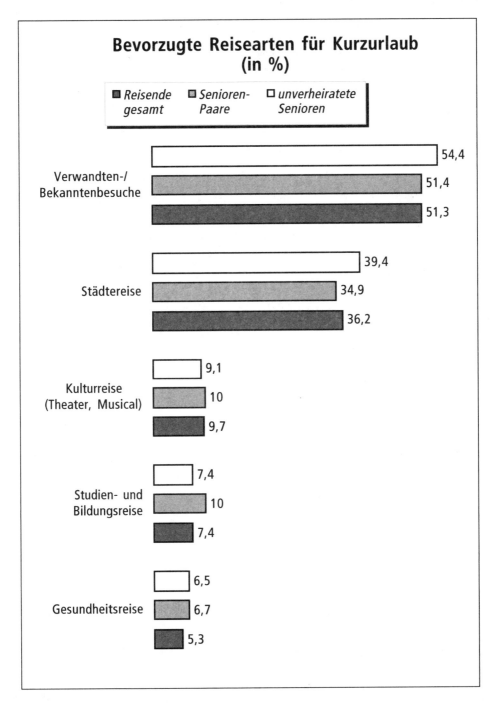

Bevorzugte Reisearten für Kurzurlaub (in %)

- ■ Reisende gesamt
- ■ Senioren-Paare
- □ unverheiratete Senioren

Verwandten-/Bekanntenbesuche
- 54,4
- 51,4
- 51,3

Städtereise
- 39,4
- 34,9
- 36,2

Kulturreise (Theater, Musical)
- 9,1
- 10
- 9,7

Studien- und Bildungsreise
- 7,4
- 10
- 7,4

Gesundheitsreise
- 6,5
- 6,7
- 5,3

Quelle: Senioren auf Reisen, Touristischer Wachstumsmarkt Nr. 1, Studie von Dr. Gugg & Dr. Hank-Haase im Auftrag der DEHOGA

Die von den Senioren bevorzugten Reisearten sind:

- Studien-/Bildungs- und Kulturreisen,

- Kur- und Gesundheitsurlaub,

- Sport- und Aktivurlaub,

- Städtereisen,

- Besuch von Verwandten und Bekannten.

Wenn „Senioren" reisen, dann denken wir an gutaussehende, aktive Sechziger am Strand einer Karibikinsel. Sie genießen die Freuden der Konsumgesellschaft als Ergebnis ihres Lebens. Wenn „Alte" reisen, dann sehen wir Busladungen voller Krampfader-Geschwader, kaum mehr bewegungsfähig und wegen Verkalkung, vornehmer Demenz genannt, ziemlich laut unterwegs. Sie sind auf der berühmten Butterfahrt zu einem der zahllosen Fremdenverkehrsorte, die sich damit über Wasser halten.

Beides gibt es, aber es spiegelt nicht die gesamte Wirklichkeit wider.

Alt ist dabei nicht gleich alt. Viel zu oft noch werden alle älteren Menschen einfach in einen Topf geworfen: die 50jährigen zu den 80jährigen. Marketingtreibende unterscheiden je nach Alter jedoch mindestens zwischen zwei verschiedenen Typen: zwischen den jungen Alten bis ca. 70 Jahren – sie sind rüstig, aktiv, mobil und unternehmungslustig – und den alten Alten ab 70 bzw. 75 Jahren. Erst dann setzen größere Altersbeschwerden ein, und die Menschen leben zurückgezogener, sind weniger mobil und halten sich mehr zu Hause auf. Sie bilden dann auch die 20 %, die nichts gegen speziell titulierte Seniorenreisen einzuwenden haben.

Bei den älteren Menschen spielt das Reisen als erfüllter oder unerfüllter Lebenswunsch eine ganz zentrale Rolle. In Befragungen der letzten Jahre wird immer wieder deutlich: wenn Berufstätige sich ihre Pensionierung vorstellen, wenn bereits im Ruhestand Befindliche danach gefragt werden, was sie gerne noch häufiger täten – reisen, reisen, reisen.

Ist es Weglaufen vor der Sinnlosigkeit des Alters? Ist es Zeit-Totschlagen durch Reiseprogramme? Ist es Neugierde und Nachholbedarf? Ist es bewußter Genuß? Wir wissen nicht viel darüber. Sicher ist nur: Immer mehr alte Menschen horten ihr Geld nicht mehr für Kinder und Enkel, sondern geben es für sich, und zu einem erheblichen Teil auf Reisen aus.

Und die Prognosen des European Travel Monitor sprechen dafür, daß das Reisen der Senioren weiter zunimmt:

■ Von 1995 bis zum Jahr 2000 werden die Reisen der Senioren in Europa zwischen 55 und 75 Jahre um rund ein Drittel zunehmen.

■ Deutschland gehört neben Großbritannien zu den stärksten Inlandsmärkten im Seniorenreiseaufkommen.

■ Besonders gewaltige Nachfrageschübe ergeben sich in der oberen Altersgruppe, bei den über 70jährigen.

Diese Reiselust füllt die Kassen der Reiseveranstalter jährlich mit ca. 15 Mrd. DM.

Das sind handfeste Argumente. Es lohnt sich deshalb, einmal genauer darüber nachzudenken, was Senioren eigentlich wollen. Denn immer noch neigen Unternehmen dazu, Senioren einfach unter den Tisch fallen zu lassen. Als Ausrede dafür gilt, daß 80 % der Senioren spezielle Seniorenreisen ablehnen. Was zunächst aber nur bedeutet, daß ältere Menschen nicht besonders erpicht darauf sind, als „Senior" betitelt zu werden und auch keine Lust haben, den Urlaub nur unter ihresgleichen zu verbringen. Über ihre Ansprüche in puncto Reisen sagt dies noch nicht viel aus. Und Senioren stellen Ansprüche, höhere als vielleicht die übrigen Kunden, denn durch die langjährige Konsumerfahrung sind sie kritische Verbraucher geworden. Bedingt durch ihr Alter stellen sie auch andere Anforderungen an eine Reise als Jüngere.

Die Studie des B.A.T. Freizeitforschungsinstituts zeigte deutlich, wie beliebt Reisen ist. Es steht bei der Freizeitbeschäftigung an dritter Stelle, und die Oldies schränken sich lieber beim Autokauf, bei der Kleidung, bei Kulturveranstaltungen oder bei Hobbys ein, als aufs Reisen zu verzichten. 23 % sparen sogar extra dafür – erinnern Sie sich nur an Else und ihre reiselustigen Freundinnen.

Wie kann ein Angebot für alte Menschen auf Reisen aussehen?

Kindheit und Jugend der heutigen Alten war geprägt durch Krieg, Wirtschaftskrisen, Mangel. Nur wenige konnten sich in der Wiederaufbauzeit das Reisen leisten. Nun wird es nachgeholt, bevor es zu spät ist. So erklärt sich vielleicht der Reiseboom bei den Älteren. Die meisten älteren Reisenden bleiben allerdings in Deutschland oder im deutschen Sprachraum. Sie haben erst spät zu reisen begonnen und wenig Reiseerfahrung. Bayern,

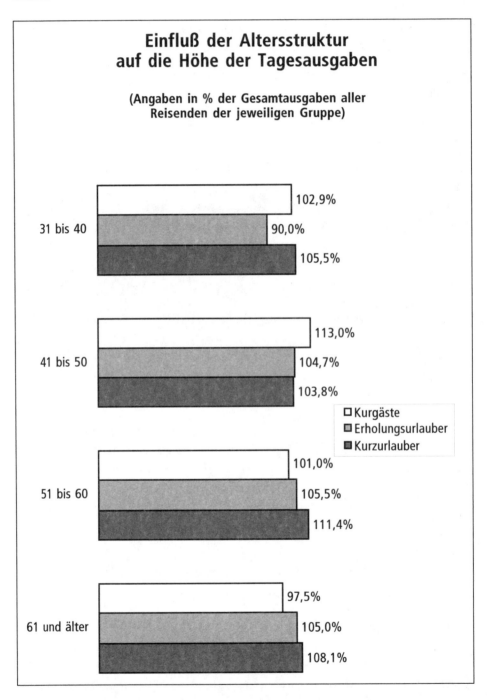

Einfluß der Altersstruktur
auf die Höhe der Tagesausgaben

**(Angaben in % der Gesamtausgaben aller
Reisenden der jeweiligen Gruppe)**

31 bis 40
- 102,9%
- 90,0%
- 105,5%

41 bis 50
- 113,0%
- 104,7%
- 103,8%

☐ Kurgäste
▨ Erholungsurlauber
▪ Kurzurlauber

51 bis 60
- 101,0%
- 105,5%
- 111,4%

61 und älter
- 97,5%
- 105,0%
- 108,1%

Quelle: Senioren auf Reisen, Touristischer Wachstumsmarkt Nr. 1, Studie von Dr. Gugg &
Dr. Hank-Haase im Auftrag der DEHOGA

Österreich, Südtirol, auch Spanien, soweit man deutsch spricht, gehören zu den bevorzugten Reisezielen.

Wandern steht bei den Freizeitaktivitäten der heutigen Senioren weit oben auf der Beliebtheitsskala (Bild: Senioren-Marketing)

Den heute 65- bis über 80jährigen ist ein wesentliches Merkmal gemeinsam: Ihre Einstellung zu Freizeit und Urlaub entstammt der Arbeitsgesellschaft. Ihre tragenden Werte waren Pflicht, Fleiß, Pünktlichkeit, etwas schaffen, vorankommen. Freizeit und Urlaub haben in dieser Arbeitsgesellschaft, verkürzt gesagt, der Erholung von und für die Arbeit zu dienen: Schlafen, Fitneß, Kur. Wenn dann noch Zeit übrigbleibt, soll man sie „sinnvoll" verbringen: Weiterbildung, Besichtigung von Sehenswürdigkeiten, Kultur.

Die Generation, die die Nachkriegszeit im Erwachsenenalter bewußt miterlebt hat, mußte außerdem die ungeheuer schnelle Modernisierung unserer Gesellschaft verkraften. Dies führt dazu, daß sie eine Sehnsucht nach stabilen Zeiten hat, nach „früher". Landschaften und Ferienorte, die dieses

„Früher" atmen, wo die Zeit stehengeblieben zu sein scheint, sind deshalb in diesen Generationen besonders beliebt.

Die nächste Seniorengeneration ist die erste Generation, die ihr ganzes Leben lang die Möglichkeit zum Reisen hatte, wenn auch nicht alle diese Möglichkeit nutzen konnten. Es ist eine aufgeklärte Generation, kritisch und informiert. Sie ist noch nicht verwöhnt, aber sie kann viele Vergleiche ziehen. Es ist die erste Generation, für die Mobilität, insbesondere Auto-Mobilität ihr Leben lang selbstverständlich war. Sie wird gegenüber falschen Zungenschlägen, gegenüber unwürdiger Behandlung und vor allem gegenüber speziellen „Seniorenangeboten" hochempfindlich sein. Gesonderte Seniorenangebote werden somit keinen Erfolg haben.

Was aber sicher geschätzt und akzeptiert wird, sind unauffällige Hilfen für den Urlaubsalltag, in denen zum Ausdruck kommt, daß ein Hotelier, ein Kurdirektor, ein Verkehrsträger weiß, daß manches mit den Jahren schwieriger wird. Also gute, unaufdringliche Dienstleistung, die aus einer positiven Haltung gegenüber dem Alter kommt. Im Hotel z. B. ein Vergrößerungsspiegel im Bad zum Schminken und Rasieren, gutes Licht, der Gepäckdienst, gute Matratzen, Wahl zwischen Fleisch und Gemüse, kleinere Portionen als Standard-Wahlmöglichkeit.

Alle Möglichkeiten, unverbindlich, aber mit hoher Wahrscheinlichkeit Kontakte zu bekommen, sind für die vielen einsamen Älteren, die es in Zukunft eher noch häufiger geben wird, wichtig: beispielsweise Cluburlaube, Langzeiturlaube mit zweiter Heimat. Möglicherweise werden auch vermehrt Angebote für Drei- und Vier-Generationen-Urlaube interessant. Viele Groß- und Urgroßeltern können die Enkel nur in den Ferien sehen. Verwandten- und Bekanntenbesuche sind die häufigsten Reisen. Warum also keine speziellen Angebote für Besuche von Verwandten, z. B. Besuch des Enkelkindes zum günstigen Tarif in der „schlechten" Zeit, außerhalb der Saison? In den USA leben einige Fluggesellschaften sehr gut von dieser Idee. Sie bieten vergünstigte Tickets für Großeltern an, die ihre Enkel besuchen.

Aber zurück zu den jungen Alten. Für sie gilt: ein ausgewogener Gästemix macht's. Oder mit anderen Worten: intergeneratives Marketing. Kein Hotel nur für Ältere, sondern Reisende aus allen Altersgruppen, die unter einem Dach beherbergt sind. 42 % der Befragten gaben an, daß sie Kontakt zu jüngeren Generationen suchen. Das allein aber genügt noch nicht, damit Senioren sich wohl fühlen.

Gesundheit ist Thema Nr. 1: Gesundheit ist für die über 50jährigen besonders wichtig. Denn sie ist die Voraussetzung für ein aktives Leben. Deshalb steht sie sowohl bei jungen wie auch bei den alten Alten ganz oben auf der Prioritätenliste.

Senioren haben ein ausgeprägtes Informationsbedürfnis: Das Informationsbedürfnis der Oldies sollte nicht zu kurz kommen. Ältere Menschen, die in Rente sind, haben Zeit. Sie informieren sich ausführlich, bevor sie sich für einen Urlaubsort entscheiden: über den Ort, den Service, die Leistungen, die Umgebung. Sie wollen es ganz genau wissen. Denn Ältere wollen zwar Neues erleben, aber keine unangenehmen Überraschungen. Das Informationsbedürfnis kann dabei auf unterschiedliche Art befriedigt werden – durch ausführliche Prospekte, Angaben der Unterkünfte mit Fotos, durch Vorab-Seminare, durch eine Hotline, bei der Interessierte persönlich Fragen stellen können.

Der bunte Reisemix macht es also. Urlaub nach dem Bausteinsystem. Ein Hotel in landschaftlich reizvoller und ruhiger Umgebung, wo jung und alt unter einem Dach wohnen, die Zimmer bequem eingerichtet und geräumig sind, mit freundlichem Personal, das speziell ausgebildet ist und auf ältere Menschen eingehen kann, dazu kommen Veranstaltungen z. B. zu Gesundheitsthemen oder ein abwechslungsreiches kulturelles Programm.

Mehr Umsatz durch konsequentes Seniorenmarketing

Erste Reiseveranstalter haben sich bereits umgestellt und nehmen die Bedürfnisse der älteren Zielgruppe ernst. Das Ergebnis: Sie können beachtliche Umsatzsteigerungen verbuchen. 20 % waren es bei dem Reiseveranstalter *IKD-Reisen*, der ein Wellness-Programm anbietet.

Gerade für die angeschlagenen Kurbäder ist es eine Möglichkeit, die Defizite, die durch die Reform in der Gesundheitspolitik entstanden sind, wieder auszugleichen. Denn die Studien zeigen: Verreist wird vor allem im Inland. Und ca. 14 Millionen Bundesbürger haben Interesse an einem Gesundheits- oder Kururlaub.

Für den Markt der Älteren haben wir deshalb ein spezielles Konzept entwickelt: KINGS. Dieses Kürzel steht für: **Komfort, Information, Natur, Gesundheit, Sicherheit.** – Der Kunde ist König.

Komfort: Angefangen beim Gepäcktransport bis hin zu den Zimmern. Hotels und Gasthöfe stehen deshalb an erster Stelle bei den Unterkünften, während Urlaub auf dem Bauernhof, in Ferienwohnungen oder sogar auf dem Campingplatz nicht so gefragt ist. Als Reisemotive gaben die jungen Alten weiter an: Sie wollen Neues erleben, mehr über Land und Leute erfahren, und sie nutzen eine Reise auch, um etwas für ihre Gesundheit zu tun.

Information: Senioren haben Zeit, und sie informieren sich ausführlich. Denn sie wollen zwar Neues erleben, aber keine unangenehmen Überraschungen. Vorab-Infos über den Urlaubsort, Service, Reiseapotheke, ärztliche Versorgung am Urlaubsort, das Hotel, kulturelle Veranstaltungen etc. sind wichtig.
An Informationen zum Thema Gesundheit besteht ein immenses Interesse. Und damit ist die ganze Bandbreite gemeint: körperliches, geistiges und seelisches Wohlbefinden. Manche Gastgeber listen auf der Speisekarte detailliert auf, woher die Lebensmittel kommen und welche Inhaltsstoffe die Speisen enthalten, warum das verwendete Gemüse der Gesundheit dient, wieviel Vitamine und Mineralstoffe es enthält. Das kommt sowohl dem gesteigerten Informationsbedürfnis als auch dem Wunsch, möglichst lange gesund zu bleiben, entgegen.
Ältere sind unternehmungslustig und möchten etwas über Land und Leute erfahren. Seminare zur Geschichte des Ortes, Führungen, Ausflüge sind beispielsweise eine gute Idee.
Stimmen Sie die einzelnen Informationsmöglichkeiten im Sinne einer integrierten Kommunikation aufeinander ab: Prospekte, telefonische Beratung, persönliches Gespräch, Pressearbeit usw.

Natur: Senioren suchen sich ihren Urlaubsort bewußt aus. Sie bevorzugen eine ruhige, natürliche Umgebung.

Gesunde Nahrung/Gesundheit: Gesundheit wird großgeschrieben: Fitneßprogramm, Gymnastik, Gehirnjogging, spezielle Krankheiten, Ernährung, Schonkost, Information zu Gesundheit und Prävention.

Sicherheit: Ältere Menschen wollen sich sicher fühlen, sicher in jeder Situation. Sie setzen sich nicht mehr so leicht Gefahren aus und versuchen von daher, viele Eventualitäten bereits vor der Reise zu klären. Das reicht von der Reiserücktrittsversicherung, der Auslandskrankenversicherung, dem Euroschutzbrief des ADAC bis hin zum Hinterlegen der Telefon-

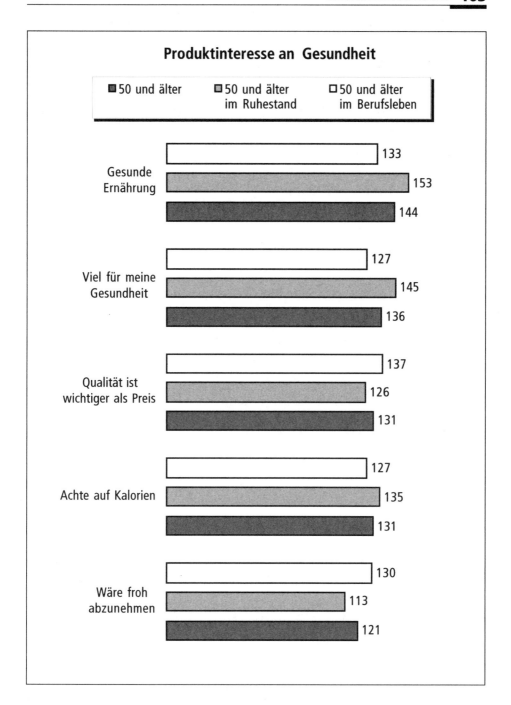

Quelle: TdW Intermedia 98/99, 50+ (durchschnittlich und überdurchschnittlich Motivierte); Index Gesamtbevölkerung = 100

nummer, unter der sie am Urlaubsort erreichbar sind, bei den Kindern. Der Aspekt der Sicherheit bedeutet aber auch dem persönlichen Ernährungsverhalten entgegenzukommen. Oder einfach die Sicherheit, sich am Urlaubsort gut zurechtzufinden und verständigen zu können. Diese und noch weitere Argumente sind der Grund dafür, weshalb viele ältere Menschen Urlaubsorte bevorzugen, die sie bereits kennen. Dennoch sehen wir große Chancen für diejenigen Unternehmen, die es schaffen, gerade diesen Sicherheitsaspekt in ihrer Kommunikation herauszustellen und glaubhaft zu vermitteln.

Die Checkliste auf den folgenden Seiten faßt noch einmal zusammen, welche Möglichkeiten Sie haben, Ihr Angebot „seniorengerecht" zu gestalten und Ihren potentiellen Kunden auch näherzubringen.

Checkliste seniorengerechte Urlaubsangebote

Wie Sie die Senioren erreichen:

■ Presseinformation über Ihr spezielles Angebot

■ Anzeigen in Zeitschriften (Yellow Press, Gesundheitsblätter, Urlaubszeitschriften und Fernsehzeitschriften werden gerne gelesen)

■ Anzeigen in Krankenkassen-Zeitschriften bzw. Apothekerblättchen sind besonders für Angebote zu empfehlen, die auf spezielle Gesundheitsattribute abzielen

■ Mailings an bisherige Kunden (eine gute Datenbank ist dafür Grundvoraussetzung)

■ Vor- oder Nachberichterstattung in Zeitschriften und Zeitungen über die Reise, gegebenenfalls mit der Möglichkeit, Informationen abzurufen (dafür können sich beispielsweise mehrere Orte zusammenschließen, am besten mit unterschiedlichem Angebot, um den breit gestreuten Interessen und Bedürfnissen der Älteren entgegenzukommen)

■ Prospekte und Angebote für Ausflüge auflegen, die bestimmte qualitative Anforderungen erfüllen (Schriftgröße, Wort-Bild-Anteil, Sprache etc.)

- Gutscheine (ältere Menschen bekommen gerne etwas geschenkt)

- Telefon-Hotline (z. B. über externe Call-Center) – aber achten Sie darauf, daß die Mitarbeiter – intern wie extern – über Ihr Angebot ausführlich informiert und für das Telefonieren mit älteren Menschen geschult sind

Was Senioren bei der Auswahl des Urlaubsortes anspricht:

- Lage (wenn sich hieraus ein besonderer Vorteil ableiten läßt)

- Beschilderung (alles soll gut zu finden sein, auch innerhalb des Ortes soll der Weg zum Hotel gut ausgeschildert sein)

- Alle Einrichtungen sind gut zu erreichen, auch mit dem Pkw, und es sind ausreichend Parkplätze vorhanden. Sind die Parkplätze überdacht und auch bei Regen gut zu erreichen? Wenn nicht, sollten Ihre Mitarbeiter bei kommenden und gehenden Gästen besondere Aufmerksamkeit walten lassen

- Verkehrsmittel innerhalb des Ortes (gut zu Fuß zu erlaufen bzw. Bus gut zu erreichen)

- Park oder sonstige Naturangebote

- Auswahl an Restaurants (spezielle Kost, kleinere Portionen möglich)

- Kulturelles Angebot

Beim Beherbergungsbetrieb steht der Komfort im Vordergrund:

- Ruhige Lage

- Ausreichend Parkplätze oder Transfer vom Bahnhof zur Unterkunft

- Gepäcktransport innerhalb des Hauses

- Geräumige Zimmer, ausreichend Ablageflächen, möglichst mit Balkon

- Die Zimmer sollten hell gestaltet, gemütlich eingerichtet sein und über eine gute Beleuchtung verfügen (ältere Menschen benötigen mehr Licht)

- Besonders im Bad muß auf den Wunsch nach Komfort und Bequemlichkeit älterer Menschen Rücksicht genommen werden: rutschhemmende Fliesen, Haltegriffe, alternativ Zimmer mit Wanne oder bodengleicher Dusche, ausreichend Ablageflächen, helle Beleuchtung etc.; übrigens: Ein Bewegungsmelder für das Licht im Bad ist nicht nur für den Gast komfortabel, sondern spart darüber hinaus auch noch Geld, denn es kann nicht vergessen werden, das Licht zu löschen

- Auch Einzelreisende werden besonders berücksichtigt

- Informationen über Veranstaltungen sollten im Zimmer aufliegen

- Eigenes Restaurant (nach der Befragung von Dr. Gugg & Dr. Hank-Haase wünschen sich immerhin 79 % ein eigenes Restaurant im Beherbergungsbetrieb)

- Hallen- oder Freibad (immerhin jeder zweite reisende Senior wünscht das)

- Lift, leicht bedienbar (insbesondere das Bedientableau sollte gut lesbar sein) und groß genug, um auch mit Gepäck leicht einsteigen zu können

- Angebote, die auch bei schlechtem Wetter genutzt werden können (insbesondere bei Kur- und Gesundheitsreisen, wird erwartet, daß ein Friseur im Haus ist oder daß Massagen angeboten werden)

Worüber Senioren informiert sein wollen:

- Über die Unterkunft (mit Foto und genauen Angaben)

- Über Gesundheitsanwendungen

- Über kulturelle Veranstaltungen (Schwarzes Brett, Prospekte auf dem Zimmer)

- Information auf der Speisekarte über die Zusammensetzung der Gerichte, über die ausgewählten Rohstoffe, von wo sie kommen und warum gerade diese eingesetzt werden

- Ausführliche Info-Blätter zu den einzelnen Ausflügen mit Angaben, wann wohin gefahren wird, wie viele Pausen es geben wird (ältere Menschen müssen öfter zur Toilette als jüngere)

- Ältere Menschen wollen oftmals auch gerne ihre Erinnerung an einen Ort auffrischen, Geschichten über die Historie des Hauses und der Gegend werden gerne gelesen

- Ältere Menschen wandern gerne in ihrer Freizeit – spezielle Wanderführer, die über die Schwierigkeit des Geländes Auskunft geben und beispielsweise berücksichtigen, ob auch ein Rollstuhlfahrer diesen Weg befahren kann, können eine gute Hilfe darstellen

(Für alle Informationsschriften gilt: das Schriftbild so gestalten, daß es mühelos lesbar ist.)

Mögliche Begleitprogramme, die gerne gewählt werden:

- Seminare zur Gesundheit (Aber ausgewogen! Wer den ganzen Tag Gesundheitsanwendungen nutzt, will am Abend nichts mehr von Gesundheit hören. Stattdessen ist dann Kultur gefragt)

- Komplementärprogramme Kultur und Soziales, Aktivität und Ruhe

- Land und Leute: Ausflüge, Stadtbesichtigungen (Interesse an Geschichte), Vorträge

- Sinnfindung (Interesse an religiösen Themen)

- Kurse zu Gesundheit, Fitneß, Ernährung, Schminken, Mode, Gehirnjogging

Freundliche Mitarbeiter gewinnen die Senioren am schnellsten:

- Die Senioren wünschen sich, wie jeder von uns, freundliche Mitarbeiter, die hilfsbereit, aber unaufdringlich jederzeit zur Verfügung stehen

- Sie schätzen es, vom Hoteldirektor persönlich begrüßt zu werden

Sicherheit schafft Vertrauen und nimmt Ängste:

- Ausführliches Info-Material, damit die Wahl in Ruhe getroffen werden kann

- Seniorengerechte Ausstattung der Unterkünfte. Es gibt viele Produkte, die als komfortabel und benutzerfreundlich gelten. Oft reicht die eigene Sensibilisierung – denken Sie an die Fernbedienung für den Fernseher. Ist sie wirklich einfach zu bedienen? Oder an die Barrierefreiheit Ihres Hauses. Kann man bequem jede Toilette erreichen, gibt es genügend Haltegriffe, sind die Lichtschalter leicht zu finden? Wie hoch sind die Betten (höhere Betten erleichtern den Ausstieg)? Eine Vielzahl an Kleinigkeiten, die man selbst erkennen kann, wenn man mit kritischem und offenen Auge durch sein Haus geht. Viel Spaß bei Ihrer Erkundungstour!

- Senioren lieben Beständigkeit und freuen sich, wenn ihre Gewohnheiten respektiert werden. Eine gute Datenbank kann bei dieser Zielgruppe wahre Wunder bewirken – besonders, wenn die Älteren bei ihrer Anreise mit Namen angesprochen werden und man Bezug nehmen kann auf einen Hinweis, der bei der letzten Abreise geäußert wurde, z. B. der angekündigte Besuch beim Enkelkind. Würden Sie sich nicht auch freuen, wenn Sie ein halbes Jahr nach ihrem letzten Aufenthalt in ihrem Stammhotel nach dem Treffen mit ihrem Enkel gefragt werden würden?

Kundenbindungsmaßnahmen sorgen für nachhaltige Belegung:

- Nehmen Sie während des Urlaubsaufenthaltes Fotos von Ihren Kunden auf. Schicken Sie ihnen diese Fotos nach dem Ende des Urlaubs mit einem netten Begleitbrief zu

- Angebot für nächstes Jahr

- Datenbank aufbauen: Geburtstagsschreiben, Weihnachtsgruß usw.

- Empfehlungsadressen geben lassen

- Rabatte für Frühbucher oder Langzeiturlauber sind besonders gerne gesehen, diese Vorteile sollten bei der Kommunikation speziell herausgestellt werden

Die Zufriedenheit über die gewählte Reise beginnt bereits beim Buchen

Alte Menschen suchen nicht mehrere Reisebüros in der Stadt auf, um eine Reise zu buchen und die Preise miteinander zu vergleichen. Sie nehmen das nächstgelegene Reisebüro oder gehen dorthin, wo sie schon immer gebucht haben. Information und die Beschäftigung mit der Reise im Vorfeld sind wichtige Punkte für ältere Menschen. Und ältere Menschen sind realitätsbewußt, sie machen sich auch darüber Gedanken: „Was passiert, wenn ich krank werde?"

Fazit: Der Schlüssel zum Seniorenmarkt Reisen

Der Reisemarkt für Senioren ist genauso heterogen wie die Gruppe der Senioren selbst. Er reicht von der organisierten Schwarzwaldreise über die persönlich von einem Arzt betreute Individualreise bis hin zur Luxusreise, beispielsweise auf der Royal Viking Sun.

Wie differenziert der Markt bearbeitet wird, zeigen auch die Angebote der einzelnen Anbieter. So findet man bei *Kreativ Reisen* in Bremen Angebote wie „Osteoporose-Prävention in Spanien" oder spezielle Angebote für Herzkranke. Bei *Terramundi* spricht man aktive Senioren mit der Unterbringung im Fünf-Sterne-Hotel und mit begleitenden Wanderungen und Vorträgen an. Nicht nur die Veranstalter sind aktiv, auch einige vorausschauend denkende Hotelmanager erkennen die wachsende Reiselust der Senioren.

Herausragend ist sicherlich das erste deutsche blindengerechte Hotel. Das *Airport Hotel Lindner* wurde für Blinde und Schlechtsehende umgestaltet. Codekarten statt Schlüssel, ertastbare Zahlen an den Zimmertüren und an der Aufzugssteuerung, Speisekarten und Hotelinformationen in Braille-Schrift. (Ob auch an die Unterkunft für den Blindenhund gedacht wurde, konnten wir nicht in Erfahrung bringen, aber wir gehen fast davon aus.)

Auch die *Arabella Hotelkette*, die *Maritim Hotels*, die *Steigenberger Hotels* und viele inhabergeführte Hotels wenden sich mittlerweile mit besonderen Gesundheitsprogrammen und Arrangements verstärkt der Gruppe der Senioren zu.

WILLKOMMEN BEI

STEIGENBERGER

1996/1997

URLAUB FÜR DIE GOLDENE GENERATION

STEIGENBERGER
H·O·T·E·L·S

ESPRIX
HOTEL

MAXX

InterCityHotel

Spezielle Leistungen, mit denen man Senioren entgegenkommt:

- Lesebrillen zum Leihen,

- offene Weine auch im 0,1-Liter-Ausschank, nicht nur Hausweine sind offen, auch besondere Jahrgänge können offen bestellt werden,

- jede Portion kann auch als halbe Portion bestellt werden,

- vermehrt deutsche Küche, auf Wunsch auch Diät-, Schon- oder Vollwertkost,

- Besorgungsfahrten,

- komfortable Radio- und Fernsehgeräte, die einfach zu bedienen sind,

- Wecker und Telefon mit großen Ziffern,

- Lampen mit 100-Watt-Birnen in den Zimmern,

- Minibar und Safe in Griffhöhe,

- Fitneß-/Saunaduschen mit Haltegriffen im Bad.

Viele, viele Differenzierungschancen ergeben sich, wenn man konsequent über die Klientel der älteren Reisenden nachdenkt. Die genannten Ideen sind nur ein Anfang. Einige Hoteldirektoren sollen sogar schon überlegt haben, ob sie nicht in der üblichen Vorratsbox für die vergessene Zahnbürste die Kondome gegen ein Päckchen *Viagra* tauschen, um dadurch die Attraktivität Ihres Hotels zu steigern.

Eines ist jedoch bei allen Reisen gleich: Senioren haben ein besonderes Interesse an Information und Komfort. Und Sie als Anbieter müssen weiter denken. Nicht nur die Reise selbst befindet sich im Blickpunkt des Interesses, sondern insbesondere auch alle Ereignisse, die damit in unmittelbarem Zusammenhang stehen oder stehen könnten. Dies reicht von den einfachen Fragen des Transfers zum Hotel oder zum Flughafen bis zur Frage: „Was passiert, wenn meine Frau oder ich erkranken? Steht professionelle Hilfe zur Verfügung? Kommen wir schnell wieder nach Hause?"

Gewiß sind Senioren anspruchsvolle Konsumenten – und „ein bißchen seniorengerecht" reicht nicht aus, um sie als Kunden zu gewinnen. Wenn Sie wirklich Interesse haben, sich an diesem wachsendem Marktsegment zu beteiligen, dann müssen sie sich in den älteren Kunden, in seine Bedürfnisse, in seine Wünsche und seine Ängste hineinversetzen. Und nicht nur Sie

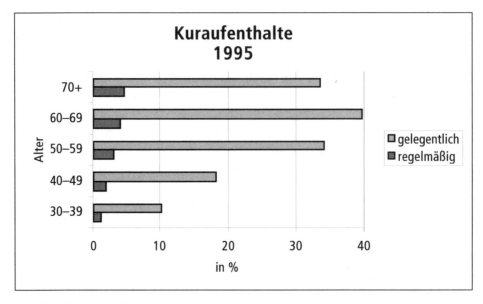

Quelle: Allensbacher Werbeträger Analyse 1996

müssen über die Eigenheiten Bescheid wissen, auch Ihre Mitarbeiter müssen besonders geschult werden.

Die Reiseintensität der Senioren bietet vielerlei Marktchancen und ist besonders für die Tourismusbranche im Inland von großer Bedeutung. Die Kurbäder, die im Zuge der Gesundheitsreform über dramatisch gesunkenen Auslastungszahlen klagen, fänden für ihre Einrichtungen in dieser Zielgruppe eine interessante Klientel. Zumindest das Potential für Gesundheitsurlaube findet sich bei den Senioren in ausreichender Menge. Es muß nur erkannt und entsprechend ausgeschöpft werden.

Seniorenmarkt | Auto = Mobilität

„Mit 66 Jahren, da hat man Spaß daran ..."

Nicht nur Udo Jürgens, sondern viele der gut 16 Millionen Senioren wollen ihren Spaß im Alter. Diesen Lustgewinn verschafft ihnen, in vielerlei Hinsicht, gerade das Autofahren.

Nach einer Umfrage der Bundesanstalt für Straßenwesen macht 60 % der Befragten dieser Altersgruppe das Autofahren sogar Spaß. Für 40 % bedeutet es eine Bereicherung ihres Lebens. Und immerhin noch 30 % unternehmen mit dem Auto sogar weite Reisen.

Fakten

Rund fünf Millionen Senioren lenken heute ein Auto. Sie haben spezielle Bedürfnisse, knüpfen besondere Erwartungen ans Auto. Sie glauben dennoch, Senioren sind für den Automobilmarkt nicht von großem Interesse? Weit gefehlt – die aktuelle Shell-Studie, wie auch schon die vorangegangenen, weist auch diese Jahr wieder zwei Zielgruppen mit besonderen Chancen für den Automobilbereich aus. Einzig Frauen und Senioren werden als neue Käuferschichten für Zuwächse sorgen.

Was Frauen und Senioren verbindet, ist das Bedürfnis nach Mobilität. Mobilität ist für sie Voraussetzung für mehr Selbständigkeit und Unabhängigkeit. Immer mehr ältere Menschen verfügen über einen Führerschein und über ein Kfz. Die hohe Akzeptanz des Autos sowie die Möglichkeit der schnellen Mobilität wird in den nächsten Jahren zu einem starken Anstieg des Anteils älterer Autofahrer und Autofahrerinnen im Straßenverkehr führen. Das Shell-Szenario „Neue Horizonte" geht von einer Zunahme der

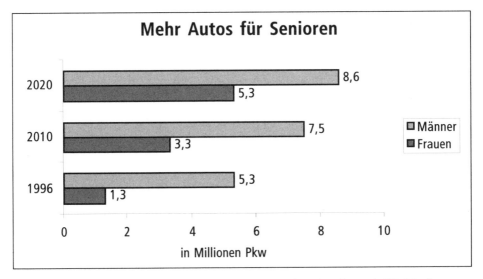

Quelle: Shell Pkw Szenarien: Motorisierung – Frauen geben Gas; Szenario Die Macher

Motorisierung dieser Altersgruppe bis zum Jahr 2010 von 75 % aus: auf 486 Pkws je 1000 Erwachsene.

Die Liebe der Senioren zum Automobil errechneten auch die Wissenschaftler der Freien Universität Berlin. Im Jahr 2005 werden rund 80 % der älteren Herren und 50 % der älteren Damen im Besitz eines Führerscheins sein. Zum Vergleich: Anfang der neunziger Jahre hatten nur 67 % der Männer und 21 % der Frauen über 65 Jahre die Fahrerlaubnis.

Die wichtigsten Impulse für die Automobilwirtschaft werden in den nächsten 20 Jahren von den Frauen kommen. Denn während die Gruppe der Männer mit ca. 840 Fahrzeugen auf je 1000 Erwachsene bereits nahezu die Vollmotorisierung erreicht hat, haben die Frauen mit 300 Fahrzeugen je 1000 Erwachsene noch erheblichen Nachholbedarf.

Die älteren Menschen von heute und morgen sind ein Leben lang an die Vorzüge des Automobils gewöhnt. Natürlich wollen sie auch im Alter nicht auf die Vorzüge ihres Pkws verzichten. Dessen gewohnter Komfort sowie die benötigte Flexibilität und Unabhängigkeit kann ihnen kein anderes Verkehrsmittel bieten. Immerhin geben 57 % der Altersgruppe 50 bis 59 an, regelmäßig Autoausflüge zu machen, bundesdurchschnittlich sind es nur 51 %. Autoausflüge stehen bei den Freizeitbeschäftigungen somit weit oben in der Gunst der Wirtschaftswundergeneration.

Ein großes Maß an Freizeit führt bei den Ruheständlern zur individuellen Reiselust. Und so verwundert es nicht, daß sie ein gern gesehenes Klientel der Caravan- und Wohnmobilbranche sind. Die Saison sei für die Hersteller erfolgreich verlaufen, so äußerte sich Hans-Jürgen Burkert, der Präsident des Verbandes Deutscher Wohnwagen und Wohnmobilhersteller.

Als Trendsetter werden dort die jungen Senioren von 60 bis 69 Jahren gesehen. Denn sie sind im Vergleich zu anderen Altersgruppen überdurchschnittlich häufig mit dem Caravan oder Reisemobil unterwegs. Kompakt und komfortabel sollte das Reisemobil sein, damit man vor allem auch auf schmalen Straßen gut zurechtkommt. Schöner Nebeneffekt: Die Ansprüche an Komfort – ABS, Rückfahrkamera, Klimaanlage, bequeme Betten und eine leistungsstarke Heizung – gehen immer auch ins Geld.

Für den Trend zum Caravaning im Alter sprechen zwei Zahlen: Der Anteil der über 60jährigen Caravan-Nutzer stieg in den letzten zehn Jahren von 4 auf 14 %. Und jeder siebente Caravan-Urlauber war 1998 über 50. Nach einer Umfrage der Bundesanstalt für Straßenwesen unternehmen immerhin noch 30 % der Älteren sogar weite Reisen mit dem Auto – z. B. mit dem

Caravan ans Mittelmeer oder auf die Kanarischen Inseln. Nach Beobachtungen des ADAC stehen während des Winters allein 10.000 Wohnmobile
und Caravans in den Sonnenländern. Und die Masse dieser Camper sind
ältere Menschen.

Die Erhaltung und Förderung der Mobilität ist für die Lebensqualität im
Alter von großer Bedeutung. Mobilität bildet eine wesentliche Vorausset-
zung für soziale Kontakte. Und sie verschafft dem einzelnen ein hohes
Maß an Eigenbestimmung. Dies wiederum bewahrt und steigert seine
Kompetenz im Alter.

Großzügige Steuerfreibeträge und geringe Sozialabgaben führen bei den
Senioren zu einer weitaus günstigeren Einkommenssituation als bei den
Arbeitnehmern. Die monatliche Kaufkraft wird auf 10 bis 15 Mrd. DM geschätzt. Und sie wird in den nächsten Jahren weiter zunehmen. Bis Ende
1999 werden ca. 480 Mrd. DM Kapitallebensversicherungen ausbezahlt
bzw. ererbt. Nicht nur die jungen Menschen erben. Aufgrund der gestiegenen Lebenserwartung haben viele Erben bereits das 50. Lebensjahr überschritten. Nicht selten werden Erbschaften in den Zweit- oder Drittwagen
investiert. – Es mangelt also auch nicht an den Finanzen.

Wachstumsmarkt Senioren und Autofahren

Die beschriebenen Tendenzen beschäftigen bereits heute die Fahrzeughersteller. Die Automobile von morgen werden den Bedürfnissen älterer Menschen Rechnung tragen. Wir werden Fahrzuge bekommen, die es den älteren Menschen ermöglichen, noch bis ins hohe Alter mit ihrem Kfz mobil
zu bleiben.

Wie das gehen wird? Ganz einfach: mit technisch sinnvollen Ausstattungs-
merkmalen wie drehbaren Sitzen zum besseren Aus- und Einsteigen, mit
Abstandsmeßgeräten (wie beispielsweise in der neuen *S-Klasse* von *Mercedes* bereits realisiert), Straßenzustandsanzeigen und mit so simplen Verbesserungen wie z. B. dem einfacheren Handhaben des Gurtsystems, größeren
Anzeigenziffern, leichtgängigen Pedalen und Handbremsen. Die Liste ließe
sich noch um viele weitere sinnvolle Punkte ergänzen. Fragen Sie Ihren
Hersteller, wie weit die Forschung gediehen ist und welche Fahrzeugver-
besserungen auf Sie und Ihre Kunden zukommen werden. Nicht nur, daß
es spannend ist, die Entwicklung mitzuerleben, es bringt Ihnen auch Wett-
bewerbsvorteile im Verkaufsgespräch: Sie können auf bestehende oder

künftige Verbesserungen hinweisen und sehen bereits heute einzelne Details an Ihren Produkten unter einem anderen Gesichtspunkt.

Die Ingenieure von *Ford, Toyota, Mercedes* und sicherlich auch der anderen Fahrzeughersteller beschäftigen sich in Zusammenarbeit mit Ergonomie-Experten bereits heute intensiv mit einem „seniorengerechten" Auto. So erlauben die elektronisch gesteuerten drehbaren Sitze ein bequemes Ein- und Aussteigen. Ein höheres Dach, größere Türen und tiefer reichende Öffnungen an den Seiten und am Kofferraum sind speziell auf die Probleme von Senioren beim Ein- und Aussteigen sowie beim Be- und Entladen zugeschnitten. Die vergrößerten Rück- und Seitenspiegel mit integriertem Vergrößerungsglas garantieren sehschwachen Fahrern die volle Übersicht. Die Instrumente werden vereinfacht und vergrößert, um die Bedienung so benutzerfreundlich wie möglich zu gestalten.

Keineswegs aber sollen reine „Seniorenautos" entstehen – und dies ist aus Marketingsicht auch äußerst vorausschauend. Denn viele der Ansprüche an ein modernes Automobil werden natürlich auch von anderen Altersgruppen gestellt. Die Hersteller haben erkannt, daß seniorenfreundliche Autos nicht als Prothese verkauft werden dürfen. Der Nutzen muß im Vordergrund stehen und sollte auch kommuniziert werden. Leider zielen die Marketingstrategen mit ihren Aussagen nach wie vor stark auf das junge, gut betuchte Klientel.

Worauf achten Senioren beim Autokauf?

Genau wie alle anderen Neuwagenkäufer achten auch die älteren Menschen auf ein Höchstmaß an Zuverlässigkeit und Sicherheit des angepriesenen Automobils. Bei einer Neuanschaffung informieren sich die Senioren in noch höherem Maße als es die jüngere Zielgruppe tut. Aber auch die Oldies tätigen ihre Anschaffungen nicht mehr fürs ganze Leben. Sie planen durchaus einen nochmaligen Neukauf ein.

Die Senioren wissen also genau, was sie wollen, wenn es darum geht, ein neues Auto zu kaufen. Insbesondere bei langfristigen Gebrauchsgütern, wie bei den Automobilen, herrscht ein ausgeprägtes Markenbewußtsein vor. Mit steigendem Einkommen steigt auch das Bedürfnis nach Qualität. Der Preis spielt hier zunächst eine untergeordnete Rolle.

Die älteren Konsumenten sind mit dem, was sie erreicht haben, weitgehend zufrieden. Sie leben nicht nur in Erinnerungen, sondern wollen ihr Leben

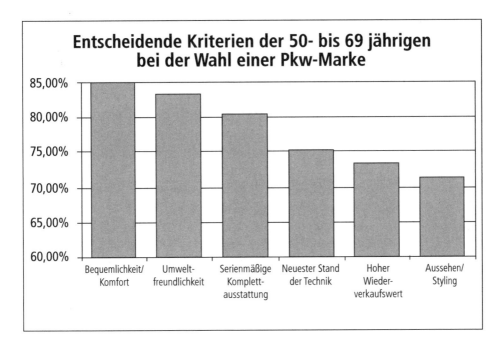

Quelle: Shell Pkw Szenarien: Motorisierung – Frauen geben Gas; Szenario Die Macher

bewußt und aktiv gestalten und genießen. Wen wundert es also, daß nicht die von der Werbung angepeilten Jungmanager im offenen *BMW Z3* oder im *Mercedes CLK Cabrio* zu sehen sind, sondern häufig die Kundschaft deutlich jenseits der 50. Und es sind im wesentlichen Käufer, deren Kinder bereits aus dem Haus sind oder die alleine oder zu zweit leben.

Wie können Sie dieses Potential nutzen?

Neben den reinen fahrzeugspezifischen Gegebenheiten entscheidet aber gerade die Ansprache und das Verhalten gegenüber dem Kunden über Erfolg und Mißerfolg. Maßgeblich beeinflussen den Kaufentscheidungsprozeß fünf Kriterien:

- Werte,
- Einstellungen,

■ Wissen,

■ finanzielle Gegebenheiten,

■ zeitliche Gegebenheiten.

Diese fünf Kriterien sind charakteristisch für die Lebenssituation der Senioren. Der ältere Konsument verfügt über einen reichhaltigen Erfahrungsschatz bei Produkten, und er verhält sich zunehmend kritischer gegenüber reißerischen Angeboten. Er nimmt sich Zeit und genießt es, unter Menschen zu sein. Besonderen Wert legen die potentiellen Käufer auf eine kompetente Beratung und eine freundliche Atmosphäre. Die größere Einkaufs- und Konsumerfahrung wirkt sich auf das Urteilsvermögen in bezug auf Produkteigenschaften und die Qualität aus.

Für Produkte, die das Vertrauen der Senioren gefunden haben, sind die neuen Alten durchaus bereit und in der Lage, einen höheren Preis zu bezahlen.

Fazit: Der Schlüssel zum Seniorenmarkt Auto

Den Schlüssel zum Einstieg in diesen Markt stellen Ihre Mitarbeiter dar. Deren Beratungs- und Servicekompetenz wird darüber entscheiden, ob Ihr Betrieb die Treue der älteren Kunden erhält. Und bedenken Sie: Es sind nicht nur die älteren technikbegabten und -orientierten Männer, sondern insbesondere auch die älteren Frauen, die sich künftig stärker für das Automobil interessieren werden.

Den Senioren kommt es weniger auf Fachkompetenz als auf die menschlichen Qualitäten an. Senioren mögen es, wenn man sich um ihre Bedürfnisse kümmert und ihnen mit besonderer Aufmerksamkeit begegnet. Erinnern Sie sich noch an die „Drei von der Tankstelle" mit Heinz Rühmann? Service war großgeschrieben, man hatte ein nettes Wort für jeden Kunden der vorbeikam, stand mit Rat und Tat zur Seite, wenn es gewünscht wurde. Schön, daß die Marketingmanager bei *Aral* diesen Servicegedanken wieder aufgegriffen haben. *Aral* hat das Bedürfnis nach Aufmerksamkeit erkannt – daß dies jedem Kunden zugute kommt, versteht sich von selbst. Besonders schätzen werden den Service sicherlich die älteren Menschen. Und es bleibt jedem die Wahlmöglichkeit zwischen Selbstbedienung oder Service. Der Kunde entscheidet.

Ordnung und Pünktlichkeit ist der älteren Zielgruppe wichtiger als jüngeren Menschen. Eine besondere Bedeutung kommt auch der Sicherheit und der Orientierung an Bewährtem zu. Sie sollten also versuchen, dem älteren Kunden ein Gefühl der Sicherheit bei der Kaufentscheidung zu vermitteln. Dies könnte z. B. durch besonderes Hervorheben von Garantie-, Kundendienst-, Beratungs- und Informationsleistungen erfolgen. Ihre Mitarbeiter sollten die körperlichen Veränderungen im Alter kennen, dem Kunden aber nie das Gefühl geben, daß sie ihn für alt halten.

Mit zunehmendem Alter werden Leistungen wichtiger, die es dem Kunden ermöglichen, unabhängig von anderen Personen, z. B. der Familie oder Bekannten, seine Aufgaben zu erledigen. Diese Anforderungen machen es notwendig, entsprechende Dienstleistungen, beispielsweise das Abholen und Bringen des Wagens bei Inspektionsintervallen, anzubieten.

Achten Sie neben der Ausbildung Ihrer Mitarbeiter auch auf die Gestaltung Ihrer Beratungszonen. Sie müssen so eingerichtet sein, daß sich Ihre älteren Kunden dort wohl fühlen. Die Zufriedenheit Ihrer Kunden wird zunehmend wichtiger, wenn die Hersteller ihre Händler künftig nicht mehr nur über die Zahl der verkauften Einheiten, sondern auch über die Qualität der Absatzleistung entlohnen. Wenn Sie dies alles berücksichtigen, dann haben Sie für die Zukunft ein Feld bereitet, das Ihnen reiche Früchte und eine treue Kundschaft einbringen wird.

Seniorenmarkt | Musik

Es fällt schon seit einiger Zeit auf: Die Volksmusiksendungen nehmen insbesondere bei den öffentlich-rechtlichen Sendern zu. Die dritten TV-Programme gewinnen immer mehr Zuschauer, und die Hörfunksender, die von älteren Menschen am meisten gehört werden, sind die ersten und zweiten Programme. Und es fällt auf, daß der Anteil an Werbung in diesen Programmen deutlich hinter der Anzahl an Werbesekunden der privaten bzw. ersten und zweiten TV- sowie der dritten Hörfunkprogramme hinterherhinkt.

35 Millionen verkaufte Platten von Heino und 30 Millionen von Slavko Avsenik und den *Original Oberkrainern*, zeigen uns ganz deutlich, daß es neben der Rock- und Popmusik lukrative Märkte gibt, die von den Managern der Musikbranche vernachlässigt werden. Denn ein wenig verwunderlich ist es schon, daß es zwar spezielle Einkaufsstätten für die Rock-

und Popmusik gibt, daß eine Vielzahl von Zeitschriften sich speziell mit dieser Musikrichtung beschäftigen und daß Rock und Pop in der Werbung omnipräsent sind, während die Volksmusik so stiefmütterlich behandelt wird.

Fakten

Musik hat in der Bevölkerung insgesamt einen hohen Stellenwert. Egal, wo wir uns aufhalten, im Kaufhaus, im Auto, bei der Arbeit, beim Frühstück, zu Hause – Musik ist fast immer gegenwärtig. Und die Musik versetzt uns in Stimmungen, erinnert uns an schöne Erlebnisse und Eindrücke.

Mag es mit den mangelnden Fremsprachenkenntnissen zusammenhängen oder mit den Musikerlebnissen in der Jugend: Steht bei den Jüngeren die Popmusik an erster Stelle, so ist es bei den Älteren (ab 50 Jahren) die klassische Musik, die Volksmusik und der deutsche Schlager.

Heino, Slavko Avsenik, Ernst Mosch, *Kastelruther Spatzen*, Marianne und Michael, Maria und Margot Hellwig, Patrick Lindner – die Liste ließe sich noch um eine Vielzahl von Namen erweitern – verkaufen Tonträger in Millionen-Stückzahlen. Woran liegt es, daß dieser Markt im Stillen so gut funktioniert? Volksmusikanten sind zum Anfassen, sie pflegen ein sehr inniges Verhältnis zu ihren Fans. Die meisten Volksstars haben einen „ordentlichen" Beruf gelernt (Heino ist beispielsweise Bäcker und Karl Moik Werkzeugmacher). Und die Volksmusik ist ohne Skandale. Heile Welt pur.

Im ersten Halbjahr 1998 verzeichnete die Tonträgerindustrie insgesamt ein Minus von rund 5 % im Vergleich zum Vorjahreszeitraum. Auf der Popkomm 98 wurden zwei aktuelle Studien zum Musikmarkt vorgestellt. Schade hierbei ist nur, daß man sich wieder einmal nur Gedanken um die *Heavy User* der 10- bis 29jährigen macht und nicht das enorme Potential erkennt, das in den älteren Musikhörern steckt. Der offensichtliche grelle Musik- und Tonträgermarkt scheint ein Jugendmarkt zu sein. Egal, ob MTV oder Viva, die Jugendsender der Radiostationen oder die Einkaufsstätten wie *WOM*, sie alle richten sich fast ausschließlich an ein jugendliches Publikum.

Betrachtet man die vorgestellten Studien aber etwas genauer, so erfährt man, daß die deutschen Künstler und die nationalen Produktionen durch ihren hohen Umsatzanteil die Branche vor größeren Umsatzeinbrüchen bewahrt haben. Die Volksmusik erwirtschaftet einen Umsatz von rund

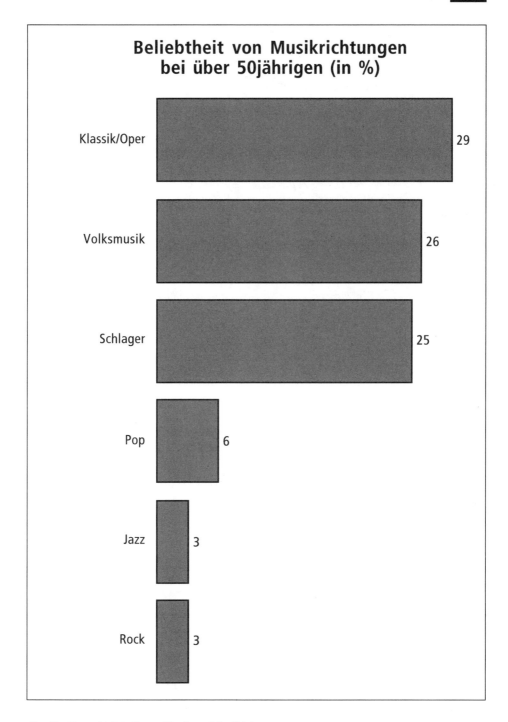

Quelle: *Focus* 32/98; *Focus*-Umfrage Musikhören

500 Mio. DM pro Jahr – und damit einen beträchtlichen Anteil am gesamten Musikmarkt.

Der von dem Bauer Verlag herausgegebene *best age report* hat in seiner Ausgabe 9/97 ein Interview mit Götz Elbertzhagen vom Kölner Musikverlag Kick veröffentlicht. Herr Elbertzhagen erkennt zu Recht: „In unserem Jugendlichkeitswahn stecken wir fast unser gesamtes Marketingbudget in die Kommunikation mit einer Zielgruppe, die lediglich 15 bis 20 % des gesamten Potentials ausmacht."

Bernd Lohse vom *best age report* beschreibt, ebenfalls in der erwähnten Ausgabe, das Beispiel Wolfgang Petry und eine gemeinsame Aktion mit der Zeitschrift *Neue Post*. Über das private Umfeld des Künstlers wurde redaktionell berichtet, die neue CD von Wolfgang Petry wurde in dem Bericht mitplaziert und erreichte beachtliche Abverkäufe.

Das Medium Radio hat bei den Älteren einen hohen Stellenwert. Immerhin hören die 50- bis 70jährigen durchschnittlich drei Stunden täglich *ihr* Programm – nur eine halbe Stunde weniger als sie fernsehen. Sie sind aufmerksame Hörer, denn die von Senioren bevorzugten Sender haben einen hohen Wortanteil – und der will bewußt gehört sein. Ist das Radio für die Jungen das klassische Nebenbei-Medium, so dient es für die älteren Menschen wesentlich stärker zur Information.

Wachstumsmarkt Senioren und Musik

Lernen Sie von den Spitzenverdienern der Volksmusikbranche, den *Kastelruther Spatzen*. Die sechs Südtiroler Bergbauern erwirtschaften zu ihren 4 Mio. Musik-Märkern immerhin noch 6 Mio. DM mit Fanartikeln. Und die reichen vom eigenen Wein bis zum T-Shirt. Ähnlich machen es die *Schürzenjäger* – auch sie vertreiben mittels Farbkatalog Fanartikel, von Gürteln und Schnallen bis hin zu *Schürzenjäger*-Kondomen. Es überrascht dann auch nicht, daß die *Schürzenjäger* zu ihren Konzerten bis zu 110.000 Menschen bewegen. Zuschauerzahlen, die denen der *Rolling Stones* entsprechen. Aber eines stimmt nachdenklich. Der Abverkauf der Tonträger funktioniert bei den Großen der Branche sehr gut, Spitzenzahlen in Millionenhöhe bleiben einem kleinen Kreis vorbehalten. Der Rest begnügt sich mit wesentlich geringeren verkauften Stückzahlen. Ein Großteil der Interpreten verdient vor allem mit Live-Auftritten das Geld.

Aus Marketingsicht eigentlich nachvollziehbar: ohne Absatzwege und

Werbung kein Abverkauf. Wie sollen die Senioren denn Tonträger kaufen, wenn sie weder durch die Werbung noch durch attraktive Verkaufsstätten dazu ermuntert werden? Das beschriebene Beispiel Wolfgang Petry zeigt einen eher ungewöhnlichen Weg über das Printmedium. Warum nutzt man nicht die herkömmlichen Wege TV und Radio? Musiksendungen, insbesondere Volksmusiksendungen, erfreuen sich bekanntermaßen im TV steigender Beliebtheit. Oder nehmen Sie die dritten Programme und die regionalen Fernsehsender. Auch diese Spartenprogramme werden gerne von älteren Menschen genutzt. Übrigens mit steigender Tendenz. Ebenso die Radiostationen: insbesondere die ersten und zweiten Programme haben eine hohe Akzeptanz bei den älteren Menschen.

Oder was halten Sie von speziellen Läden für deutsche Schlager und Volksmusik? Vielleicht reicht es ja auch schon, bestehende Ladenkonzepte anzupassen und zumindest diesen Bereichen mehr Attraktivität zuzuordnen. Etwas mehr Übersichtlichkeit, höhere Beratungsqualität (oder trauen Sie einem 22jährigen im *Aerosmith*-T-Shirt eine qualifizierte Auskunft über das neueste Lied der *Kastelruther Spatzen* zu?), weniger grelles Licht, bessere Preisauszeichnung und einfacher handhabbare CD-Verpackungen könnten zu wesentlich besseren Verkaufsergebnissen führen.

Vom CD-Player wollen wir an dieser Stelle gar nicht sprechen. Andererseits bietet vielleicht gerade das Handikap der umständlichen Bedienung des CD-Players große Chancen für die Hersteller von Unterhaltungselektronik. Bis allerdings komfortablere und leichter bedienbare Geräte auf dem Markt sind, könnten sogar die Musikkassetten einen neuen Boom erfahren. Denn Kassettenabspielgeräte sind in den Seniorenhaushalten sehr häufig zu finden.

Fazit: Der Schlüssel zum Seniorenmarkt Musik

Die Musikbranche und insbesondere der Einzelhandel beklagen sich über stagnierende Umsätze beim Absatz von Tonträgern. Unseres Erachtens bieten sich im Bereich der Musik vielfältige Ansätze für spezielle Angebote an Senioren.

Dies beginnt beim Spezialgeschäft – oder auch Shop-in-Shop-System – für Volksmusik und deutschen Schlager in entsprechender Aufmachung und Gestaltung und mit ausgebildeten Mitarbeitern, die qualifiziert zu dieser Musik Auskunft geben können. Oder denken Sie an strategische Allianzen à la *Neue Post:* Gemeinsam mit einem Printmedium kann über den Künstler berichtet und zum gemeinsamen Nutzen der Abverkauf der Heftauflage wie auch des Tonträgers gesteigert werden.

Die Idee einer strategischen Allianz kann man weiterspinnen: Warum sollten sich nicht volkstümliche Regionen mit einem Printmedium und der Tonträgerindustrie zusammenschließen? Das Angebot könnte lauten: „Verbringen Sie Ihren Urlaub in der Heimat der *Kastelruther Spatzen.*" Das Angebot würde beispielsweise mit dem organisierten Besuch eines Konzertes inklusive CD und einigen „persönlichen Souvenirs" der Volksmusik-Stars verbunden sein. Das Printmedium berichtet über dieses Angebot und bietet somit eine besondere Information, die andere nicht haben. Die Tonträgerindustrie profitiert zum einen vom Bericht in der Zeitschrift und zum anderen vom Verkauf der CDs an die Urlaubsgäste.

Oder denken Sie über eine Themenzeitschrift „Volksmusik" oder einen speziellen Versandkatalog „Alles zur Volksmusik" nach. – Aus unserer Sicht alles überlegenswerte Ansatzpunkte und aus Sicht des Marketings viele Chancen.

Seniorenmarkt | Wissen

„Ich möchte verstehen, worüber mein Enkel spricht, wenn er Ausdrücke wie *World Wide Web, Chat, CD-ROM* oder *Surfen* verwendet", meinte eine 72jährige Dame, die sich an der VHS für den Computerkurs angemeldet hatte.

Fakten

Daß das lebenslange Lernen nicht nur die Jüngeren betrifft, daran hat unser Bundespräsident, Roman Herzog, appelliert. Es seien nicht nur die Berufstätigen aufgerufen, sich Wissen anzueignen, sondern auch die Senioren – denn eine Garantie, daß ab einer gewissen Altersgrenze eine beruhigende Sicherheit geboten werde, gäbe es nicht mehr.

Immer mehr ältere Menschen belegen bei den Volkshochschulen oder bei freien Bildungsträgern Computer- oder Internet-Kurse. Und sie freuen sich auf die Herausforderung, mit dem High-Tech-Gerät Computer umgehen zu lernen. Das ist für viele eine Möglichkeit, geistig fit zu bleiben und den Anschluß zur Jugend nicht zu verpassen.

Aber nicht nur am Computer zeigt sich das Interesse der Älteren an neuem Wissen. Immer mehr ältere Menschen schreiben sich an den Universitäten ein, um Neues zu lernen. Die „Universität des dritten Lebensalters" in Frankfurt verzeichnet seit Jahren Zuwächse bei den Seniorenstudenten. So waren im Wintersemester 1997/98 1824 Studenten im Alter von 40 bis über 80 Jahren eingeschrieben. Für das aktuelle Semester geht man davon aus, annähernd 2000 ältere Studenten zu haben.

Der Schwerpunkt lautet „Soziale Gerontologie", und die Angebote reichen von Themen wie „Der ältere Mensch als Wirtschaftsfaktor", „Gesundheit und Lebensweise", „Altern – ein Prozeß der Selbstfindung" bis hin zu „Was Ihr seid, sind wir gewesen – Dimensionen intergenerationellen Lernens".

Wie ernst das Thema „Lernen im Alter" genommen wird, zeigt auch das 1998 erstmals abgehaltene Treffen der weltweiten Seniorenuniversitäten in Schwäbisch Gmünd. Die pädagogische Hochschule Schwäbisch Gmünd hat als erste derartige Einrichtung bereits Anfang der achtziger Jahre eine Seniorenuni eingerichtet. 1998 haben sich immerhin 35 Staaten an dem Treffen beteiligt.

Wachstumsmarkt Senioren in der Wissensgesellschaft

Die Bereiche der Informations- und Kommunikationstechnologien (IuK) boomen. Der Computer hält zunehmend Einzug in die Privathaushalte – sei es als PC-Endgerät oder als Mikrochip in der intelligenten Waschmaschine. Obwohl die Deutschen, anders als die Amerikaner, einen weniger ausgeprägten Technikfaible haben, so zeigt sich doch eine Trendwende in der Industrie ab. Die Senioren rücken auch bei den modernen Bereichen der IuK-Technologien immer mehr in den Mittelpunkt des Interesses.

Die Technologie kann dabei zum Auslöser einer neuen Verständigung oder zur direkten Hilfe werden. So kann die Mutter mittels E-Mail mit ihrem Sohn in Australien kostengünstig und schnell kommunizieren. Oder die ältere Dame mit Gleichgesinnten via Internet Kochrezepte austauschen und Freundschaften aufbauen. Aber auch ganz handfeste Vorteile bieten die neuen Technologien: So können beispielsweise computergestützte vernetzte Hilfssysteme aufgebaut werden, die Sicherheit und Unabhängigkeit vermitteln.

Computerhersteller sind gefordert, ihre Produkte, insbesondere die Software, benutzerfreundlich zu gestalten. Dies reicht von der Bildschirmmaske, der Erkennbarkeit und Eindeutigkeit der Befehlstasten bis hin zu den Anglizismen in den Handbüchern oder bei den Befehlen.

Das sich immer größerer Beliebtheit erfreuende Internet ist bei den Senioren so gut wie gar nicht bekannt. Die Umfrage des Augsburger Psychologieprofessors Martin Stengel in Zusammenarbeit mit der Deutschen Telekom brachte sogar zutage, daß das Internet bei manchen Älteren Assoziationen wie Gewalt und Kinderpornographie auslöst. Und dies, obwohl die befragten Senioren dem Thema durchaus offen und interessiert gegenüberstehen.

Bislang werden die Senioren von der multimedialen Welt als Konsumenten noch nicht erkannt. Vielleicht kann die Initiative „Senioren in der Informationsgesellschaft", die von der Industrie und dem Bundesforschungsministerium gemeinschaftlich ins Leben gerufen wurde, Aufklärungsarbeit leisten. Gute Ansätze hierfür bietet das „Senior-Info-Mobil", das von den Mitgliedern dieser Initiative ausgestattet wurde. In dem „Info-Mobil", einem doppelstöckigen Bus, können Interessenten an sieben Arbeitsplätzen unter fachkundiger Anleitung kostenlos das Internet kennenlernen und weltweit surfen.

Aufklärung und das konkrete Auseinandersetzen mit den Bedürfnissen älterer Menschen ist gefordert, will man die Senioren für die multimediale Welt begeistern. Gerüchte um Datenverlust oder gar -diebstahl oder über das Thema Elektrosmog und natürlich auch über die Kosten verunsichern gerade ältere Menschen sehr stark.

Es ist sicher noch ein weiter Weg bis der Internet-Zugang im Seniorenhaushalt zur Regel wird. Dennoch ist der Bereich der neuen Kommunikationstechnologien bereits heute für Ältere und insbesondere auch für behinderte Personen eine wichtige Hilfe zum Bewahren der Selbständigkeit und Unabhängigkeit.

Fazit: Der Schlüssel zum Seniorenmarkt Wissen

Einige Ideen haben wir bereits vorgestellt: Die Palette reicht von Computerkursen – und dabei wiederum von der generellen Einführung in das Arbeiten am PC bis hin zur hochspezifischen Schulung in ganz bestimmten Software-Programmen (z. B. dem Kalkulationsprogramm für Dachdecker) –, von Internet-Cafés für jung und alt bis hin zu neuen Technologien im Haushalt, beispielsweise das internetfähige Fernsehgerät.

Entschuldigung, sicherlich wollen Sie wissen, welche Bewandtnis es mit dem Kalkulationsprogramm für Dachdecker auf sich hat. Auf den ersten Blick nicht zu erkennen. Aber denken Sie doch bitte einmal an die vielen Handwerksbetriebe, die heute von den Vätern auf die Söhne übergehen. Nicht selten hat die Mutter Lust, den Sohn zu unterstützen – und meist handelt es sich dabei eben um kaufmännische Tätigkeiten wie beispielsweise das Kalkulieren von Aufträgen.

Gerade die jungen, aktiven Senioren, die Führungspositionen innehatten (oder noch immer innehaben), zeigen besonderes Interesse an Computern und neuen Medien.

Wenn Sie sich mit speziellen Angeboten an ältere Menschen wenden, achten Sie bitte besonders im Bereich der neuen Medien auf die notwendige Ausbildung der Personen, die als Ansprechpartner zur Verfügung stehen. Nicht nur die Angst, mit der neuen Situation nicht zurechtzukommen, sondern insbesondere auch die Furcht, vieles aufgrund der fehlenden Fremdsprachenkenntnisse nicht zu verstehen, hemmt die Senioren, sich mit der Materie zu befassen. Für alle Bereiche, die mit dem Computer in Verbindung stehen, gilt ganz besonders die ebenso einfache wie geniale Marketingformel KISS *(Keep it strictly simple* – oder in freier deutscher Übersetzung: Benutzerfreundlichkeit schafft Nachfrage und zufriedene Kunden).

Seniorenmarkt | Geld und Finanzen

„Wie wollen Sie denn die Wohnung finanzieren?" fragte die schick gekleidete Immobilienverkäuferin die ihr gegenübersitzende ältere, ärmlich wirkende Dame. „Finanzieren?" wiederholte diese etwas überrascht. „Finanzieren brauche ich nicht, das Geld habe ich auf dem Sparbuch", antwortete sie und klopfte sich auf die rechte Tasche ihrer Schürze.

Fakten

„Über Geld spricht man nicht, man hat es." Das ist einer der Aussprüche, den wir von Älteren nur zu gut kennen. – Es geht in diesem Beitrag weniger um das Geld zum Konsum, sondern vielmehr um die Situation der Finanzwirtschaft. Zu keiner Zeit wurde soviel Geld vererbt, angelegt, gespendet, gestiftet und von den Versicherungen ausbezahlt wie in diesen und in den kommenden Jahren.

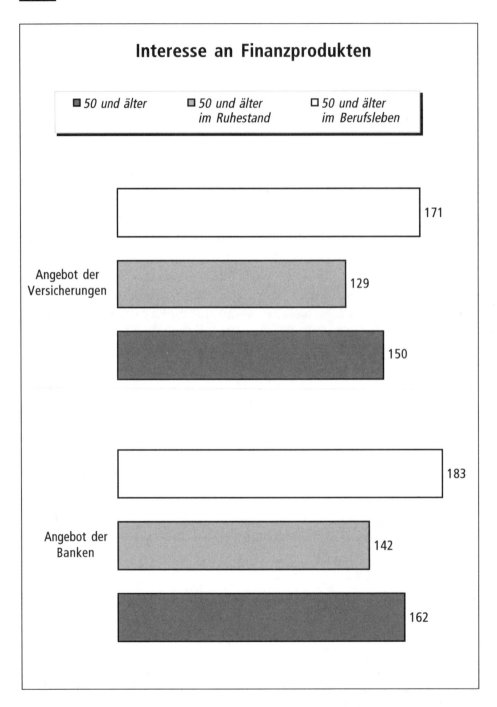

Quelle: TdW Intermedia 98/99, 50+ (durchschnittlich und überdurchschnittlich Motivierte); Index Gesamtbevölkerung = 100

Einige wenige Banken und Versicherungskonzerne entdecken heute die Chancen im Seniorenmarkt und entwickeln spezielle Programme und Dienstleistungen, um die vermögende Klientel zu gewinnen.

Zunächst aber einige Zahlen und Tatsachen:

Vermögensverteilung: Betrachtet man die Verteilung des Geldvermögens in Deutschland, so entfallen nach einer Studie des Deutschen Instituts für Wirtschaftsforschung vom November 1997 auf das Segment der Haushalte mit einem Haushaltsvorstand über 55 Jahre 56,7 % des Geldvermögens. Betrachtet man den Anteil an der Gesamtbevölkerung, so entspricht dieses Segment 42,5 % an den 28,9 Millionen Haushalten im alten Bundesgebiet. Die über 65jährigen verfügen laut Berechnungen der Deutschen Bundesbank über 650 Mrd. DM Geldvermögen. Bis zum Jahr 2000 soll es auf 1,6 Billionen ansteigen.

Vererbung: Nicht nur das momentan vorhandene Geldvermögen, sondern auch Vermögenszuwächse sind bei der Bewertung der finanziellen Situation ein entscheidender Faktor.

In diesem Zusammenhang sind Vermögenszuwächse durch Vererbung von großer Bedeutung. Im Jahre 1990 betrug das Erbvolumen in Deutschland ca. 150 Mrd. DM, bis zum Jahr 2000 wird mit einer Verdopplung des Erbvolumens auf 300 Mrd. DM gerechnet. Rund 50 % der 300.000 Erbschaften haben ein Volumen von mindestens 200.000 DM, zu diesen Ergebnissen kommt die BBE Unternehmensberatung in ihrer Studie „Der Handel: Strategie Outlook".

Man könnte jetzt denken, daß vorwiegend junge Menschen Erbschaften antreten und die Vererbungswelle auf dem Seniorenmarkt gar keine Rolle spielt. Tatsache ist jedoch, daß aufgrund der gestiegenen Lebenserwartung viele Erben bereits über 50 sind, wenn ihre Eltern sterben.

Lebensversicherung: Neben der Erbschaft sind ausgezahlte Lebensversicherungen ein weiterer Faktor für Vermögenszuwächse, die besonders im Alter wirksam werden. Dies wird durch eine Studie des *Spiegels* deutlich.

Erhalten nur 1 % der 14- bis 29jährigen eine Lebensversicherung ausgezahlt, so steigt dieser Anteil bei den 50- bis 64jährigen auf 8 %, bei den über 60jährigen sogar auf 10 %. Haben noch 69 % der 50- bis 64jährigen eine Lebensversicherung, so sinkt der Anteil bei den über 65jährigen auf 45 %.

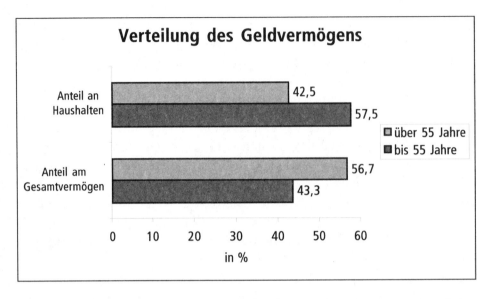

Quelle: DIW Deutsches Institut für Wirtschaftsforschung 11/97; Basis 28.928.000 Haushalte

1997 wurden allein an Lebensversicherungen 75 Mrd. Mark ausbezahlt. Sechsmal mehr als neue Beitragszahlungen in diesem Jahr dazukamen.

Lottomillionäre: Mal ehrlich, geht's Ihnen nicht genauso? Jede Woche fiebern wir der Lottoziehung entgegen – doch Volltreffer landen immer die anderen. Da fragt man sich doch: Wer sind die Glückspilze, die den Jackpot knacken?
In Rheinland-Pfalz weiß man es genau. Zum 50jährigen Bestehen der Toto- und Lottogesellschaft Rheinland-Pfalz hat man genau zu dieser Frage eine Statistik angefertigt. Sie werden es kaum glauben, aber der Durchschnittsgewinner ist 68,5 Jahre alt, Rentner und wohnt am Land. Der älteste Lottomillionär in Rheinland-Pfalz war gar 91 Jahre alt, als er 1994 seine Million gewann. Daß die Senioren vom Lottoglück begünstigt sind, hat einen einfachen Grund: Sie spielen mehr. Meist schon seit Jahrzehnten.

Kredite und Darlehen: Haben 26 % der Haushalte mit einem Haushaltsvorstand von 30 bis 49 Jahren momentan Kredite aufgenommen, so beträgt der Anteil bei den über 65jährigen nur noch 3 %. Dasselbe Bild ergibt sich bei den Hypothekendarlehen und Baufinanzierungen. Hier sinkt der Anteil der noch laufenden Darlehen von 28 % bei den 30- bis 49jährigen auf 6 % bei den über 65jährigen.

Wachstumsmarkt Senioren und Finanzen

Bereits einige Finanzdienstleister haben das Potential der wohlhabenden Senioren erkannt. Denn die Absicherung der erreichten Vermögenssituation und die Erbregelung mit den Nachkommen steht im Mittelpunkt der Lebensplanung älterer Menschen.

Die *Allbank* in Hannover, die *Hypo-Bank,* jetzt *Hypo-Vereinsbank,* in München und die *Quelle Versicherung* in Fürth haben Chancen im Seniorenmarkt nicht nur erkannt, sondern sich auch bereits auf den Weg gemacht, von den Vermögen der Älteren zu profitieren. Und ganz aktuell haben sich die *Refugium Holding AG,* der Betreiber von Sozialimmobilien mit Residenzen in ganz Europa, und die *Generali Lloyd Lebensversicherung* zu einer strategischen Allianz zusammengeschlossen – sie bieten ebenfalls ein speziell für den älteren Menschen entwickeltes Versicherungsprodukt an.

Die *Allbank* schätzt die Senioren als Anleger. Sie sind konservativ – in der Bankensprache heißt das, daß sie auch mit geringen Erträgen zufrieden sind, wenn die Anlage sicher ist. Daß sich mit solchen Anlagen sehr gute Refinanzierungsmöglichkeiten auftun, ist nur einer der Vorteile in der Zusammenarbeit mit den Senioren. Wichtiger als der Prozentwert der Anlageverzinsung ist die Ansprache der Senioren. Die *Allbank* hat die Sonnenblume als Erkennungszeichen gewählt. Auf Prospekten und am Revers des Beraters gibt sie dem Kunden den dezenten Hinweis, an der richtigen Adresse zu sein.

Die *Hypo-Bank* ging und geht einen anderen Weg. Unter dem Begriff „Kompetenz-Kongreß" wurden insbesondere Senioren nach München eingeladen, um im Rahmen einer Vortragsreihe Informationen zu Themen wie Altersvorsorge, Sport- und Leistungsfähigkeit, Euro – die neue Währung, Urlaub, Gesundheit, intelligente Erbschafts- und Finanzplanung etc. zu erhalten. In Zusammenarbeit mit den Partnern *Allianz, Lufthansa und Arabella Hotel* wurde die Veranstaltung zu einem großen Erfolg. Weit mehr als 1500 Interessierte kamen zu der Veranstaltung. Hochkarätige Redner gaben dem Event den entsprechenden Rahmen, die wissenschaftliche Untermauerung und die notwendige Anziehungskraft. Insgesamt eine gelungene und herausragende Veranstaltung.

Oder nehmen Sie das Beispiel Bausparen. Die *LBS Bausparkasse* hat mittlerweile in dem Segment der älteren Bausparer die höchsten Zuwächse. Und auch ihr Club *DomiZiel* erfreut sich wachsender Beliebtheit. Ebenso gewinnt die österreichische *Bausparkasse* immer mehr Senioren als Bausparer.

Gründe für den Abschluß eines Bausparvertrages als Senior gibt es genug: So kann man für alters- und krankheitsbedingt notwendig werdende Anpassungen der Wohnung sparen, oder um für Kinder und Enkelkinder vorzusorgen. Diese Erkenntnis haben die Strategen der österreichischen Bausparkasse mit ihrem „Silbernen Vertrag" umgesetzt. Die kostenlose Übertragung an Angehörige und die leichte Vererbbarkeit sind nur zwei der für die Senioren wichtigen Vorteile. Auch die *Wüstenrot Stiftung* unterstützt sehr intensiv Projekte, die älteren Menschen dienen – logischerweise im ureigensten Geschäft, dem Bauen. Sie fördert beispielsweise innovative und modellhafte Bauprojekte für ältere Menschen oder übernimmt das Sponsorship von Treffen der Experten zu diesem Thema.

Oder die *Quelle Versicherung* in Fürth, die sich auf die Gruppe der 50plus spezialisiert hat und für diese Zielgruppe eine Lebensversicherung ohne Gesundheitsprüfung anbietet. Und diese Leistung gibt es bereits ab 1 DM pro Tag. Mit diesem Produkt ist die *Quelle Versicherung* nach eigenen Aussagen unangefochtener Marktführer. Kein Wunder also, daß die erst 1984 gegründet Gesellschaft schon die Direktversicherung mit den meisten Kunden ist: immerhin 1,4 Millionen. Und davon 70 % in der Zielgruppe 50plus. Auch mit einem weiteren Produkt trifft sie den Bedarf der Senioren zu 100 %. Es handelt sich dabei um eine Krankenversicherung: die Pflegetagegeldversicherung, die den Kunden für den Fall der schwersten Pflegebedürftigkeit absichert.

Trotz der wirklich guten Bemühungen der Banken und Versicherungsgesellschaften gibt es gerade im Tagesgeschäft mit den Senioren noch viele Barrieren zu beseitigen: angefangen von den schlecht zu lesenden Kontoauszügen bis hin zu den allseits offen gestalteten Schalterhallen und dem Trend zur Automatisierung und Ausdünnung der Filialen. In unseren Gesprächen mit älteren Menschen hören wir immer wieder von den Problemen beim Umgang mit den Automaten: sei es der Kontoauszugsdrucker, der so blaß druckt, daß sich die Schrift vom Untergrund kaum abhebt, oder der Geldautomat, dessen Bedienung und Handhabung gerade älteren Menschen besonders schwerfällt.

Nicht, daß sie den Umgang mit den neuen Automaten nicht lernen wollten. Das würden sie gerne tun, nur muß man ihnen dazu eine Chance geben. Mit dem Zusenden der Euroscheck- oder Kontokarte ist es nicht getan. Persönliche Aufklärung und Hilfestellung würden guttun. Die Freizügigkeit, Offenheit und das prachtvolle Funkeln und Glänzen der neuen Schalterhallen mag den Architekten gut gefallen, nur leider den Senioren nicht. Besonders ältere Menschen, die nicht gut hören können und daher lauter angesprochen werden müssen, halten nichts davon, wenn ihr Nachbar, der sich zufällig auch in diesem Moment in der Bank aufhält, alle Finanztransaktionen mitbekommt. Intimität und Diskretion, besonders bei Geldgeschäften, ist den Älteren nach wie vor ein sehr großes Anliegen.

Übrigens: Nicht nur die Senioren hören schlecht, sondern immerhin 14 Millionen Deutsche leiden unter Hörstörungen, und nur jeder zwanzigste trägt ein Hörgerät. Nach Schätzungen haben bereits 29 % der 40- bis 49jährigen Probleme beim Hören.

Spendenmarketing

Nicht nur Banken und Versicherungsgesellschaften sehen in dem älteren Menschen einen interessanten Finanzier, auch die gemeinnützigen Organisationen und Vereine versuchen, über Spenden- und Erbschaftsmarketingkonzepte an das Geld der Senioren zu kommen. Immerhin rund 10 Mrd. DM werden jährlich gespendet – und dies mit steigender Tendenz.

Weder das Statistische Bundesamt noch das Bundesfinanzministerium sind in der Lage, konkrete Zahlen über das Spendenaufkommen in der Bundesrepublik zu liefern. Alle verfügbaren Informationen basieren auf Schätzungen. Ansatzpunkte liefert die Einkommens- und Vermögenssteuerstatistik.

Daraus ergibt sich ein reales Spendenaufkommen von 1,2 Mrd. DM. Seit 1965 hat sich das Spendenaufkommen in etwa vervierfacht.

Der vorgenannte Wert repräsentiert allerdings nur einen Bruchteil des tatsächlichen Spendenaufkommens, wenn man bedenkt, daß der Staat lediglich bei rund einem Viertel aller tatsächlich geleisteten Spenden einen Steuervorteil gewährt. Bezieht man beim Fiskus nicht geltend gemachte Geldspenden (z. B. Bagatellspenden bei Kirchenkollekten, Haus- und Straßensammlungen, Schenkungen, Wohlfahrtsmarken, Lotterielose, Auktionen, Benefizveranstaltungen etc.) mit ein, so ergibt sich ein Spendenvolumen von ca. 10 Mrd. DM jährlich.

Eine kürzlich veröffentlichte repräsentative Untersuchung für die alten und neuen Bundesländer kommt zu dem Ergebnis, daß rund neun von zehn privaten Haushalten schon einmal ein gemeinnütziges Anliegen unterstützt haben. Im Durchschnitt wird pro Jahr fünfmal gespendet. Dabei halten sich Geld- und Sachspenden nahezu die Waage.

Die jährliche Spendensumme beträgt im Durchschnitt 455,20 DM bzw. 1,14 % des Netto-Haushaltseinkommens. Hierbei treten allerdings gravierende Unterschiede zwischen Ost und West auf. Während in den alten Bundesländern im Durchschnitt 530,26 DM bzw. 1,19 % des Budgets für gemeinnützige Zwecke eingesetzt werden, sind dies in den neuen Bundesländern 169,60 DM bzw. 0,57 % der Einkünfte.

Summa summarum: In puncto Finanzen steht die ältere Bevölkerung besser da denn je.

Fazit: Der Schlüssel zum Seniorenmarkt Geld und Finanzen

Bei den Menschen über 50 Jahre handelt es sich um die wohlhabendste Generation, die es jemals in Deutschland gab. Ansätze für ein Seniorenmarketing in bezug auf Geld und Finanzen finden sich viele. Egal, ob Sie die Senioren für besondere Anlageprodukte gewinnen wollen, ob Sie sie zur Errichtung einer Stiftung bewegen möchten, ob Sie ihnen eine Seniorenimmobilie verkaufen wollen, ob Sie sie für besondere Altersvorsorgeprodukte begeistern möchten oder ob Sie Strategien überlegen, wie Sie als Finanzdienstleister z. B. anstehende Auszahlungen aus Lebensversicherungen mittels sinnvoller Anschlußangebote in Ihrem Konzern behalten.

Oft vermutet man hinter den finanzstarken Senioren die ehemaligen Manager oder Inhaber von mittleren und großen Unternehmen. Vordergründig hat man damit natürlich recht. Aber eben nur vordergründig. Wir erwähnten es bereits: Zu keiner Zeit bisher standen so viele Lebensversicherungen zur Auszahlung an bzw. wurde soviel vererbt wie in diesen und in den nächsten Jahren. Die Gruppe der vermögenden Senioren ist also ebenso wie in allen anderen Branchen sehr heterogen – die Bandbreite reicht von der ehemaligen Landwirtin, die ihre Grundstücke versilbert hat, über den Angestellten, der von den Eltern das Häuschen geerbt hat, hin zu dem erwähnten Ex-Manager. Nicht zur vergessen, wenn auch nur zu einem kleinen Teil: die Lottomillionäre.

Jeder geht mit seinem Geld anders um, jeder hat andere Vorstellungen – und jeder will individuell angesprochen werden. Es gilt, sehr trennscharf zu überlegen, mit welchen Angeboten und vor allem mit welchen Aussagen und mit welchen Kommunikationsmedien welcher Kunde wie zu erreichen ist. Stehen bei der einen Gruppe Konsumwünsche im Vordergrund, so können es bei der anderen Vorsorge- oder Absicherungsüberlegungen für sich selbst, für den Ehepartner, für die Kinder und Enkelkinder sein.

Zugegeben – wer an das Geld der Senioren möchte, hat es nicht ganz leicht. Oder doch? Betrachtet man die Anstrengungen der Finanzdienstleister und ihre Werbekampagnen, so fällt – zumindest uns – auf, daß hauptsächlich eine Klientel im Vordergrund der Werbebemühungen steht: der/die erfolgreiche Geschäftsmann/-frau. Für diese Kundengruppe wird eine Vielzahl von Programmen und Angeboten erdacht. Und immer schön mit Bildern und Aussagen unterlegt, die ein/e erfahrene/r Geschäftsmann/-frau versteht.

Die vielen anderen vermögenden potentiellen Kunden werden bislang nur mit einigen wenigen Angeboten, meist aus dem Bereich der Altersvorsorge, angesprochen. Oder kennen Sie spezielle Angebote, die auf die Klientel der erbenden Angestellten und Arbeiter abzielen? Oder die in den Fokus ihrer Bemühungen die vielen Witwen normalverdienender Männer mit einem Kapitalstock von 200.000 bis 300.000 DM stellen?

Seniorenmarkt | Wohnen

Helene, eine gut gehaltene Mittsiebzigerin, hat seit ihrem Oberschenkelhalsbruch – übrigens die häufigste Verletzungsart bei älteren Frauen – nichts mehr zu lachen. Die Treppe in ihrem Reihenhäuschen konnte sie nicht mehr bewältigen. Mit dem Gedanken, ins Altenheim umzuziehen, hatte sie sich bereits vertraut gemacht. Und dies, obwohl sie sonst alles alleine machen konnte – nur eben diese verflixte Treppe … Rechtzeitig las sie in der ADAC-Zeitung die Anzeige eines Treppenliftanbieters. Nach dem Einbau kann sie heute völlig selbständig und ohne fremde Hilfe in ihrem kleinen Haus leben.

Freunde zu empfangen, ist durch den neuen Treppenlift wieder völlig problemlos möglich (Bild: Senioren-Marketing)

Fakten

„Drei Viertel aller älteren Menschen leben doch sowieso in Heimen." Diese und ähnliche Argumente werden immer wieder vorgebracht, wenn es darum geht, darüber nachzudenken, wie das Wohnen im Alter komfortabler gemacht werden könnte. Aber das ist ein großer Irrtum: Nur 5 % aller Senioren leben in institutionellen Einrichtungen der Altenhilfe. 95 % wohnen nach wie vor zu Hause in ihren eigenen vier Wänden.

Die Repräsentativerhebung AWA (Allensbacher Werbeträger-Analyse) über die Verwendung vorhandener Geld- und Vermögenswerte innerhalb der nächsten fünf Jahre zeigt ein Bild, das so gar nicht zu den oben genannten Vorurteilen paßt. Die über 60jährigen haben die Absicht, überwiegend in die Renovierung ihres Hauses/Wohnung zu investieren. Für den Verbleib in der gewohnten Umgebung sind die älteren Menschen bereit, bereits heute Vorsorge zu treffen und viel Geld auszugeben. Und dies nicht nur für Hilfen wie den Treppenlift.

Ebenso wie das Reisen ist auch das Wohnen im Alter mit vielen Bedarfssegmenten belegt, und auch hier ist die Zielgruppe der Älteren ausgesprochen heterogen. Dies betrifft insbesondere die Unterscheidung nach dem Alter. Wohnen im Alter betrifft die Immobilie, die Architektur und somit den Grundriß ebenso wie die Ausstattung und nicht zu vergessen das Wohnumfeld. Nachfolgend möchten wir Ihnen einige Bereiche darstellen und die großen Chancen aufzeigen, die sich unseres Erachtens in allen beschriebenen Segmenten realisieren lassen.

Immobilien

Bereits heute verfügen über 40 % der über 65jährigen über Wohneigentum. Und sie haben sich darauf eingerichtet, auf Dauer in ihrer Wohnung zu bleiben.

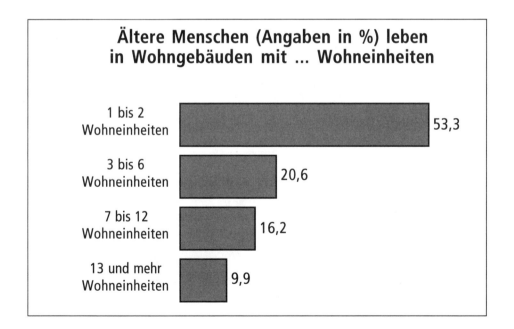

Ältere Menschen (Angaben in %) leben in Wohngebäuden mit ... Wohneinheiten

- 1 bis 2 Wohneinheiten: 53,3
- 3 bis 6 Wohneinheiten: 20,6
- 7 bis 12 Wohneinheiten: 16,2
- 13 und mehr Wohneinheiten: 9,9

Quelle: Wohnverhältnisse älterer Menschen, Ergebnis der 1 %-Gebäude- und Wohnungsstichprobe 1993

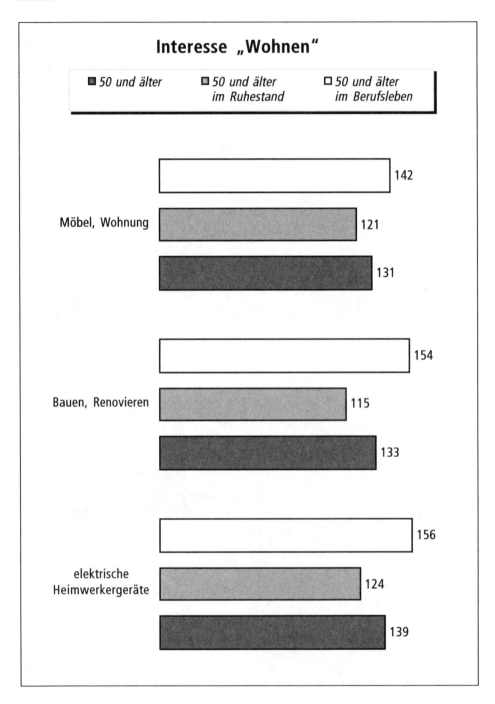

Quelle: TdW Intermedia 98/99, 50+ (durchschnittlich und überdurchschnittlich Motivierte); Index Gesamtbevölkerung = 100

Im Jahr 2010 werden mehr als die Hälfte aller 65- bis 75jährigen in Ein- und Zweifamilienhäusern wohnen. Ältere Menschen leben häufiger als jüngere Menschen in älterem Wohnbestand. Dieses Wohnenbleiben einer großen Zahl älterer Menschen führt zur Überalterung ganzer Siedlungen und Stadtteile. Davon betroffen sind heute bereits die Eigenheimgebiete der fünfziger und sechziger Jahre.

Die Immobilienwirtschaft hat, nicht zuletzt wegen der vorherrschenden Rezession im Baugewerbe, die Gruppe der älteren Menschen schon seit einigen Jahren als Zielgruppe entdeckt. Neue Wohnformen wie das betreute Wohnen, das Service-Wohnen, das integrierte oder generationenübergreifende Wohnen und sogar Spezialformen wie das beschützende Wohnen für Alzheimer-Patienten sind in der jüngeren Vergangenheit entstanden.

Diese neuen Wohnformen zielten, mit Ausnahme des beschützenden Wohnen, zumindest aus Sicht der Initiatoren auf die Gruppe der aktiven Senioren ab. Die Realität zeigt jedoch ein anderes Bild: Nicht die jungen, aktiven 50jährigen Senioren ziehen in solche Wohnanlagen, sondern Personen mit einem Durchschnittsalter von über 70 Jahren sind die Hauptklientel. Sie nutzen das Angebot als Alternative zum herkömmlichen Altenheim oder als Vorsorge, um eben nicht ins Altenheim umziehen zu müssen. Kein Wunder also, daß der erhoffte Run auf diese neuen Wohnformen nicht in der erwarteten Form eingesetzt hat.

Dies bedeutet nicht, daß die Idee, die hinter diesen Einrichtungen steht, nicht den Wünschen der älteren Menschen gerecht wird. Sie trifft die Wünsche meines Erachtens zu 100 %. Nur, der Wunsch ins Altenheim zu gehen, hatte bislang bei den älteren Menschen keinen hohen Stellenwert – weshalb soll sich das bei den neuen Wohnformen ändern? D. h., der Wunsch, im eigenem Heim alt zu werden, ist wesentlich größer als der Wunsch, in eine neue Wohnung umzuziehen.

Dennoch gibt es einen ganz spezifischen Bedarf für Wohnformen, die dem Bewohner ein Höchstmaß an Selbständigkeit bieten – und dies bei hoher Absicherung für den Pflegefall. Aber der Bedarf will geprüft und klar abgegrenzt sein.

Allein im Wirtschaftsraum Nürnberg sind in den letzten Jahren ca. 15 Anlagen aus dem Boden geschossen. Die Bauträger erhofften sich große Gewinne bei den Senioren. – Nicht nur, daß die Nachfrage deutlich überschätzt wurde, auch die Angebote trafen mit ihren Leistungen nicht immer die Vorstellungen der anvisierten Klientel. Dies war weniger eine Frage des Preises als vielmehr eine Frage des Angebotes und der Kommunikation.

Kein Senior, der sich zum Umzug entschlossen hat, kauft oder mietet eine Immobilie. Er kauft die Sicherheit und Gewißheit, Gemeinschaft zu erfahren und gegen die größte seiner Ängste, den Pflegefall, abgesichert zu sein. Um dann eben nicht in ein Alten- und Pflegeheim eingeliefert werden zu müssen.

Das erfolgreichste Projekt in Nürnberg war nicht das des günstigsten Anbieters, sondern ganz im Gegenteil eines der teuersten. Die knapp 150 Wohnungen sind verkauft und belegt, denn das Konzept ist stimmig – sowohl von der Immobilie, von der Ausstattung als auch vom Serviceangebot her.

Die wesentlichen Wohnbedürfnisse aller und damit auch alter Menschen sind:

- Funktionsgerechtigkeit von Wohnung und Wohnumfeld,

- Sicherheit und Schutz,

- Beständigkeit und Vertrautheit,

- Privatheit und Intimität,

- Kontakt, Kommunikation und Zugehörigkeit,

- Anerkennung, Selbstdarstellung und Repräsentation,

- Selbstbestimmung und Selbstgestaltung.

Wie bereits dargestellt, leben 95 % aller über 65jährigen in herkömmlichen Wohnungen und nicht in besonderen Einrichtungen oder Wohnformen. Es ist davon auszugehen, daß auch zukünftig die meisten älteren Menschen so lange wie möglich in der eigenen Wohnung bleiben und selbständig ihr Leben gestalten möchten.

Wohnungsinstandsetzungen und Anpassungen dienen diesem Wunsch. Sie sollen die Voraussetzungen dafür schaffen, daß ältere Menschen in ihrer angestammten Wohnung und damit in ihrem vertrauten sozialen und räumlichen Umfeld bleiben können. Anpassungsmaßnahmen zielen entsprechend darauf ab, Wohnungen so umzugestalten, daß sie dem Bewohner bzw. der Bewohnerin mehr Sicherheit, mehr Bewegungsfreiheit und mehr Komfort bieten.

Angesichts dieser differenzierten Wohnpräferenzen wird die Frage altengerechter Anpassungen in älteren Eigenheimgebieten zunehmend an Bedeutung gewinnen. Jeder vierte Haushalt der heute 50- bis 60jährigen befindet sich in einer Großstadt, jeder vierte in Großstadtnähe. Insgesamt wird zukünftig fast die Hälfte aller Rentner in Verdichtungsregionen wohnen.

Am stärksten wird sich der Alterungsprozeß im Umland der Kernstädte zeigen. Der Anteil der über 60jährigen wird dort von 19 % auf rund 28 % (2010) steigen. Die Hochaltrigkeit (über 75jährige) nimmt im Umland der Städte im Vergleich zu 1990 sogar um 25 % zu.

Aufgrund der starken Eigentumsbildung der zukünftigen Ruheständler in den sechziger und siebziger Jahren liegt die Eigentumsquote (der heute 50- bis 60jährigen) in den alten Ländern bei gegenwärtig rund 63 %. D. h., fast zwei Drittel aller Haushalte dieser Altersgruppe verfügen über Wohneigentum (davon sind mehr als die Hälfte Eigenheime), in dem sie in der Regel selbst wohnen. Sollte sich das Mobilitätsverhalten von Eigentümerhaushalten nicht grundsätzlich ändern, wird im Jahre 2010 die Mehrzahl der 65- bis 75jährigen in Einfamilienhäusern wohnen, die nicht altengerecht ausgestattet sind. Somit werden die Probleme altengerechter Maßnahmen in Ein- und Zweifamilienhäusern mittel- bis langfristig schätzungsweise jeden zweiten Rentnerhaushalt betreffen.

Untersuchungen in sogenannten „alternden Wohngebieten" zur Bedarfssituation älterer Menschen belegen, daß diese Einschätzung den tatsächlichen Wünschen und Bedürfnissen der Bewohner nicht gerecht wird. Zwar ist die Bereitschaft, den Wohnort zu wechseln, gering, da man sich in dem über Jahrzehnte vertraut gewordenen Wohnumfeld sicher und zu Hause fühlt. Dennoch besteht ein deutliches Interesse an einer altengerechten Lebens- und Wohnsituation.

Oft fällt die Bewältigung des Alltags mit zunehmendem Alter so schwer, daß die vorhandene Wohnsituation (Versorgung eines zu groß gewordenen Hauses, Pflege des Gartens) mehr und mehr als Last empfunden wird. Hinzu kommt, daß die tägliche Eigenversorgung zum Teil erhebliche Probleme bereitet. Nicht nur, weil durch die verringerte Mobilität Einkäufe mühsamer werden, sondern auch, weil entsprechende Angebote und Geschäfte in alternden Wohngebieten zunehmend wegfallen. Und nicht zuletzt der fehlende Ansprechpartner – bei den vielen Singles unter den älteren Menschen – ist ein wichtiger Grund für das Interesse an neuen Wohnformen.

Daß neue Wohnformen im Kommen sind, zeigen auch Beispiele in anderen Ländern. So sind beispielsweise die Amerikaner wieder einmal einen Schritt weiter: Die mittlerweile legendären Seniorenstädte, *Sun Cities,* von

Del Webb haben bis zu 40.000 Bewohner über 55 Jahre. Und sie fühlen sich wohl dort.

„Es ist ein anderes Leben in einer Umgebung, in der man verstanden wird, die für unsere Bedürfnisse konzipiert wurde", so eine der Bewohnerinnen auf die Frage, warum sie in der *Sun City* lebt. Viele der älteren Menschen sind in *Sun City* wieder aktiv geworden. Sie betreiben Reparaturdienste, Büchereien, veranstalten Seminare oder leisten ehrenamtliche Tätigkeiten. Wer pflegebedürftig wird, kann in seinem Haus bleiben und wird von den Kirchen und der Gemeinde kostengünstig versorgt. Viele Bewohner sind bereits mit 55 oder 60 Jahren eingezogen, sollten sie später tatsächlich pflegebedürftig werden, so haben sie sich bereits eingelebt und viele Freundschaften aufgebaut, so daß sie ihr Leben bis zum Schluß unter Freunden verbringen.

Es ist fraglich, ob sich solche Konzepte auch in Deutschland durchsetzen werden. Sicher aber ist, daß wir neuen Zeiten des Wohnens im Alter entgegengehen. Die künftigen Ruheständler haben andere Vorstellungen davon. Und sie werden sie verwirklichen können, denn keine Generation verfügt über solche großen finanziellen Mittel wie die Generation, die nach dem Krieg aufgewachsen ist.

Sie haben schuldenfreie Häuser, haben die erste Lebensversicherung bereits ausbezahlt bekommen, die zweite kommt demnächst auf ihr Konto. Und sie sind die Erbengeneration, denn die gestiegene Lebenserwartung in unserem Land hat dazu geführt, daß die Vermögen auch später vererbt werden.

Sie werden vielleicht einen oder auch mehrere Wohnsitze haben, oder sie gründen mit Gleichgesinnten eine Wohngemeinschaft, oder sie verkaufen ihr Haus und ziehen in die Sonnenländer – möglicherweise mit dem Wunsch, im Pflegefall wieder zurück nach Deutschland kommen zu können. Die Zahl der Deutschen, die im Alter ins Ausland wollen, wird nach einer Erhebung des Meinungsforschungsinstituts Forsa, im Auftrag der *Wirtschaftswoche*, immer größer: Rund 40 % der Deutschen können sich vorstellen, im Alter ins Ausland zu gehen.

Am beliebtesten sind bei den Ruheständlern Spanien und die USA. Diesen Trend haben die Immobilienwirtschaft und auch die Wohlfahrtsverbände bereits Anfang der neunziger Jahre erkannt. So eröffnete die Diakonie 1994 ihre Seniorenresidenz *Es Castellot* auf Mallorca. Und es folgt derzeit eine Einrichtung nach der anderen. Die Rubrik „Auslandsimmobilien" in den Tageszeitungen wird von Wochenendausgabe zu Wochenendausgabe umfangreicher.

Eins ist sicher: Ins Altenheim werden die künftigen Senioren genauso wenig wollen wie die heutigen Älteren. Bequemlichkeit, Komfort, Sicherheit und Service stehen in jedem Fall im Vordergrund.

Die Darlegung der Fakten ist etwas ausführlich geraten. Aber gerade diese Fakten lassen eine Vielzahl an Chancen für Industrie, Handel, Handwerk und Dienstleister erkennen. Einige Branchen leben bereits heute ganz gut von diesen Entwicklungen, so beispielsweise die Anbieter von Treppenliften, wie in unserer Einleitungsgeschichte bereits dargestellt. Angesichts des Trends, daß die 65- bis 75jährigen in Zukunft überwiegend in Einfamilienhäusern leben werden, dürfte jedem klar sein, daß diese Branche auch künftig zu tun haben wird.

Wie groß die Chancen sind, zeigt das Beispiel der Firma *Prima:* Das Unternehmen *Prima Treppenlifte,* das wir seit 1998 – dem Gründungsjahr – betreuen, ist bereits nach wenigen Monaten stark gewachsen. Der Inhaber beauftragte uns Anfang des Jahres 1998 mit der Entwicklung einer Marketing- und Werbekonzeption. Sein persönliches Engagement, sein ehrliches Interesse an den älteren Menschen, die er in einer besonderen Lebenssituation kennenlernte – und ein klein wenig auch unsere Ideen für ein zielgruppenadäquates Marketing haben die Grundlage für das Wachstum gelegt. Daß es funktioniert hat, beweist der Erfolg: Der geplante Jahresabsatz von Treppenliften wurde bereits im Sommer 1998 erreicht.

Aber nicht nur für die Treppenliftanbieter scheint das Thema Wohnen im Alter interessant. Immer mehr Möbelhersteller, von der Küche bis zum Schlafzimmer, entdecken die Chancen in diesem Markt. So bietet beispielsweise die Firma *Alno,* auch eine barrierefreie, unterfahrbare Küche für Ältere und Behinderte an.

Mit zunehmendem Alter verändern sich die Ansprüche und Anforderungen an das Wohnen: nicht nur bei Hochbetagten, sondern auch bereits bei den 50jährigen. Stehen hier nicht unbedingt technische Hilfsmittel im Vordergrund, so sind es Gegenstände, die den Komfort des Wohnens erhöhen, die dem Wunsch nach mehr Sicherheit für die gebildeten Werte oder der veränderten Lebenssituation durch den Auszug der Kinder Rechnung tragen.

Aber es sind durchaus auch Themen wie Erhalt der Selbständigkeit, Erneuerung von Einbauten, Um- oder Anbauten, für die sich Menschen jenseits der 50 Jahre aufgeschlossen zeigen.

Die Produkte, die hierfür in Frage kommen, reichen von der Alarmanlage

Unterstützende Produkte von HEWI brin-gen Sicherheit ins Bad (Bild: HEWI)

Schön gestaltet und ergonomisch durch-dacht: die Sitzmöbel von Bisterfeld & Weiss (Bild: Bisterfeld & Weiss)

bis zur Bibliothek, von den unterstützenden Produkten der Firma *HEWI,* wie Haltegriffe und mit-denkende Türschließsysteme, bis hin zu komforta-blen Mikrowellengeräten oder Elektroherden mit der neuen *Leicht-Bedien-Elektronik* der Firmen *Bosch* und *Siemens.* Oder die empfehlens-werten Sitzmöbeln der Firma *Bisterfeld & Weiss* aus dem Programm *B + W Wohnen,* entwickelt vom Designer Prof. Arno Votteler, der selbst schon über 70 Jahre alt ist. Oder der neu entwickelte barrierefreie Waschtisch *Vitalis Pro* aus der Serie *VARICOR®* der Firma *Keramag.* (*VARICOR* ist ein neuer Werkstoff, der viele Vorteile vereinigt. Er ist wärmer als Porzellan, in vielen Farben und Strukturen erhältlich und erfüllt den Wunsch nach Ästhetik und Funktionalität im Bad.)

Gemeinsam ist all den genannten Produkten, daß diese speziell für ältere Menschen entwickelt wurden, ohne das Alter zu stigmatisieren und offen-sichtlich zu zeigen, das ist etwas für einen Menschen, der nicht mehr mit-halten kann.

Die neue Serie von *Keramag* und die Produkte von *HEWI* sind die rühmli-che Ausnahme, wenn es darum geht, barrierefreie Produkte fürs Bad aus-zuwählen, ohne sofort den Eindruck zu haben im Krankenhaus oder Pfle-geheim zu leben. Gerade dem Bad kommt im Alter besondere Bedeutung zu. Die Angebote im Bereich der Ausstattung, egal ob es sich um die Sanitärausstattung oder die Möblierung handelt, orientieren sich an den Anforderungen für Krankenhäuser und für Pflegeeinrichtungen. Es ist nicht nachvollziehbar, warum den Menschen im Alter Ästhetik, Bequemlichkeit und Spaß abgesprochen werden.

Warum müssen Bäder rein funktional gestaltet sein, möglichst weiß gekachelt mit weißen Haltegriffen und weißem Duschvorhang vor der bodengleichen Dusche? Optionen sind gefordert. Natürlich muß die Installation soweit vorbereitet sein, daß man Haltegriffe und technische Hilfen jederzeit ergänzen und anbringen kann. Das muß aber doch nicht bedeuten, daß das Bad nicht auch schön sein kann.

Im Bereich der barrierefreien, ästhetischen Badaustattung gibt es ebenso wie bei den architektonischen Planungen zum Bad noch großen Nachholbedarf. Warum stattet man Bäder nicht als „Wohlfühlbäder" aus, mit der Option Badewanne und bodengleiche Dusche? Warum müssen barrierefreie Produkte immer weiß sein? Oder warum sind die Bäder, die für ältere Menschen geplant werden, nicht auch vom Schlafzimmer aus zu begehen? Warum werden diese Wege nicht besonders kurz gehalten, wenn man weiß, daß ein älterer Mensch im Alter öfter nachts auch die Toilette aufsuchen muß oder im Krankheitsfall keine großen Wege zurücklegen möchte?

Würden Sie sich im Alter ein steriles Bad wünschen? Oder hätten Sie nicht auch Spaß an einem Wohlfühlbad, das vielleicht sogar das Gesundbleiben unterstützt. Kleinigkeiten, die aber gerade beim Neubau den feinen Unterschied in der Vermarktung ausmachen und dem Käufer zeigen, daß man sich mit den Bedürfnissen der künftigen Bewohner auseinandergesetzt hat.

Kürzlich wurde auf der Messe REHA International in Düsseldorf die *Citta ideale,* eine Stadt ohne Barrieren, vorgestellt. Angeregt wurde diese Demonstration durch die norditalienische Stadt Ferrara. Tastbare und farblich kontrastreiche Stadtpläne, Minisender über dem Eingang aller Gebäude, die Informationen über das Haus auf einen Walkman-großen Empfänger übertragen, machen sehbehinderten Menschen die Orientierung leichter. Es gibt Rollstuhlzugänge für jedes Gebäude und ein Haus, in dem alles aufs Wort gehorcht. Eben eine Stadt für alle Menschen.

Aber nicht nur Produkte, die man anfassen kann, zielen auf das Segment der Älteren ab – so beispielsweise das *Instabus System* der Firma *Siemens* oder *Power Net EIB* der Firma *Busch-Jäger.* Beide haben eines gemeinsam: Sie steuern die Haustechnik und wenn gewünscht auch die dazugehörigen Geräte wie Waschmaschine, Kühlschrank oder Herd.

Ansätze für barrierfreie Städte gibt es auch schon in Deutschland. Mehrere Städte verfügen bereits über einen „barriere-freien" Stadtführer. Wiesbaden geht mit sehr gutem Beispiel voran.

Die *Geyer AG* in Nürnberg hat basierend auf dem *Instabus* und dem *Power Net EIB* ein Gerät entwickelt, das diese Steuerungsfunktionen kinderleicht macht, indem sie sie auf den Fernsehbildschirm bringt. Mit einer herkömmlichen Fernbedienung können nun alle Funktionen im Haus gesteuert werden. – Ihnen ist zu warm im Wohnzimmer? Sie gehen in das Steuerungsmenü und regeln die Temperatur, ohne daß Sie Ihren Platz verlassen müssen. Es klingelt an der Tür? Anstelle zur Wohnungstür gehen zu müssen, erhalten Sie das Bild des Besuchers direkt auf Ihr Fernsehbild, allerdings nur, wenn Sie über eine Türkamera verfügen. Fenster automatisch öffnen und schließen? Kein Problem, intelligente Haustechnik macht's möglich. Angenehm auch die Möglichkeit, über einen definierten Lichtschalter, z. B. den im Schlafzimmer, alle oder bestimmte Lichtquellen abzuschalten, sogar verbunden mit der Kontrolle, ob alle Verbraucher wie Elektroherd, TV und Bügeleisen ebenfalls abgestellt sind.

Vielleicht sind Sie der Ansicht: „Technische Spielerei. Wozu soll das nütze sein?" Aber Bequemlichkeit ist der eine Faktor – Sicherheit, Selbständigkeit und Unabhängigkeit bei Krankheit oder Behinderung der weitaus gewichtigere. Nicht nur für den privaten Bereich. Denken Sie z. B. an Krankenhäuser: Wie oft wird eine Schwester gerufen, um das Fenster zu öffnen oder zu schließen, um die Heizung rauf oder runter zu drehen. Zeiten, die sie hierfür aufwendet, fehlen ihr möglicherweise bei der fachlichen Betreuung ihrer Patienten.

Es geht hier nicht darum, den älteren Menschen zum technikabhängigen Individuum zu machen. Es geht vielmehr darum, Optionen zu schaffen: für den Gesunden ebenso wie für den Kranken und denjenigen, der mit körperlichen Einschränkungen lebt. Für eine Welt, in der wir alle besser zurechtkommen, in jedem Alter und mit jeder Behinderung.

Fazit: Der Schlüssel zum Seniorenmarkt Wohnen

Die Ideen reichen vom betreuten Wohnen, Service-Wohnen, Wohnstift bis hin zur Wohnraumanpassung im Bestand und bis zu cleveren Produkten und Dienstleistungen für die Wohnung oder das Haus.

Den Gedanken, Wohnen mit Serviceleistungen zu verknüpfen, halten Sie für einen guten, vielversprechenden Ansatz? Im Prinzip stimmen wir Ihnen zu. Nur muß man die Idee zu Ende denken und zunächst überlegen, was Wohnen für die Menschen bedeutet. Und insbesondere, warum jemand umzieht bzw. wie man seine fokussierte Zielgruppe zum Umzug animieren kann.

Mit der Zahl der Jahre, die man an einem Ort, in einer Wohnung oder Haus wohnt, wird es zusehends schwieriger und anspruchsvoller umzuziehen. Ist man als junger Mensch wegen der Schule, dem Studienort, dem Freund/der Freundin, dem ersten Arbeitsplatz, einer schöneren Wohnung oder einfach zum Spaß, weil man Veränderung suchte, umgezogen, so war dies mit der Familie schon anders. Gründe für den Umzug waren jetzt der Wechsel des Arbeitsplatzes, der Umzug ins Elternhaus, z. B. wegen des Todes eines Elternteils, die Vergrößerung der Familie oder die soziale Verbesserung aufgrund eines höheren Einkommens im Beruf. Und der Umzug wurde zusehends schwieriger und teurer. Möbel waren auf die Wohnsituation abgestimmt, es hat sich mehr Mobiliar angesammelt, die Kinder waren durch die Schule gebunden und hatten, genau wie die Eltern, den Freundeskreis in der Umgebung.

Daß die Umzugswahrscheinlichkeit mit zunehmendem Alter abnimmt, liegt somit auf der Hand. Was bewegt nun aber ältere Menschen zum Umzug? Die Erfahrung zeigt, daß es immer besondere Umstände sind:

- der schwere Krankheitsfall (Sie erinnern sich an den Oberschenkelhalsbruch, oder denken Sie an den Schlaganfall etc.),

- der Verlust des Partners,

- die Angst, ein Pflegefall zu werden,

- und in seltenen Fällen der reine, weitsichtige Vorsorgegedanke.

Es sind besondere Umstände, die einen älteren Menschen zum Umzug bewegen. Und es ist eine besondere Herausforderung, mit den Bedürfnissen, den Wünschen, den Ängsten und Sorgen dieser Menschen umzugehen.

Kein Wunder also, daß die ersten Projekte nur sehr zögerlich angenommen wurden und weder die Bauwirtschaft noch die Wohlfahrtsverbände den erwarteten Boom verspürten. Es gab viele Flops und zum Teil sogar Unternehmen, die an diesen Projekten wirtschaftlich gescheitert sind.

Diese Unternehmen sind mit großem Elan und Hoffnungen an diese neue verheißungsvolle Wohnform herangegangen. Nur leider, und dieser Eindruck festigt sich bei uns, ohne sich Gedanken über ihre Zielgruppe und deren Umzugsverhalten zu machen.

Der Schlüssel zur erfolgreichen Konzeption und Vermarktung dieser neuen Wohnkonzeption liegt in

- der genauen Bedarfsplanung,

- dem Standort,

- dem Vermeiden einer Ghettosituation durch architektonische Maßnahmen,

- dem gebotenen Service durch den Betriebsträger,

- der zielgruppengenauen und -adäquaten Ansprache, insbesondere in den bereits sehr frühzeitig einsetzenden Kommunikationsmaßnahmen,

- der Person, die die Beratung durchführt,

- der Betreuung über den unterschriebenen Vertrag hinaus

- und nicht zuletzt in einem besonderes Umzugsmanagement.

Werden diese Maßnahmen konsequent angewendet und die Ergebnisse der Bedarfsforschung für ein maßgeschneidertes Konzept berücksichtigt, dann lassen sich Konzepte der neuen Wohnformen erfolgreich umsetzen.

Seniorenmarkt | Technik und Design

Sicher passiert das auch bei Ihnen zu Hause: Der Vakuumverschluß des Essiggurkenglases schließt so gut, daß sich Ihr neunjähriger Sohn, Ihre 35jährige Ehefrau und Ihre 72jährige Mutter vergeblich mit dem Öffnen des Glases abmühen. Nun sind Sie aber gerade dann, wenn Ihre Familienmitglieder Lust auf Essiggurken haben, nicht da. Pech gehabt, keine Essiggurken!

Was halten Sie von der folgenden Vision? Stellen Sie sich vor, Ihre Oma könnte über mehrere Wochen in ihrem Haus bleiben, ohne daß es ihr an etwas mangelt. Sie könnte über ihr Fernsehgerät im Supermarkt nebenan jeden Tag frische Lebensmittel bestellen. Der Service vom Supermarkt würde die Bestellung im Laufe des Tages liefern. Selbst die Bezahlung der Waren könnte online im direkten Kontakt mit der Bank erfolgen. Wenn Oma schon einmal bei der Bank eingeloggt ist, könnte sie auch gleich noch die Aktienkurse des eigenen Depots abfragen. Oder sie spricht mit dem Enkel in den USA: Über das im TV eingebaute Bildtelefon kann sie sich vergewissern, daß es ihm auch gut geht, und sehen, wie das Wetter in Los Angeles ist.

Aber noch viel mehr kann das Fernsehgerät der Zukunft: So ist es mit ihrer Haustürklingel verbunden und zeigt ihr als Fernsehbild an, wer gerade vor der Türe steht. Sie kann dann entscheiden, ob sie fernbedient öffnet oder eben nicht. Genauso leicht funktioniert die Steuerung der Heizung, das Öffnen und Schließen der Fenster oder das An- und Ausschalten der Lampen.

Aber nicht nur Aufgaben des täglichen Bedarfs könnte Ihre Großmutter mit der modernen Technik erledigen. Im Notfall wäre es auch möglich, über den hauseigenen Notruf den Notarzt zu verständigen.

Übrigens: Beim Verlassen des Hauses erkennt das intelligente Türschloß, daß sich niemand mehr im Haus befindet. Alle elektrischen Geräte werden geprüft, das eventuell vergessene Bügeleisen kann dadurch nicht mehr zur Gefahr werden. Die Heizung wird zurückgefahren und alle Lampen ausgeschaltet.

Fakten

Sie denken, ältere Menschen sind technikfeindlich, und die oben beschriebene Vision wird nicht eintreten. Weit gefehlt, bereits heute sind alle beschriebenen Möglichkeiten Realität. Mit dem bereits erwähnten *Instabus EIB*, dem europäischen Installationsbus der Firma *Siemens*, oder dem ebenfalls erwähnten *Powerline EIB* von *Busch-Jäger* in Kombination mit dem TV-Manager der Firma *Geyer* in Nürnberg lassen sich alle diese Möglichkeiten realisieren. Diese Systeme steigern die Sicherheit, Wirtschaftlichkeit und den Komfort im privaten Wohnbereich für alle Menschen.

Künftig werden die älteren Menschen also die Stricknadel gegen die Fernbedienung tauschen. Zukunftsmusik? Nein, erlebte Realität! Bereits heute steuern die Senioren mit der Fernbedienung nicht mehr nur den Fernseher, sondern auch das Garagentor, den Fernsehsessel, den Antrieb für den Lattenrost im Bett, um die bequemste Stellung einzustellen, und natürlich den CD-Player und den Anrufbeantworter. Die Mikrowelle und die Waschmaschine könnten ebenfalls mit der Fernbedienung gesteuert werden. Die Geräte gibt es bereits – aber sicherlich wird erst die künftige Generation der Senioren über diese Geräte tatsächlich voll verfügen.

„Technische Geräte sind unerläßliche Hilfen für eine selbständige Haushaltsführung und für die Aufrechterhaltung sozialer Beziehungen", heißt es in dem Abschlußbericht „Technik, Alter, Lebensqualität", der vom Wissenschaftszentrum Berlin mit der Förderung des Bundesforschungs- sowie des Familien- und des Seniorenministeriums vor einigen Jahren erstellt wurde.

Sicherlich haben die heutigen Senioren noch Schwierigkeiten, alle diese neuen innovativen Technologien zu nutzen, für die nächste Generation wird das aber selbstverständlich sein. Teleshopping, Telemedizin und Telebanking sind dann genauso üblich wie die Nutzung des Internet, um bei-

*Mit dem Spracheingabe-
gerät SICARE pilot für
den Siemens Instabus EIB
steuern Sie alle Funktionen
Ihres Hauses kinderleicht
(Bild: Siemens)*

spielsweise bei Krankheit mittels Fernseher am Kaffeekränzchen der
Freundinnen teilzunehmen.

Die Ansätze des *Transgenerational Design* von James Pirkl hat Roger Coleman vom Royal College of Art aufgegriffen und das DAN (Design for
Ageing Network) ins Leben gerufen. Mittlerweile haben sich die Ideen des
DAN in vielen europäischen Ländern verbreitet. Die Deutschlandgruppe
hat sich im Jahr 1998 mit den Schweizer und österreichischen Kollegen zu
einem interdisziplinären Verein von Designern, Architekten, Soziologen
und Marketingfachleuten zusammengeschlossen. Die Verbreitung der Idee
des transgenerativen Designs und die barrierefreie Umweltgestaltung für
alle steht dabei im Vordergrund.

Unter dem Titel „Design für die Zukunft" wurde 1998 von Roger Coleman das erste deutschsprachige Buch zum Thema transgeneratives Design
herausgegeben. Roger Coleman beschreibt und zeigt Beispiele aus verschiedenen Ländern. Die Schwerpunkte reichen vom Wohnen bis hin zur
Mode oder einem visionären Supermarkt der Zukunft. So hat er beispielsweise im Rahmen seines „Design-Age"-Programmes 100 Nahrungsmittel-
verpackungen auf ihre „Öffnungswiderstände" hin untersucht und daraufhin nutzerfreundliche Verpackungsprototypen entworfen.

Daß Design immer mehr zu einer Bestimmungsgröße und zu einem wichtigen Faktor zur Produktdifferenzierung wird, zeigt sich heute stark im Bereich des Produkt- und Verpackungsdesigns. Immer aufwendigere und künstlerische Verpackungen, z. B. bei Parfums, oder auf der anderen Seite immer einfachere, kostengünstige Verpackungen werden im Kampf um die Gunst des Konsumenten eingesetzt. Vorherrschend sind dabei Ansätze wie Differenzierung im Regal durch auffallende Verpackungen, zweckmäßige aber kostengünstigte Produktion oder aber auch Reduzierung der Materialien.

Erst in jüngster Vergangenheit, durch Initiativen einiger Design-Hochschulen wie beispielsweise die Bergische Universität Gesamthochschule Wuppertal, die Fachhochschule Potsdam, die Fachhochschule Münster und noch einige mehr sowie durch Veranstaltungen, Vortragsreihen und Veröffentlichungen des DAN, der Gesellschaft für Gerontotechnik, des European Institute for Design and Disability, der International Association for Gerontechnology – die übrigens 1999 bereits die dritte Internationale Konferenz zum Thema Gerontechnologie ausrichtet – oder des AGEin Förderverein Institut für Altersforschung und Gerontechnologie, rücken die Ansätze eines benutzerfreundlichen, ergonomischen Designs wieder stärker in das Bewußtsein der Designer und Ingenieure.

Interdisziplinär untersucht der Förderverein Institut für Altersforschung und Gerontechnologie neue Möglichkeiten für mehr Lebensqualität im Alter. Mitglieder des Vereins sind Kommunen, Universitäten, Industrie, Mittelstand, Bauwirtschaft, Handels- und Handwerkskammer und Freiberufler. Sie alle verfolgen gemeinsam ein Ziel: die Förderung neuer Technologien und Dienstleistungen für ein selbständiges Leben und Wohnen im Alter. Und sie wollen durch ihre unterschiedlichsten Aktivitäten einen qualifizierten Informationsaustausch aller Beteiligten am Wachstumsmarkt Senioren ermöglichen sowie ein Feedback zwischen Anbieter und Nachfrager fördern.

Gerade im Bereich der Medizin ergeben sich durch die neuen Technologien vielfältige Ansatzpunkte. So könnte beispielsweise im Bad ein Meßcomputer angebracht werden, der Körpertemperatur und Puls mißt. Oder das speziell präparierte WC leitet die Werte der Urinprobe direkt zum Hausarzt weiter. Oder die Tablettenverpackung, die mittels Chip vorgibt, wann welche Arznei einzunehmen ist und die Einnahme bzw. die Entnahmen der Arznei an den zuständigen Arzt meldet. Sicherlich noch Zukunftsmusik, aber gerade im letztgenannten Fall sehr sinnvoll, denn immerhin 5 bis 10 %, aller Einlieferungen ins Krankenhaus – so schätzt man – erfolgen

wegen falsch oder nicht eingenommener Arzneimittel. Die Folge: nochma-
lige Behandlung, neue Arzneimittel, enorme Mehrkosten für unser Ge-
sundheitssystem.

Barrierefreie Gebrauchsgüte

Unter dem Stichwort „barrierefreie Gebrauchsgüte" wird derzeit eine
Norm erarbeitet, die Produkte hinsichtlich ihrer Handhabung untersucht.
Es wird gefordert, daß Gebrauchsgüte ein zusätzlicher Konstruktionspara-
meter bei Ingenieuren wird.
Von Prof. Dr. Siegfried Maser von der Uni Wuppertal stammt folgendes
Zitat: „Design heißt: Entwerfen und Gestalten von Produkten, die uns
Menschen zum Leben dienen. Verstehen sich die Designer beispielsweise
als Dienstleister für Wirtschaft und Gesellschaft, so muß vorab geklärt sein,
was Mitwirkung am wirtschaftlichen Erfolg bzw. was Mitwirkung an der
Produktion von Lebensqualität, von gesellschaftlichem Nutzen bedeuten."
Prof. Maser spricht mit Worten, die wir im Marketing nur zu gut kennen,
vom Nutzen und vom Dienen. Genauso wie es im Marketing üblich ist –
den Nutzen in den Vordergrund zu stellen –, sollte der Nutzen für den
Menschen auch beim Design und bei der Entwicklung von Produkten im
Vordergrund stehen.
Scheinbar sind wir nicht in der Lage, einfach handhabbare Alltagsprodukte
zu konstruieren. Die Scheckkarte etwa – fast jeden Tag benutzen wir sie,
und jedesmal wieder überlegen wir, wie sie nun durch den Kartenautomaten
zu ziehen ist, auf welcher Seite nun gleich wieder der Magnetstreifen sein
muß. Aber nicht nur die tägliche Handhabung ist Tag für Tag eine Herausforderung für unser logisches Denken. Auch schon allein die Unterschrift
auf der Rückseite anzubringen, erfordert fast künstlerisches Geschick.
Vielleicht erleben Sie auch manchmal eine ähnliche Situation bei Ihrem
wöchentlichen Lebensmitteleinkauf: Als Kunde staunt man jedesmal über
die Verpackungskünstler, die es immer wieder schaffen, so nützliche Angaben wie das Verfallsdatum mehr oder weniger unleserlich und bei jedem
Produkt, ja selbst bei jeder Produktgattung, an eine andere Stelle zu setzen.
Besonders bedauernswert sind die Millionen von Menschen, die nicht mehr
mit der Blickschärfe eines Adlers gesegnet sind und die versuchen, auf einer Konservendose das puristisch dezent Ton in Ton eingestanzte Verfallsdatum zu erahnen.

Das Leicht-Bedien-Konzept der Robert Bosch Hausgeräte GmbH (Bild: Robert Bosch Hausgeräte GmbH)

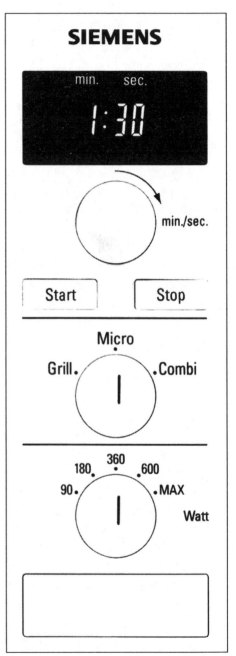

Die ersten Ansätze in Richtung Benutzerfreundlichkeit sind gemacht. Solche Überlegungen sind beispielsweise bei dem Schnellkochtopf *Sicomatik E* von *Silit* mit eingeflossen. Extragroße Drehregler und Griffe und eine Kochstufen- und Dampfdruckanzeige, die auch ohne Brille gut zu erkennen ist, erleichtern nicht nur älteren Menschen die Handhabung. Oder die Produkte der Firmen *Bosch* und *Siemens,* die unter dem Label *Leicht-Bedien-Konzept* angeboten werden. Schon seit vielen Jahren hat sich die Firma *HEWI* sehr erfolgreich auf barrierefreie Ausstattungen für Bäder spezialisiert. Für den Chefdesigner, Gerhard Kampe, stellen gerade die Barrieren die besonderen Herausforderungen dar, darüber hinwegzudenken.

Ist es nicht gerade die Aufgabe des Marketings, Kundenbedürfnisse

Eindeutige Beschriftung, große Drehknöpfe und Tasten zeichnen das Bedien-Konzept der Siemens-Electrogeräte GmbH aus (Bild: Siemens-Electrogeräte GmbH)

ausfindig zu machen und zu erfüllen? Warum orientiert man sich dann nicht an den Bedürfnissen einer wohlhabenden Bevölkerungsgruppe? Spricht man mit Älteren, dann hört man, daß mehr als zwei Drittel mit der Produktgestaltung und mehr als die Hälfte mit den Einkaufsbedingungen unzufrieden sind.

Man erfährt aber auch, daß z. B. 40 % des Sektumsatzes von den Älteren getätigt werden. Sicher Grund genug, z. B. über einen anderen Verschluß nachzudenken. Denn die meisten älteren Menschen leben alleine und sind überwiegend Frauen. Wären Gurkengläser, Sektflaschen etc. einfacher zu öffnen, gäbe es Single-gerechtere Verkaufseinheiten, käme das auch vielen jüngeren Konsumenten sehr entgegen.

Fazit: Der Schlüssel zum Seniorenmarkt Technik und Design

Generationsübergreifendes Marketing ist eindeutig zu bejahen. Der Nutzen, und nicht eine altersbegrenzte Zielgruppe, entscheidet über den Erfolg oder Mißerfolg eines Produktes. Ziel muß es sein, bedürfnisgerechte Produkte und Dienstleistungen sowie eine barrierefreie Kommunikation für einen der am schnellsten wachsenden Märkte zu entwickeln. Und damit gleichzeitig den Wünschen komfortbewußter jüngerer Menschen entgegenzukommen.

„Barrierefrei" heißt: „verständlich" – egal, ob es sich um die verbale, schriftliche, visuelle, auditive, haptische oder emotionale Ansprache handelt. „Barrierefrei" heißt aber ebenso: „leicht zu handhaben".

Bereits seit über zehn Jahren propagiert der amerikanische Professor James J. Pirkl den Begriff des *Transgenerational Design.* Im *best age report* wurde 1997 ein Interview mit ihm veröffentlicht aus dem der nachfolgende Satz stammt: „Transgeneratives Design bedeutet, von Beginn an Produkte und Lebensräume an physische und sensorische Beeinträchtigungen, die mit dem Alterungsprozeß einhergehen und damit Unabhängigkeit einschränken, anzupassen. Diese Methode schreit nach Produkten und Angeboten, die den Ansprüchen reiferer Verwender entgegenkommen. Mit wenigen Ausnahmen können die meisten Produkte zum Nutzen einer transgenerativen Bevölkerung gestaltet werden und somit ältere als auch jüngere Menschen optimal erreichen – ohne eine Gruppe auszugrenzen."

Das Wissen wird transparenter, und fast alle Unternehmen suchen nach Differenzierungsmöglichkeiten und nach Kriterien, um ihren Produkten eine Alleinstellung zu verschaffen. Die Benutzerfreundlichkeit kann dabei nicht nur ein interessanter Marketingfaktor sein, sondern darüber hinaus zu einer komfortableren Produktwelt beitragen.

Die Zeichen der Zeit stehen auf „benutzerfreundlich" und „einfach". Kaum jemand ist noch bereit, Gebrauchsanweisungen, Beschreibungen oder Erklärungen zu studieren – außer vielleicht Technikmasochisten, die besondere Lust empfinden, das geheime Rätsel der Videorecorder-Programmierung zu lösen, oder die als eine Art technischer „Indiana Jones" im 400 Seiten starken Manual auf die Suche nach der richtigen Erklärung des nicht verstandenen Softwarebefehls gehen.

Die Beachtung der Bedürfnisse älterer Menschen dient allen Konsumenten – und damit letztlich dem Anbieter. Produktentwickler, Designer, Marketingleute und Werber sind demnach gut beraten, generationsübergreifend zu denken und zu handeln.

Seniorenmarkt | Tiere

„Meine heißt Trixi, wie heißt denn Ihrer?" fragte die freundlich aussehende Mischlingshundbesitzerin. Solche Begrüßungen ergeben sich zwischen völlig fremden Tierhaltern täglich mehrmals. Und dies, ohne daß dahinter ein besonderes Anliegen vermutet wird. Tierhalter sind eben anders.

Vielleicht sind Sie ja selbst Tierhalter – dann wissen Sie um den fast schon magischen Sympathiebonus, der Ihnen beispielsweise als Hundebesitzer entgegengebracht wird. Die Menschen sind freundlicher und aufgeschlossener, wenn Sie mit einem Tier unterwegs sind.

Was das mit Marketing zu tun hat, fragen Sie sich vielleicht? Meines Erachtens eine ganze Menge. Tiere bieten im Zusammenhang mit älteren Menschen viele Marketingansätze. Egal, ob als Sympathieträger in der Werbung eingesetzt, als „Therapeut" in der Zusammenarbeit bei Alzheimer-Patienten oder ganz sim-

Bild: Senioren-Marketing

pel als Verbraucher von Tiernahrung, als Besucher von Tierärzten oder als bester Freund des Menschen, der gerne beschenkt wird.

„Menschen brauchen Tiere, Tiere brauchen Menschen" – unter diesem Titel beschreibt Prof. Dr. Olbrich vom Psychologischen Institut der Universität Erlangen einige für das Marketing wichtige Fakten sehr anschaulich. Tiere in der Werbung haben einen hohen Aufmerksamkeitswert, und sie übermitteln eine positive Botschaft, die auf das Produkt abfärbt. Egal, ob das die lila Kuh von *Milka* oder die Affen von *Toyota* sind, die uns mitteilen, daß nichts unmöglich ist.

Interessant ist auch das von Prof. Olbrich zitierte Beispiel einer Studie zum Sympathiebonus von Tieren. So wurde ein Rolllstuhlfahrer gebeten, einen standardisierten Weg durch einen amerikanischen Supermarkt zu fahren. Der Rollstuhlfahrer sollte dabei seine Einkäufe tätigen, aber auch stets an derselben Stelle dafür sorgen, daß ihm kleine Mißgeschicke passieren, wie etwa, daß er an einen Warenstapel stieß oder daß er eine Packung oben im Regal nicht erreichen konnte. Sie vermuten es wahrscheinlich schon: Als der Rollstuhlfahrer von seinem Haustier begleitet wurde, bekam er nicht nur häufiger Hilfe bei seinen Problemen, er wurde auch häufiger angelächelt und angesprochen.

Prof. Olbrich kommt zu dem Schluß, daß Tiere als Vermittler in der Kommunikation der Menschen untereinander eine entscheidende Rolle einnehmen.

Fakten

Knapp 5,3 Mrd. DM gaben Tierhalter 1997 für die Ernährung und Haltung ihrer Lieblinge aus. Der Anteil der Fertignahrung betrug 3,9 Mrd. DM, davon 1,8 Mrd. für miauende und 1,6 Mrd. DM für bellende Menschenfreunde. Immerhin 1,4 Mrd. DM werden für Bedarfsartikel und Zubehör ausgegeben.

Die Angebotspalette reicht vom Spielzeug für das Haustier bis zur Kleidung oder dem Ratgeber für den Tierhalter. 20,8 Millionen Tiere leben in rund elf Millionen Haushalten. D. h., in jedem dritten Haushalt werden Tiere gehalten – so die aktuellen Zahlen des Industrieverbandes Heimtierbedarf.

Betrachtet man das soziodemographische Bild der Tierhalter, so ergibt sich, daß Singles mehr zu Katzen neigen, Familien eher auf den Hund oder das

Pferd für die Tochter kommen. Die Verbraucheranalyse 1997 zeigt auf, daß 19,2 % der 50- bis 59jährigen Hundehalter sind und 19 % in dieser Altersgruppe eine Katze ihr eigen nennen. Bei den 60- bis 69jährigen halten immerhin noch 13,8 % einen Hund bzw. 13,7 % eine Katze.

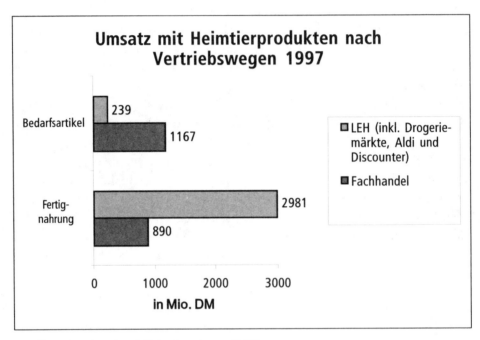

Quelle: Industrieverband Heimtiernahrung (IVH)

Die Haustiere leben – umgekehrt wie die Menschen – öfter in Eigenheimen als in Mietwohnungen. Denn bellende Hunde sind den Vermietern immer noch ein Dorn im Auge. Katzen dagegen werden schon eher geduldet. Am liebsten sind den Vermietern jedoch die Vögel. Dies ist vermutlich auch der Grund, weswegen Wellensittiche häufiger in Mietwohnungen anzutreffen sind als in Eigenheimen.

Eine in den USA durchgeführte Studie (PACT – People and Animals Coming Together) ergab, daß sich ältere Menschen gerne ein Tier halten:

- als Begleiter, um etwas Lebendiges im Haus zu haben,

- für die persönliche Sicherheit,

- um mit dessen Hilfe schlechtes Seh- oder Hörvermögen auszugleichen,

- aus Liebe und Verantwortung einem Mitlebewesen gegenüber,

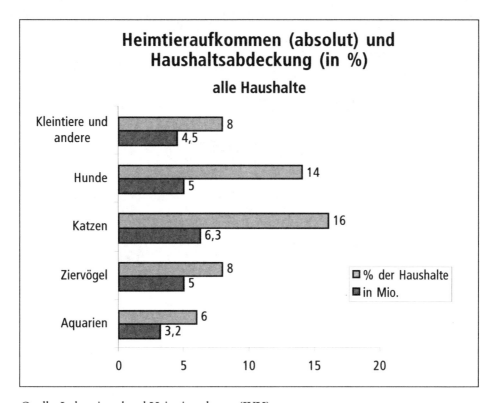

Quelle: Industrieverband Heimtiernahrung (IVH)

■ als Unterstützung bei Rehabilitationsmaßnahmen,

■ weil es zum Zuhause gehört (Tradition),

■ aus Bewunderung für die Schönheit des Tieres,

■ als Hobby,

■ als wertvoller Besitz oder Statussymbol.

Bevor wir weiter auf die marketingrelevanten Inhalte zu den tierhaltenden Senioren eingehen, möchte wir Sie zu einem kleinen Ausflug in die Medizin, im Sinne eines Benchmarking, einladen. Der folgende Beitrag hat vielleicht zunächst nicht offensichtlich mit Marketing zu tun, doch beschreibt er auf seine Weise sehr eindeutig den Wandel hin zu mehr Gemeinsamkeit und Menschlichkeit, der sich derzeit in unserer Gesellschaft vollzieht.

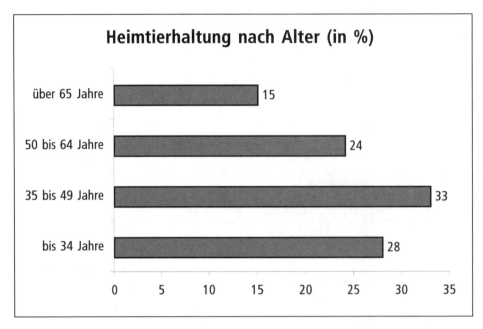

Quelle: Industrieverband Heimtiernahrung (IVH)

Exkurs: Zur Bedeutung von Heimtieren für Gesundheit und Lebensqualität älterer Menschen

Tier- und Humanmediziner, Biologen und Psychologen, Sozial- und Humanwissenschaftler entdecken eine uralte Erfahrung wieder: Eine intakte Beziehung zur Natur und zu unseren Mitlebewesen – den Menschen, Tieren und Pflanzen – fördert ein Erleben von Einbettung in Gemeinschaft und Umwelt, sie beugt der Vereinsamung vor und wirkt sich positiv auf die physische und psychische Gesundheit und Lebensqualität von Menschen aus. Neu ist diese Erfahrung nicht. Zum einen haben Menschen Tiere seit vielen tausend Jahren genutzt, sei es bei der Arbeit, bei der Jagd oder für den Transport. Tiere sind zu einer wesentlichen Quelle unserer Ernährung geworden, viele Produkte nutzen Teile von tierischen Körpern. Aber Tiere sind zum zweiten durch die Geschichte hindurch auch Gefährten von Menschen gewesen. Die soziale und emotionale Bedeutung von Heimtieren wird in den letzten Jahren deutlicher gesehen als ihr instrumenteller Nutzen. Neu ist vor allem die Tatsache, daß sich Wissenschaftler mehr und mehr der Beschreibung und der Erklärung der Bedeutung von Heimtieren für Menschen zuwenden und daß solches Wissen zunehmend in der Ausbildung, in der Therapie und im alltäglichen Zusammenleben von Tier und Mensch eingesetzt wird.

Studien zur Mensch-Tier-Beziehung sind überwiegend mit alten Menschen durchgeführt worden (Arkow, Kal Kann, Struckus). Erklärbar ist dies zum Teil schon durch die steigende Zahl alter Menschen in den entwickelten Gesellschaften. Struckus (1991) führt beispielsweise aus, daß mit der Zunahme der Zahl alter und hilfebedürftiger Menschen eine sozialpolitische Herausforderung einhergeht, welche die Entwicklung neuer Interventionsformen verlangt. Und er fährt fort, daß unsere Gesellschaft wohl erkannt hat, daß es wenig kostet, Tiere einzusetzen, die alten Menschen Begleitung und Zuneigung anbieten, die unbedingte Liebe, aber auch Anstoß zur Bewegung geben, die Interaktionspartner sind und zugleich aktivieren. Tiere werden hier zu positiven Faktoren im „gesellschaftlichen Belastungsdiskurs" über das Altern.

(Aus: „Die Bedeutung von Heimtieren für Gesundheit und Lebensqualität älterer Menschen" von Prof Dr. Erhard Olbrich, zitiert aus dem Buch „Aktivierungs-Programme für Senioren", herausgegeben von Krista Mertens, 1997.)

Fazit: Der Schlüssel zum Seniorenmarkt Tiere

Der Exkurs zeigt, wie bedeutsam die Mensch-Tier-Beziehung gerade für ältere Menschen ist. Wie Sie dieses Wissen für das Marketing anwenden können? Denken Sie beispielsweise an Tiere als Sympathieträger in der Werbung. Über das Tier finden Sie schnelleren Zugang zu Ihrer Zielgruppe. Oder überlegen Sie, wie Sie Tierhaltern eine Freude machen können, die Ihr Geschäft aufsuchen. Die berühmte „Bello's Bar", immer gut gefüllt mit frischem Wasser, ist eine Möglichkeit. Eine andere könnte vielleicht sein, darüber nachzudenken, was eine Kundin mit ihrem Hund macht, während sie in der Umkleidekabine Kleidungsstücke anprobiert. Oder: Wohin mit dem Hund, wenn in Ihrem Geschäft keine Tiere geduldet werden oder diese den Laden grundsätzlich nicht betreten dürfen, wie das beispielsweise in allen Lebensmittelmärkten der Fall ist?

Überlegen Sie, wie schwierig es für einen älteren Menschen ist, sein krankes Tier, insbesondere wenn es sich z. B. um einen großen, schweren Hund handelt, zum Tierarzt zu bringen. Schwierig wird es nicht nur, wenn sein Liebling krank wird, sondern immer auch dann, wenn er selbst krank ist – egal, ob zu Hause oder im Krankenhaus – und das Gassi-Gehen und die Zubereitung der täglichen Mahlzeit ausfallen muß. Dienstleistungsangebote sind gefordert – beispielsweise vom Krankenhaus, das möglicherweise in Zusammenarbeit mit dem städtischen Tierheim einen solchen Dienst einrichtet. In Zeiten, in denen die Krankenhäuser privatisiert werden und in denen die Krankenhausmanager nach Differenzierungsmöglichkeiten suchen, vielleicht eine nette Dienstleistungsidee für die Patienten. – Oder private Initiativen von Hundehaltern, die sich um solche Tiere kümmern. Oder aber auch professionelle Hundehüter-Agenturen. Und so weiter …

Aber nicht nur die besondere Situation der Krankheit fordert den Tierhalter, sondern auch der tägliche Umgang mit der Zubereitung des Fressens oder dem Einkaufen geeigneter Tiernahrung. Von der Handhabbarkeit der Verpackung, der Lesbarkeit der Zutaten (z. B. um das eigene Tier bei Krankheit besonders gesund zu ernähren), dem Öffnen der Verpackung und den Verpackungsgrößen ganz zu schweigen. So fällt älteren Menschen, wie bereits mehrfach erwähnt, das Lesen kleiner Verpackungsbeschriftungen, das Öffnen von Konserven, das Tragen von 5 kg schweren Hundefutter-Packungen und selbst das Hochheben und Hinunterstellen des Freßnapfes besonders schwer.

Daß beispielsweise ältere Hunde eine besondere Ernährung benötigen, haben die Spezialisten bei *Pedigree Pal* bereits erkannt und *Pedigree Pal Senior* eingeführt. Hoffen wir, daß dieser Hersteller auch herausfindet, daß der Käufer dieses speziellen Angebotes aller Wahrscheinlichkeit nach mit seinem Hund alt geworden ist. Der Packungsinhalt – dies unterstellen wir – schmeckt mit Sicherheit dem Hund. Aber „schmeckt" die Verpackung auch dem Käufer?

Mit etwas mehr Rücksicht auf die Bedürfnisse älterer Heimtierbesitzer könnte die Industrie noch den einen oder anderen Prozentpunkt an Marktanteil gutmachen.

Nicht nur die Industrie ist gefordert, mehr Ideen rund um die Heimtierhaltung bei älteren Menschen zu generieren, sondern auch Ärzte, Tierärzte wie Humanmediziner, Restaurant- und Hotelbesitzer. Sind Tiere, insbesondere Hunde, geduldet oder gerne gesehen – z. B. erkennbar durch eine Hundebar oder einen speziellen Service rund um den Hund –, wenn Frauchen oder Herrchen essen oder übernachten möchten? Es sind nicht immer nur die großen Tiere, auch für Vögel haben Senioren ein Herz. Vielleicht denken Sie mal darüber nach, die Sympathievorteile der Tiere im Werben um die Gunst der Älteren stärker einzusetzen. Egal, ob Sie sich für Ihr Ladengeschäft eine Vogel-Voliere anschaffen, ein Aquarium in Ihrem Krankenhaus oder Seniorenstift einrichten, oder ob Sie Tiere in der Werbung einsetzen – der Sympathiebonus der Senioren ist Ihnen gewiß.

Handel und Kommunikation – das Tor zum älteren Konsumenten

Der Handel

Zum Abschluß der Branchenbetrachtung möchten wir noch ein zentrales Thema der Vermarktung betrachten: die Distribution. Denn Ihre Produkte und Dienstleistungen müssen zum Kunden. Wege dahin gibt es viele, Wege, die direkt und schnell zum Ziel führen, aber nur wenige.

Einer davon ist der Direktvertrieb in Form des Direktmarketings, des Versandhandels oder aber auch des Hausbesuches. Warum dies lukrativ ist, hängt mit folgendem Sachverhalt zusammen: Direktmarketing-Aktionen sind bei der älteren Zielgruppe erfolgreicher als bei jungen Briefempfängern. Insbesondere Rentner und Pensionisten erhalten sowieso weniger Post, verbringen trotz ihrer Aktivitäten noch verhältnismäßig viel Zeit zu Hause und lesen gerne. Dazu kommt bei alleinlebenden Senioren, aufgrund der Vereinsamungstendenz, eine positivere Einstellung zur adressierten oder teiladressierten Werbung.

Ähnlich verhält es sich beim Versandhandel. Die Katalogbestellung ermöglicht es dem Senior, sich intensiv mit der Ware, dem Angebot auseinanderzusetzen und in Ruhe auszuwählen. Wir wissen, daß die Informationsaufnahme bei älteren Menschen nicht schlechter ist als bei jungen Menschen. Sie müssen sich aber für die Informationsverarbeitung einfach etwas länger Zeit nehmen. Hinzu kommt, daß Spezialversender oftmals Produkte anbieten, die im Einzelhandelsgeschäft nicht zu erhalten sind oder die nicht gerne gekauft werden, weil sie die Schamgrenze berühren. So beispielsweise bei den Inkontinenzprodukten.

Denken wir an *Tupperware, Vorwerk, Eismann, Avon* oder den *Saatkorn Verlag* – der über seine Bücherpartys immerhin 1,5 Millionen mal seine fünfbändige Gesundheitsenzyklopädie „Nutze die Heilkräfte …" abgesetzt hat –, so handelt es sich um Firmen, die im Direktvertrieb Ihre Kunden ansprechen. Auch dies funktioniert bei Senioren besonders gut, denn sie sind wesentlich einfacher zu Hause anzutreffen als beispielsweise ihre berufstätigen Konsumkollegen. Auch freuen sich die alleinlebenden Senioren häufiger über den Besuch und den Menschen, der ihnen ein bißchen Aufmerksamkeit schenkt.

Wir wissen um die Betrügereien, die bei Haustürgeschäften gemacht werden und um die warnenden Hinweise in den Medien. Aber auch in diesen Fällen handelt es sich um einige wenige schwarze Schafe, die es den seriösen Unternehmen wie immer schwer machen. Es geht uns an dieser Stelle auch gar nicht um eine (moralische) Bewertung, sondern vielmehr um die Darstellung von möglichen Absatzkanälen für Ihr Produkt.

Der Stellenwert des Einkaufens im Ladengeschäft

Neben dem Direktvertrieb hat das Einkaufen im Laden nebenan oder in der Fußgängerzone in der Stadt zumindest bei den Senioren einen besonders hohen Stellenwert. Wir haben die Formulierung „zumindest bei den Senioren" sehr bewußt gewählt. Denn der Stellenwert eines Einkaufes, der von älteren Menschen getätigt wird, ist bis heute nur sehr wenigen Einzelhandelsunternehmen bewußt.

Vielleicht beobachten Sie einmal ältere Menschen beim Einkaufen – Sie werden sehen und erleben, was wir meinen: Wissen Sie etwa, weshalb Automatik-Glastüren im Eingangsbereich verwendet werden, die zum einen schwer zu sehen sind und sich zum anderen auch so schnell schließen, daß Sprinterqualitäten beim Betreten des Ladens gefordert sind? Warum denkt man nicht daran, daß auch ältere Menschen, Menschen, die möglicherweise auf Krücken gehen, oder Frauen mit Kinderwagen gerne das Ladengeschäft risikofrei besuchen würden?

Rolltreppen und Aufzüge sind ein Kapitel für sich, und wir können verstehen, daß man gerade im Einzelhandel hohe Investitionen scheut. Daß aber beispielsweise in einem hochwertigen Kinderbekleidungsgeschäft der Aufzug über eine Breite verfügt, der es einem Kinderwagenbenutzer nicht einmal ermöglicht, mit dem Kinderwagen in die erste Etage zu kommen, läßt auf die Kundenfreundlichkeit des Unternehmens schließen. Ganz zu schweigen davon, daß vielleicht die Oma, die einen Rollator (das sind die Gehhilfen mit vier Rädern, Bremse und Klingel) verwendet, gegebenenfalls auch gerne in der ersten Etage Kleidung für das Enkelkind gekauft hätte. Sie hatte ebenfalls keine Chance, dorthin zu gelangen.

Nun aber noch ein positives Beispiel aus der Schweiz: Dort setzen die *Migros Märkte* schon seit einigen Jahren gezielt auf Kundenfreundlichkeit – und dies mit großem Erfolg. So achten sie beispielsweise auf stufen- und schwellenlose Eingänge und auf Beläge, die auch bei Nässe rutschhemmend wirken. Automaten und Rückgabestellen sind so gestaltet, daß sie problemlos auch mit einem Rollstuhl bedienbar sind, ebenso ist die Hauptkasse und der Kundendienst auch für Menschen im Rollstuhl gut zugänglich. Farblich abgestimmte Orientierungshilfen helfen allen Menschen, sich besser zurechtzufinden.

Warum die Einkaufsbesuche in Geschäften für ältere Menschen einen besonders hohen Stellenwert besitzen? Eine der zentralen Rollen des Einkaufens ist die Möglichkeit zum sozialen Kontakt. Da gerade in den höheren Altersklassen die Einpersonenhaushalte zunehmen, leiden Ältere vermehrt unter Einsamkeit und dem Gefühl, nicht mehr gebraucht zu werden.

So wird das (fast tägliche) Einkaufen mit der Teilnahme am sozialen Leben gleichgesetzt. Senioren bevorzugen im allgemeinen kleinere, vertraute Geschäfte in der näheren Wohnumgebung, wo sie persönlich bekannt sind, individuell beraten und bedient werden und gleichzeitig Bekannte und Nachbarn treffen. Dies erklärt auch, warum so viele ältere Menschen zur Rushhour einkaufen gehen – die Wahrscheinlichkeit, in dieser Zeit jemand zu treffen, ist einfach höher.

Das tägliche bzw. regelmäßige Einkaufen wird zu einem strukturierenden Moment im Tagesablauf. Solange der ältere Mensch sich selbst versorgt, gestaltet sich die Selbstversorgung – und damit auch das Einkaufen – als eine Art Verpflichtung, ähnlich dem früheren Berufsleben. Von manchen, und vielleicht kennen Sie dies ja auch von Ihren Großeltern, wird das Einkaufen regelrecht kultiviert und ritualisiert. D. h., es wird genauestens vorbereitet und geplant, z. B. durch exakte Bestimmung der Einkaufsmenge, -zeiten und -orte.

Ältere Menschen informieren sich über die Produkte und die speziellen Angebote, häufig durch Anzeigen in den Tageszeitungen, aber auch durch Wurfsendungen. So wurde z. B. festgestellt, daß die Erfolgsquote von Wurfsendungen in Gegenden mit einem hohen Anteil an Rentner- und Pensionärshaushalten größer ist.

Ein großer Teil der Einkäufe außerhalb des Lebensmittelbereiches sind Ersatzbeschaffungen. Bei der Produktauswahl sind hierbei besonders die

Faktoren Hochwertigkeit, Funktionalität und Sicherheit von Bedeutung. Trotzdem verliert die Produktfaszination und der Erlebniskauf auch bei älteren Verbrauchern nicht an Bedeutung.

Mit zunehmendem Alter konzentriert sich der ältere Mensch wieder mehr auf sich selbst als auf die Familie – und damit ist auch die Neigung, sich selbst etwas Gutes zu tun, zu erklären. Oft kann beobachtet werden, daß sich die Rentner und Pensionäre nach der Berufsaufgabe lange gehegte Wünsche erfüllen. Gleichzeitig zeigen sie große Freude am Beschenken z. B. ihrer Kinder und Enkel.

Ökonomisch ebenso bedeutsam ist das Interesse an allen Waren und Dienstleistungen, die die Kompensation altersbedingter Nachteile fördern: Brillen, Hörgeräte, Geräte zur Erleichterung der Haushaltsführung, Zustellservice von Waren etc.

Die älteren Kunden zeigen ein sachliches, rationales Kaufverhalten. Es äußert sich in der Betonung eines klaren, realen Produktvorteils und der deutlichen Beachtung hoher Qualitätsanforderungen und angemessener Preise. Dabei entscheiden sie sich für sinnvolle zweckgebundene Investitionen. Diese eher langlebigen Gebrauchsgüter sollten sich auf längere Sicht bezahlt machen. Senioren sind bereit, für die gewünschte, oftmals „deutsche" Markenqualität einen höheren Preis zu bezahlen. Trotzdem achten sie auf Sonderangebote und stellen Preisvergleiche an, um das gewünschte Produkt so günstig wie möglich zu erwerben.

Das Informationsverhalten der Senioren

Ungefähr ab dem 45. Lebensjahr läßt sich eine Verringerung der Lernleistung erkennen. Sie basiert auf der Abnahme der Informationsverarbeitungs-Geschwindigkeit und des Reaktionsvermögens. Wenn der ältere Mensch allerdings das Tempo einer Reizdarbietung selbst bestimmen kann, lassen sich dieselben Lernerfolge wie bei Jüngeren verzeichnen. Demzufolge kann das Lernen werblicher Inhalte tendenziell eher durch solche Medien erfolgen, die dem älteren Menschen die Bestimmung der Geschwindigkeit der Informationsverarbeitung selbst überlassen. Andererseits können geschwindigkeits- und komplexitätsreduzierte Reizdarbietungen die Verständlichkeit von TV- und Rundfunkspots fördern.

Insofern scheinen Unterschiede in der Lernleistung zwischen älteren und jüngeren Verbrauchern eher mit Prozessen der Wahrnehmung, der Einstellung, der Aufmerksamkeit, der Motivation und der physiologischen Verfassung des Organismus zu tun zu haben als mit einer Veränderung der ursprünglichen Lernkapazität.

Die Auswahl der Informationsquellen wird durch die soziale Entwicklung bestimmt. Aufgrund einer Ausweitung der innerhäuslichen Aktivitäten verstärkt sich bei älteren Menschen auch der Konsum der Massenmedien. Ein Großteil hat sich zu intensiven und fast täglichen Zeitungs- und Zeitschriftenlesern entwickelt.

Ein Vorteil der Printmedien liegt in der höheren Lernleistung der dargebotenen Information, da der Nutzer die Geschwindigkeit beim Lesen der Information selbst bestimmen kann. Nach einer Untersuchung der ARD/ZDF-Medienkommission gaben 98 % der Befragten im Alter von 55 bis 74 Jahre an, Zeitung zu lesen:

- 85 % von ihnen (fast) täglich;

- 69 % dieser Haushalte haben eine Tageszeitung abonniert;

- zusätzlich werden von 83 % der 55- bis 74jährigen Zeitschriften gelesen,
  – und zwar befassen sich 82 % von ihnen mit Programmzeitschriften,
  – 75 % mit aktuellen Illustrierten,
  – 54 % mit unterhaltenden Wochenzeitschriften,
  – und 44 % lesen Frauen- und Familienzeitschriften;

- 36 % haben Zeitschriftenabos, davon 70 % Programmzeitschriften.

Einstellung zur Werbung

Generell ist festzustellen, daß sich diese Zielgruppe der Werbung gegenüber sehr aufgeschlossen zeigt. Sie weist eine positivere Einstellung als der Bevölkerungsdurchschnitt auf.

Deshalb akzeptieren und identifizieren Senioren sich auch nicht mit einem defizitären Altersbild in der Werbung, das den „dahinwelkenden" Menschen in den Mittelpunkt stellt. Die stärkste Zustimmung erfährt die Zeitungswerbung, die als informativ und nützlich beurteilt wird. Speziell empfänglich sind ältere Menschen für die Sozialisationseffekte der Werbung, weil sie durch den Berufsaustritt, den Auszug der Kinder, eventuell den Verlust des Partners und von Freunden sich vermehrt auf die Massenmedien konzentrieren und darin nach Anregungen und Anleitungen suchen, wie sie sich verhalten und selbst sehen sollen. Somit erhalten die Modelle in der Werbung eine Leitbildfunktion. Dementsprechend muß sich die Werbung vom defizitären Altersbild abwenden. Die Abbildung von mehreren Generationen nebeneinander unterstützt auch den Wunsch der Älteren nach Integration in die Gesellschaft.

Die vorrangigen Informationsquellen der älteren Menschen bilden die Familie und der Bekanntenkreis. Dabei sind die wichtigsten und am häufigsten kontaktierten Personen die Kinder. Frauen mit Volksschulbildung treffen sich häufiger mit ihren Kindern als andere Frauen. Ältere Menschen mit höherem Einkommen pflegen häufiger Kontakte zu Bekannten und Freunden als diejenigen mit niedrigerem Einkommen. Und Ältere mit einem subjektiv positiver eingeschätzten Gesundheitszustand unterhalten mehr Kontakte zu Bekannten.

Die Werbeverantwortlichen sind gerade dabei, den älteren Menschen in seiner Gesamtheit zu erfassen. Sie kennen ihn jedoch nach wie vor viel zuwenig – denn sonst würde er nicht so oft so unrealistisch dargestellt oder sogar ignoriert werden. Es zeigt sich, daß sich die ältere Zielgruppe beispielsweise mit den in den Katalogen der großen Versandhäuser dargebotenen Rollenzuschreibungen – wie die „Junggebliebene", die „charmante Lady" oder die „gepflegte Dame" – kaum identifizieren und daß sie in der Modelandschaft vernachlässigt werden. Die Senioren wollen ältere, aktive, selbstbewußte Darsteller/innen, die weder bieder noch makellos schön sind.

Aufgrund der meist niedrigen Schulbildung der jetzigen Senioren wirken auf sie vor allem die Aussagen von Vertretern prestigeträchtiger Berufsgruppen (wie Ärzte, Apotheker etc.), von bekannten Sportlern, älteren Persönlichkeiten des öffentlichen Lebens und auch Prominenten.

| Exkurs | EthnoInsights – der innovative Marktforschungsansatz

In letzter Zeit sind von verschiedenen Agenturen und Instituten zahlreiche Beiträge und Studien zur „Trendzielgruppe Senioren" vorgelegt worden. Die mediale Präsenz des Themas täuscht allerdings über das nach wie vor in der Marketingpraxis existierende Problem der „Black Box" Senioren hinweg. Zwar haben alle genannten Studien hervorragend zur besseren Auseinandersetzung mit diesen Zielgruppen beigetragen. Viele der Beiträge sind allerdings als einmalige Ad-hoc-Studie aus Eigeninteresse des Auftraggebers initiiert worden.

Es fehlen Forschungssysteme, die es ermöglichen, verschiedene, auf die Zielgruppenspezifika abgestimmte Instrumente im Zusammenhang und aufeinander aufbauend einsetzen zu können. Die Intention der angesprochenen Studien besteht auch nur bedingt in der Lösung unternehmensindividueller, also z. B. markenspezifischer Fragestellungen. Vielmehr setzen sie sich mit der Zielgruppe im allgemeinen auseinander, was vor dem Hintergrund ihrer unzureichenden „Erforschung" auch sehr wichtig ist.

Darüber hinaus muß es ein Ziel sein, einen integrativen Forschungsansatz zu bieten, der verschiedenen Anforderungen gerecht wird.

So lag es nur nahe, gemeinsam mit dem uns nahestehenden Marktforschungsinstitut, der Firma ConSens, über einen Marktforschungsansatz nachzudenken, der unseren Wünschen bei der Befragung älterer Menschen entgegenkommt und der den älteren Menschen in seiner Gesamtheit betrachtet.

Standpunkte zum Thema seniorenspezifische Marktforschung

Die Zielgruppe der Senioren wird zumeist pauschal als anders (im Sinne von „exotisch") stigmatisiert, verbunden mit einer von Hilflosigkeit geprägten Ablehnung als ernstzunehmendes Konsumentensegment. Dahinter verbirgt sich vielfach das Problem, diese Zielgruppe als in sich homogen zu betrachten. Die Ursachen dafür sind unserer Meinung nach vielfach begründbar.

Während der akademischen Ausbildung sozialisiertes Marketingwissen und auch im Berufsalltag angeeignete Schemata sind durch traditionelle, an jungen Zielgruppen orientierten Marketingmix-Automatismen bestimmt. Segmentationsbeispiele der Lehrbücher bauen auf klassischen Marktsituationen auf. Itembatterien in den standardisierten Instrumenten der Institute sind zwar das Ergebnis meist wissenschaftlich hervorragend fundierter und durch Pretests abgesicherter Studien, beziehen diesen qualitativen Input aber zumeist aus der Mittlung von in Marktgesamtheiten eruierten Beurteilungsdimensionen.

Auch sind sprachlicher Aufbau und Gesprächsführung der Interviews bzw. das Layout bei schriftlichen Fragebögen den spezifischen Personen in den wenigsten Fällen angepaßt. Dieses ist um so verwunderlicher, als die altersspezifischen körperlichen Besonderheiten noch am ehesten als Differenzierungsmerkmale junger und alter Zielgruppen herhalten müssen.

Hermeneutische Probleme sind dadurch ebenfalls vorprogrammiert. Im Wortschatz des mediensozialisierten Idealkonsumenten werden Begrifflichkeiten wie „Cerealien", „Light-Margarine" und „probiotischer Joghurtdrink" als nicht fehlinterpretierbare Alltagsvokabeln vermutet. Wie aber gehen Konsumenten ohne diesen intensiven Bezug zum Thema mit diesen Begriffen um?

Entsprechend schwierig stellt sich unserer Meinung nach die Wahl des richtigen Sprachtitels dar. Von Marketern gerne als besonders aktuell und marketingaffin interpretierte umgangssprachliche Synonyma zu schriftdeutschen Ursprungsbegriffen können hier geradezu kontraproduktiv wirken.

Vermutung: Marken haben für Senioren in den seltensten Fällen Distinktionscharakter, sondern dienen als verläßliche Signale für risikoarme Kaufentscheidungen. Hier gilt es, die konsumrelevanten Erfahrungswelten und semantischen Grundvoraussetzungen sowie die Beziehungen dieser Zielgruppe zu einzelnen Produkten und Marken zu eruieren.

Um als Marketingprofi in der Interpretation und Umsetzung seniorenspezifischer (Konsum-)Verhaltensweisen genauso sicher und standardisiert vorgehen zu können wie bei den bisherigen Kernzielgruppen, ist zunächst eine entsprechend vertiefte Auseinandersetzung mit übergeordneten Bedeutungszusammenhängen notwendig, wie es z. B. im Rahmen von milieu- oder lebensweltspezifischen Ansätzen möglich ist.

Dabei kommt es weniger auf die Vereinbarung einer verbindlichen „Seniorentypologie" an. Es muß zuerst einmal Grundlagenforschung betrieben werden, die das Beziehungsgeflecht, die milieu- und auch situationsspezifischen Einbindungen von Konsumverhaltensweisen der Senioren beschreibt und transparent macht.

Ziel dieser Grundlagenforschung muß es sein, sowohl die generationenspezifischen Besonderheiten als auch Gemeinsamkeiten aufzuzeigen, um nicht dem bereits angesprochenen Irrtum einer generellen „Sonderbetrachtung" der Marketingspezies „Senioren" aufzusitzen.

Es sei hier nochmals darauf hingewiesen, daß die vermeintlich homogene Zielgruppe in sich sehr heterogen sein kann, unserer Meinung nach aber auch von anderen Konsumentengeneration verschiedene einheitliche Typiken aufweist. Hier bedarf es einer sauberen Differenzierung alters-, kohorten- und periodenspezifischer Einflüsse.

Der Forschungsansatz

Es geht also einmal um klassische Aufgaben qualitativer Forschungsansätze:

- Aufdecken von Bedeutungszusammenhängen,

- Strukturierung von Untersuchungsfeldern,

- Generierung von Beurteilungsdimensionen für weiter Forschungen,

- Eruierung semantischer Grundlagen und Besonderheiten.

Vor allem aber geht es um die Generierung von authentischen Zielgruppen- und Konsumverhaltensbeschreibungen, die nicht schon mehrfach den Filter etablierter Fragebogenstandards und über Jahre verwendeter Kategorienpläne durchlaufen haben, um sich danach zwangsläufig einer befriedigenden Interpretation und sicheren Prognose zu entziehen!

Gedankliche Nonpräsenz fordert Instrumente, die nicht auf Zwangsverbalisierung unbewußter Sachverhalte angewiesen sind. D. h., neben die Schwierigkeit der seniorenbezogenen Interpretation und Ausrichtung des bisher gelernten Marketinginstrumentariums tritt die Herausforderung, sich mit Forschungsmethoden auseinanderzusetzen, deren Ergebnisse sich einer derart gewohnten Auswertung und Anwendung entziehen, für ein erfolgreiches Seniorenmarketing aber unabdingbar sind.

Eine Anlehnung an ethnologische Forschungstraditionen bietet hier Lösungen an. In der Ethnologie traditionell verwendete Werkzeuge wie die teilnehmende Beobachtung oder das narrative Interview bieten nämlich die Möglichkeit, auch in unserem Forschungsfeld authentische Ergebnisse zu generieren. Wir haben deshalb einen Methodenbaukasten mit verschiedenen, vor allem qualitativen Instrumenten zusammengestellt.

Die im folgenden zu beschreibende Forschungsmodule stehen in einem inhaltlichen Zusammenhang und bauen aufeinander auf. Dabei dient jedes einzelne Modul der Erfassung spezifischer Sachverhalte, die auch isoliert betrachtet interpretierbar sind. Die Module können somit auch einzeln gebucht werden.

Ziel muß das Aufdecken komplexer übergeordneter Lebens- und Verhaltensmuster sein, um daraus wiederum Interpretationshinweise für primär interessierende detaillierte Sachverhalte ableiten zu können. Denn Gebrauch und Verbrauch von Konsumgütern finden in verschiedenen situativen Kontexten statt. Diese Kontexte zu verstehen und in Produkt- bzw.

Kommunikationsstrategien umzusetzen, ist die Grundlage einer erfolgreichen Positionierung im „Seniorenmarkt".

Die Methoden im einzelnen:

Tagesablaufprotokoll: Es hilft dabei, ein vollständiges Bild der Zielperson zu erstellen. Tagesablaufprotokolle zeigen Routinen und voneinander abgrenzbare Konsumfelder auf, die dann mittels der weiter unten diskutierten Methoden weiter aufgeschlüsselt werden müssen. Die Protokolle dienen z. B. der Unterscheidung habitualisierter und spontaner bzw. impulsiver Verhalten und Konsumaktiviäten.

Teilnehmende Beobachtung: Erkennbare Verhaltensmuster werden innerhalb von teilnehmenden Beobachtungen aufgeschlüsselt. Diese Methodik bietet sich vor allem dann an, wenn es sich um habitualisierte Verhaltenssequenzen handelt oder um Teilabläufe komplexer Verhaltensmuster. Der Forscher begibt sich dabei an den Ort des Geschehens, z. B. in die Küche der Testperson oder mit dieser gemeinsam zum Wochenendeinkauf in den vertrauten Supermarkt.

Narratives Interview: Um darüber hinaus Interpretationen aus Sicht der Zielgruppe genau nachvollziehen zu können, setzen wir das narrative Interview ein. Diese aus der (Konsum-)Soziologie stammende Methodik des „Erzählens" verschafft oftmals erst den Zugang zum Beobachten und dient der Validierung der (später) erfaßten Denotationen und Konnotationen.
Diese sehr offene Herangehensweise verhindert es, nicht an die Wirklichkeit angepaßte Konzepte vorgeben zu wollen. Vielmehr ist der bessere Weg, um die soziale Wirklichkeit zu erfassen, an der Wirklichkeit die Konzepte zu messen oder besser: diese von der Wirklichkeit aus erst richtig zu bilden (Girtler).
Die Forschungs- und Interpretationskonzepte erhalten bei der Analyse einer konkreten Realität (z. B. des Verwendungszusammenhanges von Sekt im Rahmen einer Einladung von Freunden) eine Verfeinerung und Deutlichkeit, die Einblicke in den betreffenden sozialen Bereich gestatten. Diese Authentizität der Erhebungsmaterialien ist auch für die Interviewform des narrativen Interviews als wichtigster Vorteil zu nennen: Es kann zeigen, *wie* soziales Handeln aussieht und *wie* die Regeln beschaffen sind, die diesem Handeln zugrunde liegen.
Mit Hilfe semiotischer Analysemethoden wird nun auch der Zugang zu zielgruppenspezifischen sprachlichen Kodierungen aber auch zu verwen-

deten Metaphern, Icons und *Colloquials* geschaffen. Aufzeichnungs- und Dokumentationsmethoden sind dabei Video- und Audiomitschnitte bzw. schriftliche Protokolle der Interviewer.

Critical Incident Interview: Nicht beobachtbare Verhaltenssequenzen können über Critical Incident Interviews ausführlich erfaßt werden.
Kritische Ereignisse eines Konsumprozesses, z. B. des Ver- bzw. Gebrauchs von Produkten, oder aber auch des Interaktionsprozesses zwischen Kunden und Dienstleistungsanbieter, sind besonders positiv oder negativ empfundene Verhaltenssequenzen.
Die Methode erleichtert dem Probanden die Erinnerung an einzelne Sequenzen, indem sie ihn zwingt, konkrete Situationen detailgenau zu rekonstruieren und mit eigenen Worten zu schildern, sich wieder in die Situation zurückzuversetzen und in Analogie zu einer Filmsequenz, dieses Verhalten ohne „Schnitt" bzw. ohne Zeitsprung zu beschreiben. Mit dem Probanden werden nach Aufzeichnung des Prozesses die subjektiv als „kritisch" empfundenen Ereignisse *(Critical Incidents)* bestimmt. So können alle relevanten Aspekte eines Verhaltensprozesses, zuerst einmal unabhängig vom primär emotionalen Eindruck, erfaßt und bewertet werden.

Diese Methode hat verschiedene Vorzüge:

- Sie ist relativ unabhängig von der individuellen Ausdrucksfähigkeit,

- Erinnerungslücken werden gefüllt,

- die Schilderung mit eigenen Worten eröffnet Möglichkeiten semiotischer Analysen.

Zielgruppenpanel: Für konkrete Fragestellungen im Zusammenhang mit z. B. Produktgestaltungen oder Analysen des Verbrauchs- und Verwendungsverhaltens, wenn es also um die Überprüfung bereits existierender Produkte oder Dienstleistungen geht, bieten wir auch ein spezielles auf diese Zielgruppe abgestimmtes Testpanel. Hier können in häuslicher Atmosphäre beispielsweise Interviews zur Produktverwendung durch zielgruppenaffine Interviewer/innen durchgeführt werden. Daneben wird dieses Panel von unseren Kunden aber vor allem für echte *Home-use*-Fragestellungen genutzt, bei denen es um die Erfassung von Beurteilungen geht, die erst bei längerer Produktverwendung oder nach Einsatz eines Produktes in verschiedenen realen Verwendungszusammenhängen im Haushaltsalltag möglich sind.

Schlußwort

Wir stehen heute an der Schwelle zum neuen Jahrtausend und nehmen Abschied von einer Welt, die sich an die Attribute der Jugend geknüpft hat. Das zu Ende gehende Jahrhundert hat viele große Erfindungen hervorgebracht, die Technik hat maßgeblich unser Leben bestimmt. Immer phantastischere Erfindungen wurden gemacht, die Technologie immer weiter ausgereizt und verfeinert. Slogans wie „It's not a trick, it's a *Sony*" stehen für die Miniaturisierung in der Unterhaltungselektronik und spiegeln die Technikorientierung ganzer Herstellergenerationen wider. Heute zählen wir mit unserem technischen und medizinischen Know-how zur Weltspitze, und wir sind in der Lage, mit diesem hochspezialisierten Wissen die Menschen in jeder Lebenslage bestmöglich zu versorgen. Daß die Menschen dies wünschen, wurde bislang unterstellt – zum Teil mit großem Erfolg, und den wollen wir auch gar nicht schmälern. Wir wollten mit diesem Buch Denkanstöße liefern, Denkanstöße für das neue Jahrtausend – das sinnigerweise mit dem internationalen Jahr der Senioren in diesem Jahr (1999) eingeleitet wird.

Mit dem 21. Jahrhundert treten wir ein in eine Welt, in der mehr Menschen, die über 50 Jahre alt sind, leben werden denn je – und das in jedem europäischen Land. Wir werden nicht nur im Marketing vor neue Aufgaben gestellt. Alle Lebensbereiche sind von diesem Jahrhundertwandel des Alters früher oder später betroffen.

Bereits heute lassen sich diese Veränderungen spüren. Wir besinnen uns wieder mehr auf den Menschen, auf seine Individualität, seine Emotionen, mehr auf die Freude, die uns das Leben schenkt. Die Qualität der Zeit steht im Vordergrund auf der Suche nach den Glücksstunden. Daher gilt es, sich für alle Menschen einzusetzen – mit Produkten, Dienstleistungen und insbesondere mit ehrlichem Engagement. Und wir müssen sie intensiver betrachten, die Menschen, für die wir Produkte entwickeln und die wir bewerben. Egal, ob sie jung, alt, schön, reich, arm sind oder in irgendeiner Form körperlichen oder geistigen Einschränkungen unterliegen. Sie alle haben Wünsche und Bedürfnisse, wie wir sehnen sich nach den Glücksmomenten im Leben.

Der Fokus unserer Arbeit liegt beim älteren Menschen. Denn älter zu werden ist das Normalste der Welt. Das Älterwerden geht jedoch mit veränderten Bedürfnissen und Anforderungen einher. Alter darf nicht für Stillstand und Einsamkeit stehen, sondern für Aktivität, Selbständigkeit und Unabhängigkeit.

Die visionären Unternehmen denken in diesen Minuten darüber nach – bewußt und zum Teil vielleicht unbewußt –, wie sie sich ihre Marktanteile im Seniorenmarkt sichern.

Betrachten Sie sich die Produkte, die heute entstehen. Die Trends im Produktdesign gehen hin zu einfachen und klaren Gestaltungen, die Ergonomie gewinnt wieder mehr Gewicht bei der Produktentwicklung. Selbst im *Corporate Design* hält die Vereinfachung Einzug. Die *Allianz*, der größte Versicherer der Welt, setzt neuerdings auf Vereinfachung und schafft bei ihren Printprodukten das Kleingedruckte ab (so war es in der Zeitschrift *Horizont* in der Ausgabe vom 13. 8. 1998 zu lesen).

Die Verwirklichung unserer individuellen Ansprüche verfolgen wir unser ganzes Leben, indem wir darüber bestimmen, wie wir uns kleiden, was für einen Wagen wir fahren, wie wir wohnen. Es ist nicht einzusehen, warum dieser Gestaltungswille im Alter eingeschränkt werden soll.

Wir bedanken uns für Ihr Interesse und freuen uns auf den Austausch mit Ihnen. Sie haben gezielte und konkrete Fragen? Rufen Sie uns an oder faxen Sie uns: Christine Krieb, Tel. 0171/613 14 72; Andreas Reidl, Tel. 0911/27 29 95-27, Fax 0911/27 29 95-11. Sie kennen ein Produkt, eine Dienstleistung und das dazugehörige Unternehmen, das Sie für besonders „seniorengerecht" halten? Erzählen Sie uns davon, oder senden Sie uns Unterlagen (Senioren-Marketing, Andreas Reidl, Deutschherrnstraße 47A, D-90429 Nürnberg). Wir sammeln jede neue Idee – und wenn sie wirklich gut ist, empfehlen wir sie gerne weiter.

Danksagung

Das vorliegende Buch – vor allem aber die Ideen und Praxisbeispiele –, hat sich in den letzten Jahren im ständigen Auseinandersetzen mit den Senioren und oft auch im Zwiespalt mit den eigenen Ideen entwickelt. Es brauchte Gesprächspartner und Auftraggeber, die einen forderten und antrieben. Und es brauchte Freunde, die Verständnis hatten für die Zeit, die am Schreibtisch verbracht wurde und nicht mit ihnen. Deshalb muß am Ende dieses Buches Platz sein, um Danke zu sagen.

Bei Prof. Dr. Erhard Olbrich möchten wir uns ganz besonders bedanken. In der kurzen Zeit, in der wir ihn kennen, hat er uns viele neue Betrachtungswinkel des positiven Alters aufgezeigt. Seine Ansätze in der Zusammenarbeit mit Tieren, auch im Therapiebereich, halten wir für herausragend und einzigartig.

Den Firmen, die uns mit Bildmaterial unterstützt haben, sei ebenso gedankt wie Peter Vinke, dem Inhaber des Marktforschungsinstitutes ConSens, der es möglich machte, die Daten der aktuellen „Typologie der Wünsche" (TdW 98/99) verwenden zu dürfen. Auch dem Hause Burda hierfür herzlichen Dank.

Literaturverzeichnis

Abschied vom Jugendkult. Internet-Kongreß, Oktober 1997.

Andersen, Arne: Der Traum vom guten Leben. Alltags- und Konsumgeschichte vom Wirtschaftswunder bis heute. Campus, Frankfurt/Main 1997.

Arbeitsgemeinschaft Neue Märkte: 45plus. Studie, 1996.

Auf dem Seeweg ist die Hölle los. In: FAZ Magazin, 1998.

BAGSO (Hrsg.): Dokumentation Deutscher Seniorentag 1997. Bonn 1997.

Bauer Verlag (Hrsg.): best age report. Hamburg 1997, 1998.

Bauer Verlag; Axel Springer Verlag AG (Hrsg.): Verbraucheranalyse. 1992 bis 1997.

Bauer Verlag; Consumer Combination (Hrsg.): New Generation – Die Neuen Alten als Zielgruppe. Teil 1 bis 5. 1993.

Bauer Verlag; Consumer Combination (Hrsg.): Sie sind so jung wie sie sich fühlen. Die ältere Generation im Wandel. Hamburg 1993.

Baumann, E. J.: Zielgruppe „Senioren": In: Marketing Journal, H. 5, 1990.

Bayerische Hypotheken- und Wechselbank AG (Hrsg.): Dokumentation: Kompetenz-Kongress der Hypo-Bank. In: Süddeutsche Zeitung.

Bayerische Rundfunkwerbung: Die „Ab 50jährigen". Die marktentscheidende Generation von morgen. München 1992.

Bayerische Rundfunkwerbung: Die ältere Generation als Zielgruppe der Werbung – nur eine endlose Geschichte? München 1994.

Bayerische Rundfunkwerbung: Markenwechsel ist in. München 1994.

BBDO: Future Senior. Düsseldorf 1995.

BBE Unternehmensberatung: Der Handel: Strategie-Outlook 1996. Köln 1996.

BBE Unternehmensberatung: Seniorenmarkt 1996/97. Sonderdokumentation.

Bellevue – Altersruhesitze im Ausland. „Mit 65 Jahren fängt das Leben erst an …". 1998.

Berting-Hüneke, Christa; Krause, Daniela; Lüttje, Dieter; Tjarks, Katrin: Selbständigkeit im Alter. Springer, Heidelberg 1997.

BMZ!FZA: Mid-Ager – The lost potential. Studie, 1998.

Bobbio, Norberto: Vom Alter – De senectute. Verlag Klaus Wagenbach, Berlin 1997.

Brasse, Barbara; Klingeisen, Michael; Schirmer, Ulla (Hrsg.): Alt sein – aber nicht allein. Votum Verlag, Münster 1993.

Brauchbar, Matthias; Heer, Heinz: Zukunft Alter – Herausforderung und Chance. rororo, Reinbek 1995.

Bruer, Albert: Gigantische Zielgruppe. In: Kurs 9/97. Tele Finanz GmbH, Düsseldorf 1997.

Brünner, Björn O.: Die Zielgruppe Senioren. Eine interdisziplinäre Analyse der älteren Konsumenten. Frankfurt 1997.

Bundesanstalt für Straßenwesen (Hrsg.) im Auftrag des Bundesministeriums für Verkehr: Unfall- und Sicherheitsforschung Straßenverkehr. Wirtschaftsverlag NW, Bremerhaven 1990.

Bundesministerium für Arbeit und Sozialordnung (Hrsg.): ASID 95 – Alterssicherung in Deutschland 1995. Bonn 1997.

Bundesministerium für Familie und Senioren (Hrsg.): Technik, Alter, Lebensqualität. Kohlhammer, Stuttgart 1994.

Bundesministerium für Familie, Senioren, Frauen und Jugend (Hrsg.): Zweiter Altenbericht – Wohnen im Alter. Bonner Universäts-Buchdruckerei, Bonn 1998.

Burda GmbH (Hrsg.): Zenit des Lebens. 1987.

Burda GmbH (Hrsg.): Generationswandel: Was macht die Elvis-Presley-Generation heute? 1998.

Caravanbranche in Fahrt. In: Stuttgarter Zeitung, 26. 9. 1998.

Coleman, Roger: Design für die Zukunft. DuMont, Köln 1997.

Coleman, Roger; Bound, John (Hrsg.): Setting a new agenda for design. London 1996.

Dahesch, Keyvan: Welt ohne Barrieren. In: Süddeutsche Zeitung, 1997.

Das reife Tabu. Konsumlust kennt kein Alter. Lebensmittel-Zeitung Spezial, 1998.

Deisenberg, Maria: Die Generation der Erben. In: Marketing Journal 5/96, 1996.

Der programmierte Frust. In: Spiegel Nr. 48, 1997.

Design Center Stuttgart Landesgewerbeamt Baden-Württemberg (Hrsg.): Wohnen im Alter. Stuttgart 1995.

Design Centrum Bremen (Hrsg.): Design für die Neuen Alten, Dokumentation der Tagung „Alter & Design" von Günter Höhne, unveröffentlicht. Bremen 1997.

Deutsche Akademie für Verkehrswissenschaft (Hrsg.): Dokumentation zum 33. Deutschen Verkehrsgerichtstag 1995. Hamburg 1995.

Deutsche Gesellschaft für Hauswirtschaft (Hrsg.): Familien- und seniorengerechter Haushalt. Tagungs-Reader. 1996.

Deutscher Blindenverband e. V.(Hrsg.): Siehste?!? 1997.

Deutscher Fachverlag GmbH (Hrsg.): Lebensmittel Zeitung Spezial – Das reife Tabu, Konsumlust kennt kein Alter. Frankfurt/Main 1998.

Deutsches Zentrum für Altersfragen (Hrsg.): Wohnformen älterer Menschen im Wandel. Campus Verlag, Frankfurt/Main 1998.

Erkert, Thomas; Salomon, Jürgen (Hrsg.): Seniorinnen und Senioren in der Wissensgesellschaft. Kleine Verlag, Bielefeld 1998.

Federsel-Lieb, Cornelia: Kommunikationspolitik im Seniorenmarkt. Diss., Bayreuth 1992.

Festinger, Leon: A Theory of Cognitive Dissonance. Stanford 1957.

Festinger, Leon: A Theory of Social Comparison Process: In: Human Relation, Jg. 7, Heft 1, 1954.

Förderverein Institut für Altersforschung und Gerontechnologie e.V. (Hrsg.): Senioren-Kompetenz-Zentrum. Neue Technologien und Dienstleistungen für das Leben im Alter. Unveröffentlichtes Konzept. Nürnberg 1998

Förster, Hans Joachim: Gebrauchsgüte, ein Konstruktionsparameter, der noch fehlt (Skript-Unterlagen).

Friedan, Betty: Mythos Alter. Rowohlt Verlag, Reinbek 1995.

Friedrich Ebert Stiftung (Hrsg.): Auswertung von Statistiken über die Vermögensverteilung in Deutschland, durch Deutsches Institut für Wirtschaftsforschung. Berlin 1997.

Frings, Katharina; Meyer-Hentschel, Hanne: Megamarkt Senioren – innovative Unternehmen machen sich fit. In: Werbeforschung & Praxis, 1/98.

Für immer unter Palmen. In: WDR alternativen. Köln 1998.

Gaube, Gundula: Senioren Der Zukunftsmarkt. IM Marketing Forum GmbH, Ettlingen 1995.

GfK (Gesellschaft für Konsumforschung): Die neuen Alten. Eine Untersuchung. Nürnberg 1992.

GfK Fernsehforschung. 1995.

GfK Panel Services: Senioren geben für Ostergeschenke viel Geld aus. In: Werben & Verkaufen, 13/96.

Grey Werbeagentur: Master Consumer – die versteckte Kaufkraft, Düsseldorf 1998.

Grey Werbeagentur: Neue Lust in reifer Schale, Düsseldorf 1993.

Gruner & Jahr AG & Co (Hrsg.): GEO Wissen – Altern und Jugendwahn. Hamburg 1991.

Gugg, Hank-Haase: Senioren auf Reisen. Frankfurt 1997.

Hansa, HEWI, Keramag, MEPA, Protempi (Hrsg.): Vitales Bad – fünf Partner, ein Ziel.

Härringer, Karl: Eine Chance für jeden. Rombach, Freiburg im Breisgau 1994.

Herrwerth, Werner: STARK – Senior Kommunikation. Senior-Club Deutschland, München 1998.

Hier jodeln die Designer. In: Bunte Nr. 34/98.

Hilbert, Dagmar: Von altem Wissen und neuem Denken in der Gestaltung, Vortrag beim Design Centrum Bremen. Unveröffentlichtes Vortragsmanuskript, Bremen 1997.

Industrieverband Heimtierbedarf e.V.: Daten & Fakten. 1997.

Informationsbulletin der Schweizerischen Fachstelle für behindertengerechtes Bauen (Hrsg.): 350.000 Gehbehinderte in der Schweiz. Gebrüder Alder AG, Brunnadern 1997.

Institut für Demoskopie Allensbach (Hrsg.): AWA Allensbacher Werbeträgeranalyse. Allensbach 1992 bis 1997.

Institut für Freizeitwirtschaft: Tourismus der Senioren ab 50 Jahren. 1997.

Institute of Grocery Distribution: Consumer concern programme. 1996.

Institute of Grocery Distribution: Packaging legibility. 1994.

Jacobs, L.: Rolling Stone für die jungen Alten. In: Werben & Verkaufen, 42/97.

Jürgens, Hans: Untersuchung zum Bild älterer Menschen in den elektronischen Medien. Unabhängige Landesanstalt für Rundfunkwesen, Kiel 1994. (Zusammengefaßt erschienen in forum, 1994.)

Kammann, Werner: Ältere Verkehrsteilnehmer. Referat zum 33. Deutschen Verkehrsgerichtstag 1995 in Goslar. Deutsche Akademie für Verkehrswissenschaft e.V., Hamburg.

Klose, Hans-Ulrich (Hrsg.): Altern hat Zukunft. Westdeutscher Verlag. Opladen 1993.

Klose, Hans-Ulrich (Hrsg.): Alternde Bevölkerung – Wandel der Lebenswelten. forum demographie und politik, Heft 6, Bonn 1994.

Koch, M.: Das Geld der Alten und die Werbung. In: Werben & Verkaufen, 39/97.

Kölzer, Brigitte: Senioren als Zielgruppe – Kundenorientierung im Handel. Deutscher Universitäts Verlag, Wiesbaden 1995.

Kroeber-Riel, W.: Konsumentenverhalten. 1992.

Kroeber-Riel, W.: Strategie und Technik der Werbung – Verhaltenswissenschaftliche Ansätze. 1991.

Kuratorium Deutsche Altershilfe (Hrsg.): Farbe ins Heim. Print Media Design Fischer, Köln.

Kuratorium Deutsche Altershilfe (Hrsg.): Rund ums Alter. Alles Wissenswerte von A bis Z. C.H. Beck, München 1996.

LBS Bayerische Landesbausparkasse: Altersgerechtes Wohnen – Bedarfs- und Angebotssituation in Bayern.

Lepenies, Annette (Hrsg.): Alt & Jung – Das Abenteuer der Generationen. Stroemfeld Verlag, Basel/Frankfurt 1997.

Lohrum, Matthias: Benutzerfreundlich und barrierefrei – kundenorientierte Produktgestaltung. Auszug aus Tagungsmappe – Fachtagung der VDI-Gesellschaft Energietechnik 16. und 17. Juni in Düsseldorf. Düsseldorf 1998.

Maria, Marktanalyse Senioren, Gruner & Jahr (Hrsg.), Sammlung von Artikeln aus verschiedenen Zeitschriften.

Mayer, Karl Ulrich, Baltes, Paul B.(Hrsg.): Die Berliner Altersstudie. Akademie Verlag GmbH, Berlin 1996.

Media-Analyse, 1996.

Meyer-Hentschel, Gundolf und Hanne: Das goldene Marktsegment. Produkt- und Ladengestaltung für den Seniorenmarkt. 1991.

Meyer-Hentschel, Gundolf: Der Seniorenmarkt. Marketing-Anstrengungen lohnen sich: In: Marketing-Journal, 18. Jg., Heft 5, 1985.

Meyer-Hentschel, Gundolf: Erfolgreiche Anzeigen. 1988.

Meyer-Hentschel, Gundolf: Seniorenmarkt: Marketing mit Fingerspitzengefühl: In: Absatzwirtschaft, Heft 10, 1986.

Najak, Laxman: Die Herausforderung des Marktes der „Plus 50jährigen" bis zum Jahre 2000 in der Europäischen Gemeinschaft. In: Reents, Handbuch der Gerontotechnik. 1996.

Neidhart, Thilo; Zollinger, Peter: Die Kaufkraft altert nicht. In: Senior Consumers Special in Horizont 26. 1. 1996. Deutscher Fachverlag GmbH, Frankfurt Main 1996.

Nielsen, A. C.: Studie mit 120 psychologischen Einzelbefragungen von älteren Menschen zu Einkauf und Werbung. 1996.

Nölscher, Christoph: Wohnen in „intelligenten Häusern" – auch im Betreuten Wohnen und in Einrichtungen der Altenhilfe? Unveröffentlichter Vortrag. Bonn 1998.

Olbrich, Erhard: Altern zwischen Ideologie und Realität – Defizit-Modell versus Aktivitäts- oder Kompetenzmodell. In: Werbeforschung & Praxis 1/98.

Olbrich, Erhard: Die Bedeutung von Heimtieren für die Gesundheit und Lebensqualität älterer Menschen. In: Aktivierungsprogramme für Senioren. Hrsg. von Krista Mertens. 1997.

Olbrich, Erhard: Menschen brauchen Tiere – Tiere brauchen Menschen. Unveröffentlichtes Vortragsmanuskript. Erlangen 1997.

Opaschowski, Horst W.: Freizeit 2001. B.A.T. Freizeit-Forschungsinstitut, Hamburg 1992.

Opaschowski, Horst-W., BAT-Freizeitforschungsinstitut: Jugend und Freizeit. 1997.

Opsaschowski, Horst W.: Freizeitaktivitäten 1998. B.A.T. Freizeit-Forschungsinstitut, Hamburg 1998.

Oswald, Frank: Hier bin ich zu Hause. S. Roderer Verlag, Regensburg 1996.

Pastalan, L. A.: Environmental Design and Adaptation to the Visual Environment of the Elderly: In: Sekuler, R.; Kline, D. (Hrsg.): Aging and Human Visual Function. New York 1982.

Peters, Rolf-Herbert; Rother, Franz W.: Mensch und Maschine. Verlagsgruppe Handelsblatt GmbH, Düsseldorf 1995.

Petruschka, Arnold: Österreich umwirbt die Senioren. In: Nürnberger Nachrichten, 1998.

Pirkl, James: Transgenerational Design. Products for an Aging Population. New York 1994.

Plutchik, Robert: Emotions and Imagery: In: Journal of Mental Imagery, Nr. 4, Vol. 8, 1984.

Popcorn, Faith: Popcorn Report. 1991.

Prinzinger, Roland: Das Geheimnis des Alterns. Campus, Frankfurt/Main 1996.

Przyklenk, Andrea: Handbuch Alter. dtv, München 1996.

Quadratur der Greise. In: Spiegel, Nr. 16, 1998.

Reents, Heinrich (Hrsg.): Handbuch der Gerontotechnik. Ecomed Verlag, Landsberg/Lech 1996.

Rehn Detlef: Seniorenbezogene Produkte immer wichtiger. In: Japan Journal, Okt./Nov. 1997.

Reidl, Andreas: „Mit 66, da fängt der Spaß erst an …" In: Der Kfz Betrieb, 11/96. Vogel Verlag, Würzburg 1996.

Reidl, Andreas: Betreutes Wohnen. Unveröffentlichtes Vortragsmanuskript. Nürnberg 1995.

Reidl, Andreas: Gesundheit – Thema Nr. 1 bei den Senioren – Chancen für Kurorte. Unveröffentlichtes Vortragsmanuskript. Nürnberg 1998.

Reidl, Andreas: Leben 3 – Senioren als Zielgruppe für Bauunternehmen. Unveröffentlichtes Vortragsmanuskript. Nürnberg 1997.

Reidl, Andreas: Macht intergenerativ Sinn? In: Horizont Special Senior Consumers. Deutscher Fachverlag, Frankfurt/Main 1998.

Reidl, Andreas: Mit Senioren-Marketing zu mehr Kundenbindung und Umsatz. In: Orthopädie Technik, 7/98.

Reidl, Andreas: Neu und Treu – Senioren, das große Potential für Ihr Autohaus. Unveröffentlichtes Vortragsmanuskript. Nürnberg 1997.

Reidl, Andreas: Querschnittsbericht Seniorenmarkt Deutschland – Herausforderung für die Immobilienwirtschaft. Hrsg. von Immobilienmanagement Michael Schmutzer. Eigenverlag, Nürnberg/Fürth 1996.

Reidl, Andreas: Senioren als Zielgruppe für Banken. Unveröffentlichtes Vortragsmanuskript, Nürnberg 1997.

Reidl, Andreas: Senioren als Zielgruppe für Reiseanbieter. Unveröffentlichte Schulungsunterlage für die Weiterbildungsmaßnahme „Medizinische Tourismusfachkraft". Nürnberg 1998.

Reidl, Andreas; Wiedeck, Rainer: Wohnen im Alter – Wohnraumanpassung und ihre konsequente Umsetzung. In: Zukunftssicherung für die Bauwirtschaft. Hrsg. von Schwarz, Weissman, Schmutzer. Gabler Verlag, 1997.

Report Senior Consumers. In: Horizont, Januar 1996, Januar 1997, Januar 1998.

Research International (Hrsg.): Die Nachkriegs- und Aufbaugeneration – Bilanzen und Perspektiven. Research International, Hamburg 1997.

Rogler, M./SMP: Lebe deinen Traum. Fallstudie DomiZiel von LBS. In: Werben & Verkaufen, 36/97.

Rowe, John W.; Kahn, Robert L.: Succesful Ageing. 1998.

Royal College of Art: Designing for our futures selves. London 1993.

Royal Society for the encouragement of Arts, Manufactures & Commerce (Hrsg.): Student Design Awards Projects Book 1997-1998.

Ruzas, S.: Wer jetzt noch zögert, verliert. Seniorenmarketing. In: Werben & Verkaufen, 15/97.

Schader Stiftung (Hrsg.): Forschungsprojekt Umzugswünsche und Umzugsmöglichkeiten älterer Menschen. Schader Stiftung, Darmstadt 1997.

Schirrmacher, Joachim: Transparenter Riese. In: Horizont, Nr. 33 vom 13. 8. 1998.

Schmidt-Lorenz, Klaus: Neues für mobile Alte. In: Design Report, 3/94. Blue C. Verlag, Hamburg 1994.

Schmitt, Karl Heinz; Nysters, Peter: Jeder Tag voll Leben – Das Buch fürs Älterwerden. Kösel-Verlag, München 1996.

Schneekloth, Ulrich; Potthoff, Peter; Piekara, Regine; von Rosenbladt, Bernhard: Hilfe- und Pflegebedürftige in privaten Haushalten. Endbericht. Verlag W. Kohlhammer, Stuttgart/Köln/Berlin 1996.

Schönert, Walter: „Gestern abend kam Oma erst wieder um 11 nach Hause". In: Marketing Journal, 1997.

Schröter R., Waschek J.: Geld sucht Lebenserfahrung. In: Werben & Verkaufen, 46/96.

Senioren sind längst Thema der Werbung. In: ZAW-service, Nr. 189/190, 1996.

Siemens Prospekt: Alten- und behindertengerechtes Wohnen mit dem Siemens Instabus. Sonderdruck aus Produktprofile, 1996.

Soll und Haben 4. Spiegel Dokumentation, 1995.

Springer & Jacoby: Das dritte Drittel. Studie, 1998.

Springer Verlag und Verlagsgruppe Bauer (Hrsg.): Verbraucher-Analyse 97. Hamburg 1997.

Statistisches Bundesamt (Hrsg.): Entwicklung der Bevölkerung insgesamt von 1990 bis 2030. 1992.

Statistisches Bundesamt (Hrsg.): Im Blickpunkt: Ältere Menschen. Metzler-Poeschel, Stuttgart 1992.

Statistisches Bundesamt (Hrsg.): Statistisches Jahrbuch 1992 bis 1998.

Steinkirchner P.: Das Interesse der Parasiten. 31. Mainzer Tage der Fernsehkritik, Motto: „Jugendwahn und Altersängste?" In: Werben & Verkaufen, 21/98.

Straßner, Erich: Fernsehnachrichten. Zusammenfassender Bericht über „Nachrichtensprache und der Zusammenhang von Text und Bild" und „Die semantische Verarbeitung und Nutzung audiovisueller Informationen der Fernsehnachrichten": In: Media Perspektiven, o. Jg., Nr. 6, 1981.

The Economist manager spezial. Hamburg 1996.

Trierer Seniorenstudie zu Markentreue und Probierfreude. 1992.

Verein für Konsumenteninformation (VKI) (Hrsg.): Sicher Wohnen über 60. Wien 1997.

Villa statt Etagenheizung. In: Wirtschaftswoche, Nr. 11 vom 6. 3. 1997.

von Kuenheim, Haug (Hrsg.): Keine Angst vor dem Alter. Der Krieg der Generationen findet nicht statt. Zeit Punkte, Mohndruck Grafische Betriebe GmbH. Gütersloh 1996.

Welter, Rudolf; Simmen, René; Helwing, Kathy: Anders alt werden – Mitreden, Mitplanen. Carl Auer Systeme. Heidelberg 1996.

Wer rastet, der rostet. In: Geronotechnik. Gesellschaft für Gerontechnik mbH, Iserlohn 1998.

Wiedeck, Rainer; Reidl, Andreas: Wohnen im Alter – Wohnungsanpassung und ihre konsequente Umsetzung. In: Zukunftssicherung für die Bauwirtschaft. In vier Schritten aus der Krise. Hrsg. von Schwarz, Weissman, Schmutzer. Gabler, Wiesbaden 1997.

Wohnung für alle Fälle. In: Schöner Wohnen, 2/98.

Wüstenrot Stiftung Deutscher Eigenheim e.V.: Chancen und Risiken des Betreuten Wohnens. Fraunhofer IRB Verlag, Stuttgart 1997.

Zuhause Wohnen – Vitaler Wohnen Extra. 1997.

Zuhause Wohnen – Vitaler Wohnen. Jahres Zeiten Verlag, Hamburg.

Zukunftsmarkt Senioren. Serie im Handelsblatt seit 20. 10. 1997.

Die Autoren

Christine Krieb war als Redakteurin, Konzeptionerin und Projektleiterin in der Marketingabteilung eines Finanzdienstleistungs-Unternehmens tätig, bevor sie sich mit dem Schwerpunkt „Senioren" selbständig machte und seitdem große Unternehmen zu ihren Kunden zählt. Seit März 1998 ist sie deutsche Chefredakteurin einer internationalen Seniorenzeitschrift; Autorin des Ratgebers „Sicherheit fürs Alter". Sie lebt und arbeitet in Köln.

Andreas Reidl ist Inhaber der Agentur Seniorenmarketing in Nürnberg. Ehrenamtlich engagiert er sich in zwei Vereinen im Bereich der Altersforschung; Lehrbeauftragter für Marketing und Werbung an Fachhochschulen. Zuvor war er u. a. Geschäftsführer eines Marktforschungsunternehmens; zahlreiche Publikationen zum Thema „Senioren".